当代华人经济学家文库

主编 / 胡必亮　赵建廷
编委 / 胡必亮　赵建廷
　　　樊　纲　黄有光
　　　林毅夫　张　军
　　　蔡　昉

万广华自选集

山西出版传媒集团
山西经济出版社

图书在版编目(CIP)数据

万广华自选集/万广华著. —— 太原:山西经济出版社,2016.6

ISBN 978 – 7 – 5577 – 0057 – 7

Ⅰ.①万… Ⅱ.①万… Ⅲ.①经济学 – 文集 Ⅳ.①F0–53

中国版本图书馆 CIP 数据核字(2016)第 137810 号

万广华自选集(Wan Guanghua Zixuanji)

著　　者:万广华
出 版 人:孙志勇
责任编辑:侯轶民
装帧设计:陈　婷

出 版 者:山西出版传媒集团·山西经济出版社
社　　址:太原市建设南路 21 号
邮　　编:030012
电　　话:0351 – 4922133(市场部)
　　　　　0351 – 4922085(总编室)
E — mail:scb@sxjjcb.com(市场部)
　　　　　zbs@sxjjcb.com(总编部)
网　　址:www.sxjjcb.com

经 销 者:山西出版传媒集团·山西经济出版社
承 印 者:山西出版传媒集团·山西人民印刷有限责任公司

开　　本:787mm×1092mm　　1/16
印　　张:14.5
字　　数:200 千字
印　　数:1–2000 册
版　　次:2016 年 6 月　第 1 版
印　　次:2016 年 6 月　第 1 次印刷
书　　号:ISBN 978 – 7 – 5577 – 0057 – 7
定　　价:42.00 元

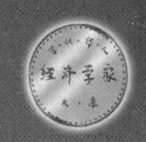

总 序

改革开放以来,中国经济增长、社会转型与政治改革都表现出循序渐进、健康稳步发展的良好势头。工业化、城市化、信息化、全球化等多种力量在同一时期汇聚于中国发展的历史大舞台,为中国的加速发展创造了千载难逢的历史性机遇并直接提供了强劲的动力。中国的和平崛起已经成为新世纪人类历史发展新阶段的重大事件,并引起了全世界的普遍关注。

变革的时代必然产生创新的思想。在中国发生这场伟大的历史性变革过程中,中国大陆经济学家,香港、澳门和台湾经济学家以及旅居海外的华人经济学家共同见证和详细观察了这场具有革命性意义的伟大变迁甚至直接参与其中,根据中国国情并参照国际经验,创立了许多具有重大创新意义的经济学理论。这些经济学理论一方面源于中国改革开放的伟大实践,另一方面也对这一伟大实践起到了重要的理论指导作用。将这些经济学家独立创新的经济学理论梳理清楚,并整理出来,不仅有利于世界经济学界正确认识和理解中国经济学与中国经济学家,也有利于我们从一个侧面深入理解中国在这样一个特殊历史时期的一系列改革开放政策。

20世纪,山西经济出版社曾出版了一套《中国当代经济学家文丛》,收录了国内59位经济学家的选集,在中国经济学界产生了深远的影响。在此基础上,21世纪拟出版一套《当代华人经济学家文库》,收录全球华人中卓有建树的经济学家的代表作。与其他类似的图书相比,这套文库具有三个主要特点:一是强调理论性,即所选文章必须是理论性论文;二是强调独创性,所选论文要求理论观点鲜明,而且必须具有原创性;三是强调规范性,即所选论文的写作方式必须符合经济学研究的基本规范。

从本文库的编辑形式来看,也具有一定的独特性:首先,每篇作者自选的论文后面都有一篇作者的自述短文或本研究领域学术权威(包括相关研究机构、学术报刊等)的评论文章,对该文的研究背景、创新意义及其学术影响做出实事求是的评论,以帮助读者进一步理解文章的学术价值;其次,不论作者创新的理论观点多寡,文章长短,著作厚薄,只要有五万字以上文字即可成书,重在原创性;最后,除文库主编(创意提出者与设计者)外,文库编委会成员皆由入选作者组成,为保证本文库较高的学术水准,每部候选著作都必须经编委会成员全数通过,方可入选。

经过近 30 年的改革开放,中国经济已经基本融入全球经济一体化过程之中。相应地,中国经济学与中国经济学家也正逐步走向世界。我们期待着,曾经产生过许多世界上最优秀的古代思想家的中华民族,也将在新的历史时代产生许多世界上最优秀的现代经济学家。

"人事有代谢,往来成古今。江山留胜迹,我辈复登临。"我们希望,这套文库成为当代华人经济学家贡献给历史和后人的一处独特的学术风景,为构建中国经济学繁荣与发展之大厦起到铺路石的作用。

主　编

2006 年 6 月 10 日

学术小传

我是从苏北农村走出来的,童年和少年一直在极度贫困里挣扎,并饱受了不均等带来的歧视和委屈。因为家庭成分为中农,差点被挡在高中的门外。虽然农业经济学专业四年本科学到的知识非常有限,但至关重要的是,上大学基本解决了个人的温饱问题。毕业前稀里糊涂报考了研究生,也没有好好准备,但竟然拿到一个非常稀少的国家教委(教育部)的出国名额,被派往那时没有几个人知道的澳大利亚留学。因为英语太差,又错过开学近2个月,导师没有让我直接进入硕士班学习,而是先读了半学期的"non-degree",接着上了一学期的硕士课程,然后很幸运地得到大学的奖学金便开始了博士学习。

博士毕业前一年,计量经济学系招聘,我拿到平生的第一份工作。虽然是五年的合同,学校也答应考虑转为终身教职,但讲授了一年统计和应用计量经济学课程后我还是去了悉尼大学。当时面临的选择是留在计量圈里做计量,还是回到农业经济学界做实证。所以,我早期的研究是介于应用计量经济学和农业发展之间的。可以说,直到2002年离开悉尼大学,我的研究基本是为了学术而学术。

2002年去联合国发展经济学研究院后,对这个世界以及学术和现实的关系开始有所认识。十分幸运的是,当时的院长是收入分配学界著名的Tony Shorrocks教授,一个偶然的机会他引导我进入了收入分配和贫困的研究领域,而对这个问题的关注把我带回了亚洲,进入亚洲开发银行工作。恰恰是缘于对收入不均等的思考,我开始接触城市化问题。这些相关的趣事都可以在这本《自选集》里看到。遗憾的是,到了亚洲开发银行后由于工作繁忙基本没有时间做学术研究。但亚行给了我领导和组织旗舰型报告写作的机会,使我获得了智库运作的基本诀窍和能力,也把我推上了亚行研究院研究部部长的位置。

简短地说,辗转了三大洲,走访了40多个国家,从学术研究 到 政策研究,再到发展研究和 智库运作,这就是我的学术生涯（部分研究成果可以在这里下载：http://ideas.repec.org/f/pwa395.html）。

自 序

当必亮教授几年前提议出《自选集》时,我的第一反应是:"自己够格吗?"估计是为了说服我,他补充道:"林毅夫,蔡昉,樊纲(后来还有张军)都出了。"这就更让我犹豫了,我怎么可以与这些非常具有影响的经济学大家相提并论?!这个心结很大程度上解释了为什么我一直没有着手去准备这个集子,直到去年第三次在华中科技大学组织的活动上与必亮教授见面,我还没有来得及抱歉,他就告诉我,已经征得编委会的一致同意,选集肯定要出。我知道,这个编委会成员除了必亮教授本人,还包括林毅夫、蔡昉、樊纲和张军。恭敬不如从命,我很快答应了这件事情。所以,我首先要特别感谢必亮主编和编委会的每个朋友,不然就没有今天呈现在读者面前的这本《自选集》了。

记忆中,我的第一篇学术论文构思于20世纪80年代初的大学三年级,是基于马克思的剩余价值理论的。当时不知道天高地厚,也许是初生牛犊不怕虎吧,我竟花费了一顿午饭的代价寄给了《经济研究》,结果当然是石沉大海。大学毕业不久,在等待出国期间(前后等了将近两年!),我和同学们写了一份关于农村家庭联产承包制的调研报告,经老师修改后付梓在《江苏农村经济》上(刚刚Google了一下,这个期刊不仅还在,而且已经是江苏发引量最大的农业综合性社科期刊了!),这应该算是我发表的处女作。以英文发表的处女作是1986年构思、1988年发表在国际农业经济学家协会会刊《Agricultural Economics》上的论文,同年还发表了一篇关于澳大利亚粮食生产风险的论文。这样一想,我已经在学术界"奋斗"了30年了。虽然一直没有认真统计过写了多少篇稿子,大致估算中文有50~60篇,英文有80篇左右(仅仅包括正式出版的报告、书籍和章节)。

这就带来了一个问题,如何选出10篇左右的论文呢?好在《自选集》要求在每篇所选论文的后面添加写作后记或"花絮",这是必亮教授的创新,也是本人比较赞赏的做法。我觉得,这些后记有可能比论文本身提供更多的研究经验或启示。鉴于此,我花了一段时间回顾以往的研究,想到不少有趣的经历,并据此挑出了近20篇论文。另一方面,30年来,我从农业经济研究启程,博士毕业后不久转向政策研究,尤其是去联合国工作后开始涉足收入分配和贫困问题,直到近几年开始关注亚洲发展和中印比较。对应于这个学术轨迹,从初选的20篇里选出了10篇,经与必亮教授商量,确定了最后这本《自选集》的内容。所以说,这本集子里的稿件既非完全按照学术性、也没有按照发表的期刊做选取。

《自选集》里的论文基本按照发表的时间顺序排列。第一篇是关于粮食生产的,反映了我早期聚焦农村发展的经历。这篇后来被不少人引用的论文,最初也是投给《经济研究》的,但同样是石沉大海。第二篇、第三篇倒是发表在《经济研究》上了,都是关于收入分配的,用的是农村数据。第四篇的主题虽然仍是不均等,但研究的是全球化对整个区域差距的贡献。第五篇、第六篇转向与收入分配紧密相联的贫困问题。对贫困和收入分配问题的研究与思考将我引入城市化问题,因而有了2006~2007年起草的第六篇,具有前瞻性地提出城市化是解决贫困和收入分配问题的唯一出路。这自然而然过渡到第七篇至第九篇,聚焦城市化的决定因素、影响及作用。最后一篇分析中国与印度的贸易关系、中印贸易对其他国家的影响,反映了我自2003年以来一直希望学术和政策界重视并关注印度的观点。中国要走向世界,必须先走出亚洲,而要走出亚洲,不能不跨过印度这个坎儿。

目前的世界政治经济版图正在发生翻天覆地的变化,中国的崛起几乎不可阻挡。与之相伴的是全球各界对中国经济问题无尽的兴趣和对中国经济研究成果的巨大需求。这种需求不但给中国问题专家提供了发表论文的机会,也造就了华人经济学者事业发展的黄金时代。21世纪初,在投行和国际机构就职的中国人寥寥无几,但现在这些单位如果没有中国人几乎不可想象。更不用说亚洲基础设施银行和金砖银行的设立了。显然,我们都是国家改革发展的受惠者,必须感谢祖国的壮大与富强。

最后,这本《自选集》也是中国国家自然科学基金重点项目(项目编号为71133004)的成果之一,为此我要特别感谢国家自然科学基金委的大力支持。还要感谢亲友和同行，尤其是我众多的合作者们。虽然在此没有一一列出，但在内心深处，我真挚地感谢每一个帮助过我的人，这种感恩之心也给了我不断前行的力量。愿大家感恩之心常在。

目录

规模经济、土地细碎化与我国的
    粮食生产 ………………………… 001
    自述之一 ………………………………… 012

中国农村区域间居民收入差异及其
    变化的实证分析 ………………… 016
    自述之二 ………………………………… 026

解释中国农村区域间的收入不平等：
    一种基于回归方程的分解方法 …… 029
    自述之三 ………………………………… 048

全球化与地区间收入差距：
    来自中国的证据 ………………… 052
    自述之四 ………………………………… 069

贫困按要素分解：
    方法与例证 ……………………… 072
    自述之五 ………………………………… 091

城市化与中国的减贫和不平等 ············ 094
自述之六 ································ 109

城镇化与不均等：
　　分析方法和中国案例 ················ 112
自述之七 ································ 137

城市化水平的决定因素：
　　跨国回归模型及分析 ················ 141
自述之八 ································ 163

国际贸易与发展中国家的城市化：
　　来自亚洲的证据 ···················· 166
自述之九 ································ 190

中国和印度的贸易扩张：
　　威胁还是机遇 ······················ 193
自述之十 ································ 214

规模经济、土地细碎化与我国的粮食生产[*]

一、引言

　　长期以来,我国学术界及政府部门对粮食生产中的规模经济问题十分关注。这一方面是由于对增加农民收入的考虑,另一方面则牵涉到增加粮食供给的迫切性。在理论界,一部分人认为我国的粮食经营规模在相当长的一段时间内是不可能扩大的,也就是说寄希望于规模效益来提高农民的收入和粮食产量是不现实的(王小广,1995;周诚,1995)。持这一观点的人基本上肯定了规模经济的存在,只不过因庞大的农村人口及农业劳动力长期存在,这方面的潜力无法挖掘而已。但大部分人不但肯定规模经济的存在,而且把它作为解决我国农业困境的一条重要的途径(杨雍哲,1995;王为农,1995)。人们似乎忽略了这样一个严肃的理论和现实问题:究竟我国粮食生产中有无规模效应的存在?大家知道,规模效应可能为正,也可能为负或零。假如答案是后者的话,那么致力于改善农业经营规模的政策岂不会带来严重的后果。需要说明的是,对粮食生产中的规模经济状况进行实证研究需要农户一级的调查资料,加总数据往往是不能说明问题的。

　　与我国土地制度有关的另一问题是严重存在的土地细碎化或土地分块。这个问题在国外有不少研究,但在我国虽有人提及(郭书田,1995),但对它加以认真分析的却不多见。众所周知,农业生产责任制的实施一方面带来了我国农业的快速发展,另一方面也带来了相当严重的土地细碎化。从政策制定者的角度讲,我们可以先解决农户的土地经营规模问题,而后解决土地细碎化的问题。抑或通过政府的调控功能及政策法规先将土地在农户间进行调剂,在不改变经营规模的前

---

[*] 研究由澳大利亚国际农业研究中心提供经济资助,在此表示致谢。本文发表于《中国农村观察》1996年第3期。

提下,促使土地连片集中。一般地说,改变经营规模往往牵涉到土地制度的改革,与其相关的政策无论从深度上还是广度上都会超过由土地连片政策所带来的影响。从这一点出发,即使规模经济和土地细碎化对粮食生产的影响大同小异,考虑到政策的稳定性及我国农村的现实状况,我们主张中央应先致力于土地细碎化问题的解决,然后再去考虑是否应该干预农户土地规模。

撰写本文有三个主要目的:一是建立一个新的生产函数模型,这个模型能够用于分析规模经济及土地细碎化与粮食产量的关系。其次,我们将这个模型用来分析由农业部和澳大利亚阿德雷得大学共同搜集的农户调查数据,并测算土地细碎化对水稻、小麦、玉米和薯类产量的影响。最后,我们提出一些相关的政策性建议。

二、模型的建立与估算

常用的生产函数模型有柯布—道格拉斯(CD)、替代弹性恒等(CES)及超越对数等函数。其中超越对数最为灵活,但它只是一个近似的生产函数,近年来不少学者对它的性质提出了质疑(Chambers, 1988; Pollak and Wales, 1992)。我们曾试图采用替代弹性恒等(CES)函数,但它的标准型是非线性的,估算上有困难。而 CES 的近似型又不能很好地用来量化规模经济及土地细碎化的作用。这样,我们还是选择了柯布—道格拉斯(CD)函数。前人(包括作者本人,见 Wan、Griffiths and Anderson, 1992 及 Wan and Anderson, 1990)的研究结果表明,CD 函数是能够较好地描述我国的农业生产技术的(Lin, 1992; Fan, 1991)。

用 Y 代表产量,$X_1, \cdots, X_k$ 代表一组投入,CD 函数可以表述为:

(1) $$Y = \alpha_0 X_1^{\beta_1} X_2^{\beta_2} \cdots X_k^{\beta_k}$$ (模型 I)

土地细碎化这个变量通常由每个农户用于生产某一作物所耕种的土地块数来表示。显然它本身并不能看作是一个投入变量。根据发展经济学理论及以往的经验总结(Warriner, 1984),土地细碎化首先影响规模经营效应。因为 CD 中的 $\beta_i(i=1,2,\cdots,k)$ 代表生产弹性,其总和为规模经济指数,为使该指数与土地细碎化联系起来,我们建立一个方程,将 β_i 作为土地细碎化的函数,即:

(2) $\qquad \beta_i = \alpha_i + \gamma_i \text{Ln}P \qquad i=1,2,3,\cdots,k$

其中 P 代表土地块数。上式将被称作规模函数,将它代入 CD 函数得到:

(3) $\qquad Y = \alpha_0 X_1^{(\alpha_1+\gamma_1 \cdot \text{Ln}P)} \cdot X_2^{(\alpha_2+\gamma_2 \cdot \text{Ln}P)} \cdots\cdots X_k^{\alpha_k+\gamma_k \cdot \text{Ln}P}$

应该指出,α_0 常被称作(总)效率参数,因而人们很自然地会想到用 $\beta_0 + \gamma_0 \cdot \text{Ln}P$ 替代 α_0。我们没有这样做是因为 P 对生产效率的影响已经由它对各单个投入要素生产弹性的影响加以考虑了。另外,一旦这样去替代,所得到的生产函数将是非线性的,这给实际估算带来极大的不便。

对(3)式两边求对数有:

$\text{Ln}Y = \text{Ln}\alpha_0 + (\alpha_1 + \gamma_1 \text{Ln}P)\text{Ln}X_1 + (\alpha_2 + \gamma_2 \text{Ln}P)\text{Ln}X_2 + \cdots\cdots + (\alpha_k + \gamma_k \text{Ln}P)\text{Ln}X_k$

(4) $\qquad = \text{Ln}\alpha_0 + \sum \alpha_i \text{Ln}X_i + \sum \gamma_i \text{Ln}P \text{Ln}X_i \qquad$(模型 II)

根据(2)式,规模经济指数 V 可表示为:

$V = \sum \beta_i = \sum (\alpha_i + \gamma_i \text{Ln}P) = \sum \alpha_i + \text{Ln}P \sum \gamma_i = \gamma_0 \text{Ln}P + \sum \alpha_i$

其中 $\gamma_0 = \sum \gamma_i$。模型 II〔由(4)式表示〕是标准 CD 函数的扩展,它可用来研究土地细碎化(或其他变量)对规模经济 V 和产出 Y 的影响。

值得一提的是,P 变量只能取正整数。当土地细碎化不存在(即 $P=1$)时,我们建立的扩展 CD 函数变为它的标准型即模型 I。当然,我们也可以让土地细碎化 P 这个变量以线性的形式进入生产函数,即将规模函数改为 $\beta_i = \alpha_i + \gamma_i P$,然后做上述一连串的替代。事实上在下面的实证研究中,我们不但采用了由(2)式代表的半对数线性形式,也尝试了规模函数为线性的形式。

我们所要估算的模型 II 有两个潜在的问题。一是新变量 $\text{Ln}P\text{Ln}X_i$ 或 $P\text{Ln}X_i$ 之间抑或它们与 $\text{Ln}X_i$ 之间很可能存在多重线性共性。二是 CD 所具有的参数少的性质似乎没有在其扩展的模型中得到保留。解决这两个问题的途径之一是假设所有的 γ_i 都相等,即:

(5) $$\gamma_1 = \gamma_2 = \cdots = \gamma_k = \gamma$$

这时我们得到模型Ⅲ:

(6) $$LnY = Ln\alpha_0 + \sum \alpha_i LnX_i + k\gamma_i(LnP\sum LnX_i)$$

显而易见,对应于(6)式的规模经济参数由 $\sum \alpha_i + k\gamma LnP$ 给定(在线性规模函数下为 $\sum \alpha_i + k\gamma P$)。所以,一旦实证研究中发现 $\sum \gamma_i$ 或 γ 小于 0,我们就可以说,土地细碎化对规模经济及粮食生产的影响为负。

在(4)式和(6)式上加上随机残差项,我们就可对模型Ⅱ及模型Ⅲ进行统计估算。因为所用数据为农户一级的调查资料(不是时序数据),有必要考虑异方差问题。为避免假设某种特殊异方差形式而带来偏差,我们采用了 White(1980)所提出的估算方法。另外,我们还将采用似然比值检验法去检验(5)式是否成立。这样我们就可以在模型Ⅱ和模型Ⅲ中做出选择。规模函数的选择(线性还是半对数线性)则借助于 R^2 及似然值的大小来决定。

三、估算结果及其讨论

用于实证分析的 1994 年投入产出数据来自于农业部与澳大利亚阿德雷得大学所做的抽样调查。尽管调查户数达 3000 多个,但实际能用的观察值只有数百个(见表1)。在这里,我们主要用于实证分析的是早籼稻、晚籼稻、冬小麦、玉米及薯类等五种主要粮食作物。产出是以每户产量(斤)计,播种面积以每户种植亩(1 公顷 = 15 亩)数计,资本投入(包括物质费用及服务费)以每亩花费多少元计,劳动力以每户投入的劳动日数计。

表1 模型中所用自变量的粗略描述

作物	自变量	单位	平均值	均方差	范围最小值	范围最大值
玉米 (样本体积 =512)	播种面积 劳动力 资本 土地块数	亩 日数 元 块	6.669 54.085 702.15 2.364	7.965 39.994 990.95 1.397	0.1 3.5 3.2 1	36 210 5039.6 9
晚籼稻 (样本体积 =470)	播种面积 劳动力 资本 土地块数	亩 日数 元 块	6.356 91.349 954.87 4.042	9.517 73.092 2227.6 3.159	0.2 3 48 1	118 478.8 27922 32
冬小麦 (样本体积 =389)	播种面积 劳动力 资本 土地块数	亩 日数 元 块	2.979 50.209 420.84 2.746	1.918 29.475 381.24 1.541	0.2 7 10.2 1	10 186 2010 15
早籼稻 (样本体积 =375)	播种面积 劳动力 资本 土地块数	亩 日数 元 块	6.847 98.184 1110.5 3.904	9.89 76.863 2328.7 3.127	0.1 3 8 1	118 586.25 27522 18
薯类 (样本体积 =293)	播种面积 劳动力 资本 土地块数	亩 日数 元 块	1.106 24.178 88.831 2.365	0.928 15.856 102 1.951	0.1 3.8 5.6 1	6 104 816 13

表1列出了有关自变量的主要统计指标,其中的平均值将被用于后来的模拟计算中。从表1可以看出,细碎化最为严重的是水稻,平均每户耕种4块不连片地段。尤其值得注意的是,有些种植晚籼稻的农户甚至要耕种32块地段。平均每户每块地的面积在2.82亩(玉米)与0.468亩(薯类)之间。

报告各模型在估算结果之前,我们先分析实证模型的R^2(即决定系数)及似然值(见表2),以便对不同模型做出筛选。

表 2 部分模型估算结果

作物	规模函数	调整后的 R^2 模型Ⅱ	调整后的 R^2 模型Ⅲ	似然值 模型Ⅱ	似然值 模型Ⅲ	λ
玉米	半对数线性	0.929	0.929	−281.949	−282.67	1.442
	线性	0.929	0.929	−281.772	−283.91	4.276
晚籼稻	半对数线性	0.831	0.83	−154.817	−157.316	4.998
	线性	0.832	0.833	−153.222	−153.873	1.23
冬小麦	半对数线性	0.924	0.924	−21.787	−22.092	0.61
	线性	0.922	0.922	−26.953	−28.461	3.016
早籼稻	半对数线性	0.947	0.947	82.942	82.523	0.838
	线性	0.947	0.948	83.956	83.539	0.834
薯类	半对数线性	0.279	0.282	−371.238	−371.689	0.902
	线性	0.277	0.277	−371.65	−372.602	1.904

从这个表中可以看到,对应于不同规模函数的决定系数值比较接近。这就是说,在这里选用线性还是半对数线性的规模函数不是一个非常重要的问题,而模型Ⅱ或模型Ⅲ之间也不存在很大的差异。如前所述,在对模型Ⅱ和模型Ⅲ做出选择时可以利用正规的统计检验方法。这里的检验值由表 2 中第五栏减去第六栏所得之差,然后乘以 2 而得到。这个统计值 λ 列在表 2 的最后一栏。不难证明,λ 服从卡方分布,其自由度为 2。因为在 1% 和 5% 的显著水平下,卡方临界值分别为 9.21 和 5.99,这样一来,$\gamma_1 = \gamma_2 = \cdots = \gamma$ 的假设在所有的情况下都能被接受。也就是说,我们可以放弃模型Ⅱ而只分析模型Ⅲ所给出的结果。

这样一来,我们就只需在线性与半对数线性规模函数之间做出选择。这个选择很简单,只要看哪个规模函数给予的似然值比较高就行了。根据这一标准,早籼稻、晚籼稻的规模函数应该取线性的,其余皆为半对数线性的。

由上述步骤选得的最佳的估算结果列于表 3 中。考虑到所使用的是一年的横截面数据,R^2 值还是比较令人满意的(薯类函数除外)。所有的参数估算值都具备正确的符号,而且大多在统计上显著。除晚籼稻外,所有劳动投入的弹性要么为负,要么在统计上不显著。这个结果也许令不少人吃惊,但与发展经济学理论恰恰是一致的。这是因为我国一直存在着大量的剩余劳动力。经典研究表明,在这种情况下,劳动力的边际产品为零或为负(Lewis,1954;Sen,1960;Viner,1984)。当然,这意味着我国劳动力的产出弹性不应该是正值。那么为什么晚籼稻的劳动力产出弹性又是正值呢?我们认为,主要原因在于水稻生产是劳动密集型的,其劳动用工一般比小麦及玉米多(陈吉元,1991),而晚籼稻又生长在农村最为繁忙的季节。劳动力需求的季节性决定了在这个时候农村剩余劳动力几乎不存在(庚德昌,1992)。

表3 最佳模型估算结果

作物	规模函数	播种面积	劳动力	资本	γ	截距	规模指数
玉米	半对数线性	0.949	-0.015	0.25	-0.015	5.335	1.169
	t 值	13.45	-0.232	5	-5.355	17.33	
晚籼稻	线性	0.69	0.138	0.14	-0.001	5.67	0.967
	t 值	7.42	3.187	2.181	-3.284	13.31	
冬小麦	半对数线性	1.089	-0.174	0.207	-0.015	5.895	1.107
	t 值	14.46	-6.073	4.245	-4.434	23.98	
早籼稻	线性	0.899	0.018	0.069	-0.001	6.29	0.985
	t 值	16.77	0.651	1.995	-2.891	29.89	
薯类	半对数线性	0.65	0.062	0.217	-0.025	6.107	0.904
	t 值	6.694	0.589	3.087	-2.207	13.88	

土地细碎化对粮食生产的影响由 γ 的估算来代表。因为它们全都为负(见表3第六栏),我们可以断定土地细碎化不但降低了我国农作物生产中的规模经济效应,而且严重地影响粮食产量。我们还注意到,所有对应于 γ 的 t 值都大于2,这说明,由土地细碎化所带来的负作用在统计上很显著。另一方面,我国谷物生产中几乎不存在规模经济效应。这个结论来自于表3中最后一栏报告的数值。这些数值代表规模经济参数(大于1表示规模经济为正,小于1表示规模经济为负)。粗略地说,我国粮食生产中的规模经济参数为1,起码在统计上不会显著地异于1这个值。这就意味着在现有的技术水平和生产制度下,增加农户的经营规模不一定能够带来更多的食物供给,不管农村剩余劳动力的问题解决与否。这个结论显然与国内大多数理论工

作者的观点有差距,也与部分领导干部的想法不尽一致。根据我们的研究发现,目前土地制度或农业政策中应该首先考虑土地连片集中而非规模经营。

为详细评估土地细碎化对粮食生产的影响,我们做了一个简单的计算机模拟。这个模拟使用上述最佳生产函数来预测各种作物的产量,在预测中将所有变量都固定在样本平均值上,只有土地细碎化这个变量不固定。这样我们就得到了对应于不同土地细碎化程度下的产出量(见表4)。作为参照,我们也计算了对应于样本平均地块数的作物产量,列于表4的最后一行,以供比较。这里有几点特别值得一提:(1)表4中第一行数字与最后一行数字的差别显示了土地细碎化消失后产量提高的潜力;(2)相对于其他作物来说,土地细碎化对水稻生产的影响较小;(3)土地归整后,玉米产量有可能提高17%,小麦和薯类提高18%,而水稻能提高4%;(4)若采用Fleisher and Liu(1992)的权数加总,我们可以推测,全国粮食总产量可以提高大约9%。这个数字似乎挺高,但与Fleisher and Liu的8%很是接近。必须指出,Fleisher and Liu(1992)在分析中采用了加总数据,这样土地细碎化的影响有可能被偏估了。

表4 不同土地细碎化程度下的作物产量模拟结果

土地块数	玉米	冬小麦	薯类	晚籼稻	早籼稻
1	6212.86	2107.41	1546.01	4996.30	5283.79
2	5458.96	1878.68	1351.19	4930.66	5212.82
3	5061.11	1756.57	1248.82	4865.87	5142.80
4	4796.54	1674.77	1180.92	1801.91	5073.79
5	4600.88	1613.96	1130.81	4783.85	5005.57
6	4446.96	1565.91	1091.45	4676.59	4938.34
样本平均值	5291.11	1782.57	1307.86	4799.31	5080.31

上述分析具有重要的政策含义,它表明中央政府应把土地连片而非农户经营规模作为一项紧迫的政策加以重视。同时,土地制度的改革应首先围绕减轻土地细碎化程度而设计和实施。我们注意到土地

流转制度已经受到特别的关注，但它似乎是以扩大土地规模为目的的（温家宝，1995；万宝瑞，1995；农业部，1995），这与围绕土地分块在动机和效果上都会有差异。另外，如果要进行政策试验的话，建议从北方的玉米与小麦产区开始，因为这样做可以收到较好的示范效应，以推动有关政策在南方水稻产区执行。至于究竟从何处着手来改善农村的土地细碎化程度，则是广大经济研究人员的任务。国外的经验表明，土地交换是一项切实可行的办法，各级政府可以在税收、粮食定购、贷款等方面制订优惠政策以鼓励农民志愿进行土地交换。土地交换中难免碰到农民之间经济补偿这个问题，补偿的基础、机制、额度及方式都是值得进一步深入研究的问题。

参考文献

1. 杨雍哲，1995. 规模经营的关键在于把握条件和提高经营效益[J]. 农业经济问题(5)：15—18.
2. 郭书田，1995. 九十年代农村改革与发展的任务和对策[J]. 农业经济问题(6)：2—6.
3. 万宝瑞，1995. 我国农业和农村经济发展的思路[J]. 中国农村经济(3)：9—12.
4. 温家宝，1995. 加强农村政策研究工作[J]. 中国农村经济(3)：3—8.
5. 王为农，1995. 努力实现"九五"农业增长目标[J]. 农业经济问题(8)：13—17.
6. 周诚，1995. 对我国农业实行土地规模经营的几点看法[J]. 中国农村观察(1)：41—43.
7. 王小广，1995. 中国的小农体制与规模经营[J]. 中国农村观察(1)：44—47.
8. 陈吉元，1991. 论中国农业剩余劳动力转移——农业现代化的必由之路[M]. 北京：经济管理出版社.

9. 庚德昌，1992. 农民经济行为与时间利用[M]. 北京：中国统计出版社.

10. 中国农业部，1995. 中国农业发展报告[M]. 北京：中国农业出版社.

11. CHAMBERS R G, 1988. Applied Production Analysis: A Dual Approach[M]. Cambridge, Massachusetts: MIT Press.

12. FAN S G, 1991. Effects of Technological Change and Institutional Reform on Production Growth in Chinese Agriculture[J]. American Journal of Agricultural Economics, 5: 266—275.

13. FLEISHER B, LIU Y H, 1992. Economics of Scale, Plot Size, Human Capital and Productivity in Chinese Agriculture[J]. Quarterly Review of Economics and Finance, 32(3): 112—123.

14. LEWIS W A, 1954. Economic Development with Unlimited Supplies of Labour[J]. Manchester School of Economic and Social Studies, 22: 139—191.

15. LIN J Y, 1992. Rural Reforms and Agricultural Growth in China[J]. American Economic Review, 82(1): 34—51.

16. POLLAK R A, WALES T J, 1992. Demand System Specification and Estimation[M]. New York: Oxford University Press.

17. SEN A K, 1960. Choice of Techniques[M]. Oxford: Basil Blackwell.

18. VINER J, 1984. The Concept of Disguised Unemployment[M]// Meier G M, et al. Leading Issues in Economic Development, Fourth Edition. New York: Oxford University Press: 155—259.

19. WAN G H, GRIFFTHS W E, ANDRSON J R, 1992. Estimation of Risk Effects with Seemingly Unrelated Regressions and Panel Data[J]. Empirical Economics, 17(1): 35—49.

20. WAN G H, ANDERSON J R, 1990. Estimating Risk Effects in Chinese Foodgrain Production[J]. Journal of Agricultural Economics, 41

(1): 85—93.
21. WARRINER D, 1954. Land Reform[M]//Meier G M, et al. Leading Issues in Economic Development, Fourth Edition. New York: Oxford University Press: 468—470.
22. WHITE H, 1980. A Heteroskedasticity – Consistent Covariance Matrix Estimator and a Direct Test for Heteroskedasticity[J]. Econometrica, 4: 817—838.

自述之一

　　长期以来,我一直认为这是少有的自己比较满意的论文之一,从立题到模型估算到政策含义都很有趣。论文完稿于1995年下半年,那年4~5月份我有幸认识了蔡昉,所以年底回国时找机会先请他看了稿子(从1994年起直至2002年去联合国工作前,我一直在悉尼大学工作,每年11月下旬开始为期2~3个月的暑假基本上都是在北京的漫长冬天里度过的)。他评价不错,并建议投《经济研究》。作为一个早在1980~1981年读本科时就给《经济研究》投过稿却未获回复的学者,听到他的建议我确实非常兴奋。所以就马上带着稿件直接去了《经济研究》编辑部。那天的情景至今都非常清晰地印在脑海里,尤其是推门进去看到编辑们围着煤球炉烤火的画面。

　　遗憾的是,《经济研究》没有接受这篇稿子,好像也没有提供退稿意见。这在当时很正常。后来得益于陈劲松主任的支持,论文于1996年刊发在《中国农村观察》上,试图发《中国农村经济》都没有成功,因为后者那时不发数量分析的稿件,尽管我从1988年就开始在国内发所谓的"数量化"的论文。在这儿,我要特别感谢农业经济学界的前辈朱希刚教授,是他顶住种种压力,于20世纪80年代末至20世纪90年代初,在《农业技术经济》上刊发了2~3篇本人运用边际生产函数测算技术效率和技术进步的论文。用现在的眼光看,那些论文包括这篇关于规模经济的稿子,根本称不上计量经济学研究,就是普通的实证模型运用。但在当时看来,与主流经济学方法大相径庭。联想到目前汹涌澎湃的数量化浪潮,不能不为中国经济学研究突飞猛进的发展感慨万分。

　　本人感觉这篇论文不错是有原因的:论文的灵感来自中国农村发展的现实。自20世纪70年代末实行分田到户以后,一直有人担心中国是否失去了人民公社时期的规模经济,甚至中国政府首脑都在说农村家庭联产承包责任制缺乏规模经济,提出要推行规模经营。作为博士阶段研究中国粮食生产的经济学人,当时在悉尼大学又讲授《管理经济学(Managerial Economics)》,其中有生产经济学章节,心里实在憋得慌,觉得有话要说,不吐不快!因为规模经济这个经济学概念不代表有规模就有规模经济。规模经济可能为正,可能为零或没有(所谓的规模经济恒等),也可能为负。更为重要的是,那时推行规模经营的政策成本可以说是巨大的。从20世纪80年代中期家庭联产承包责任制全面推广到20世纪90年代中期,才10年左右的时间,欲进行制度大调整无论如何都应该非常谨慎。而问题的症结就在规模经济,所以估算中国粮食生产的规模经济不仅仅具有学术价值,更具有紧迫和现实的政策意义。

比较凑巧的是,那时澳大利亚Adelaide大学刚刚在国内做了农户调查,而我的老乡、大学同学程恩江博士能够拿到这些微观数据,用以估算主要粮食作物的生产函数。所以,我们决定进行合作。经过初步数据分析,我发现很多农户即便是耕种同一作物,都分散在好多块土地上。这当然源于集体的土地分布在不同的地段,耕地质量也不同,分田到户时每家都要分到不同地段和不同质量的土地。其实越南也有同样的问题,但越南的做法是让承包地在不同的农户之间周转,也有地方让得到地段或质量较好的农户补偿地段或质量差的农户,以减少或避免土地细碎化。

这样一来,论文的切入点和轮廓更丰富了:从政府政策出发,下一步改革可以考虑推进规模经营,这需要改变土地承包制度,而没有耕地的农村家庭该如何生存?显然朝这个方向进行改革的政策成本巨大,可行性比较小,还不一定真能获得规模经济。但另一可能的改革方向是在不改变家庭经营制度的前提下,设法将农地进行整合,有可行性,而且成本相对较低。究竟应该选择哪个方向,需要研究规模经济的大小,并与土地整合的经济效果进行比较。显然,如果前者小于后者,中国就没有道理去改变刚刚实施10年的分田到户的农业经营制度,反之则需要进行更为深入或更为广泛的研究。

论文的主要发现是,中国主要粮食作物的规模经济为正,但比较小,而土地整合对粮食产量的增加效果相当可观。所以政策建议是,中国不宜推进规模经营,应该等到技术进步到一定程度使规模经济较大时再考虑。同时,政府应该引导农户降低土地细碎化程度,以此获得粮食产量的上升。

回头看这篇19年前撰写的论文,基于实证模型得出的政策建议无疑是正确的,尽管本人后来没有跟踪土地细碎化的情况。家庭一直是中国粮食生产的经营主体。当然,今天的中国农村,种植业的机械化率据说已经达到70%,另一方面,大量的农村劳动力移居城镇,粮食生产的规模经营不仅仅具备了可行性,而且具备了必要性。

2014年10月中旬,我与云南某市政府的领导去边远农村走访,证实了农村除了部分壮年劳动力,只剩下老人、妇女和儿童(所谓的386199部队)。看到这些人中的大多数,尤其是无辜的孩子被户籍挡在城外,骨肉分离,心里确实不是滋味。如果市民化和农村土地制度改革能够逐步推进,中国的农村就不只是规模经营的问题,更重要的是谁(公司还是农户)来经营的问题。设想一下10~15年后,中国的人均GDP达到2万美金以上(以现在的价格和官方汇率计算),那时的农村每个劳动力要种多少地才能获得这个收入水平,哪怕是这个水平的2/3甚至1/2?

相信多数人同意我的这个观点:中国高居不下的城乡差距必须降下来,总不能到2030年城乡收入比还大于2。但要通过种植粮食获得人均(不是劳均)至少1万美金的净收入,每个粮农要种多少地才行?这个问题与我常常提起的另一个问题有关:2030年中国种粮究竟需要多少劳动力?这两个问题的解在相当程度上决定了中国的城镇化进程和城镇化率。对这两个问题做点认真的思考,不难得出中国的城镇化率在2030年很可能超过75%的结论。本人从2006年开始呼吁中国加速城镇化,以便解决一系列的发展难题,尤其是贫困与收入分配难题,但直到近来一直无人呼应。2008年我在纽约联合国总部召开的一次会议上,就提出了借用美国的"绿卡"制度解决中国的市民化问题,以促进城镇化。当时哥伦比亚大学的Carl Riskin教授和《比较经济学杂志》主编 John Bonin 教授都不赞成,说美国的绿卡制度不好,中国应该采用更好的方法。但数年前,深圳开始实施入籍打分制度,后来有更多的城市效仿。看来我 2008 年的建议没有错。

中国农村区域间居民收入差异及其变化的实证分析[*]

一、引　言

收入分配是经济学、社会学乃至政治学的中心论题之一,而区域间居民收入差异的研究则是该论题的一个重要组成部分。从宏观上讲,这种差异的存在及其变化不但关系到社会与政局的稳定,而且影响国民储蓄与投资。从微观上讲,对任一产品的市场需求不但取决于人口数量、平均收入水平、价格和消费嗜好,也取决于国民收入在地区间的分配。比如说,在中国国民收入总量和其他经济参数不变的情况下,中央可以通过税收、财政等政府行为将一部分收入由较发达地区转移到贫困落后地区。这将导致对必需品需求的增加并可能导致对奢侈品需求的减少,原因在于,低收入群体的收入需求弹性一般大于高收入群体的收入需求弹性。

近年来,海内外许多学者从不同的角度对中国区域间居民收入差异做过深入的研究,包括魏后凯等(1997)、胡鞍钢等(1997)、覃成林(1997)、赵人伟等(1997)、徐连仲(1997)、国务院研究室课题组(1997)、Rozelle(1996)、Tsui(1991,1993)、Chen 和 Fleisher(1996)、Hussain、Lanjouw 和 Stern(1994)以及 Knight 和 Song(1993)。综合来看,现行研究中存在三方面的缺陷:(1)不少作者只搜集了 1~2 年的数据资料。由于农民收入水平受政策、自然环境及其他随机因素的影响较大,所以,根据 1~2 年资料所得出的结论很可能缺乏代表性。(2)大多数研究未能使用人均纯收入指标。取而代之的是人均工农业总产值、人均 GDP、人均国民收入等变量。这些变量忽略了政府通过财政、税收及补贴等再分配方式带来的实际购买力的变化,又含有众

---

[*] 本文发表于《经济研究》1998 年第 5 期。

所皆知的重复计算的弊病。(3)几乎所有的分析都只注重收入指标总量的差异,而未对地区间的经济发展差异做出系统的因素分解。

本文试图弥补上述缺陷,并提出一个研究基尼系数变化的方法。首先,我们搜集了1984~1996年全国各省市的收入数据,从而为描述区域间居民收入差异的长期趋势及变化提供了可能。其次,该收入数据为可支配纯收入,包括了转换性收入,所以比其他经济指标更能准确地代表实际生活水准。最后,我们还将通过计算基尼系数对区域间的收入差异做出因素分解。这种分解所得出的结论对中央政府制订有关宏观政策是十分有价值的。

需要一提的是,在进行实证分析前,我们采用国家统计局公布的各地区消费者价格指数(1981=100),对有关数据进行了处理。另外,考虑到各地区价格水平不尽相同,我们还用 Howes 和 Lanjouw 计算的地区价格水平指数对收入观察值做了进一步处理,从而保证了所用数据在时间和空间上的可比性。

二、基尼系数及其分解

本文选用了基尼系数来研究我国农村区域间的收入差异。

如果用 G 代表基尼系数,那么可以推断:

$$G = 1 - 洛伦茨曲线下的面积 \times 2$$

给定估算的洛伦茨函数,可以通过积分求得所要的面积。但现存的洛伦茨函数皆不理想,我们只能计算基尼系数的近似值。用 G_d 代表该近似值,G_d 可以通过矩阵相乘而求得(见 Silber,1989):

$$G_d = P'QI$$

其中 P 和 I 为列矩阵,分别包含依人均收入(从低到高)排列的各地区的人口份额和收入份额;Q 为一方阵,其对角线上的元素为0,对角线右上方的所有元素为1,左下方的所有元素为 -1。有必要指出来,G_d 只给出了 G 的下限(Gastwirth 1972)。

如果总收入 Y 由 K 项收入组成,即 $Y = Y_1 + Y_2 + \cdots + Y_k$,基尼系

数的分解则通过下式给定(见 Kakwani,1977,第 724 页):

$$G_d = \sum_k (\mu_k/\mu) C_k \qquad (1)$$

其中 μ 和 μ_k 分别代表平均总收入和平均分项收入,C_k 代表分项收入的集中指数(concentration index)。C_k 的计算与 G_d 类似,只不过在计算 C_k 时收入与人口份额是依人均总收入而非单项收入由低至高排列的。尽管 G 及 G_d 只在(0,1)区间取值,但 C_k 可能为负。实际上 C_k 介于 G_k 与 $-G_k$ 之间。这里 G_k 代表分项收入的基尼系数。

根据(1)式,基尼系数是所有分项收入集中指数的加权平均,权数为各项收入在总收入中的比重。因为集中指数的变化可以独立于收入比重的变化,所以由基尼系数表示的收入差异的扩大或缩小可以纯粹来源于单项收入在总收入中的比重的变动,而非单项收入集中程度的变动。在下面我们还将提到,比重的变化往往意味着经济结构的改变。而经济结构的变化在转型时期是不可避免的。因此,可以说我国区域间收入差异有所扩大是经济发展的正常现象。

以 $S_k = \mu_k/\mu$ 代表分项收入在总收入中的比重,G_d 可以表示成:

$$G_d = \sum_k S_k C_k \qquad (2)$$

显然,$S_k C_k / G_d \times 100\%$ 可以用来表示第 k 项收入对基尼系数的百分比贡献。Adams(1994)曾定义 C_k/G_d 为相对集中系数(relative concentration coefficient)。如果某项收入的相对集中系数大于1,我们则说该项收入为差异促增(inequality increasing),反之亦然。

在现实中,我们往往不仅需要度量收入差异的大小,更为重要的是分析收入差异的变化。由(2)式所代表的基尼系数的分解固然有用,但某项收入对基尼系数的百分比贡献也许不大,但有可能是导致收入差异或基尼系数变化的重要因子。我们认为,分析基尼系数的变化比研究它的构成更具有现实意义。正像研究某一国家的经济增长比研究其经济总量构成更具现实意义一样。必须指出,在国内外文献中至今尚未见到有人对基尼系数的变化进行过分解。用 t 和 $t+1$ 下标代表时间,基尼系数的变化可以表示为 $G_{dt+1} - G_{dt}$。定义该变化为 ΔG,根据(1)式有:

$$\Delta G = \sum_k S_{kt+1} C_{kt+1} - \sum_k S_{kt} C_{kt}$$
$$= \sum_k (S_{kt+1} C_{kt+1} - S_{kt} C_{kt}) \qquad (3)$$

类似 ΔG,可以定义 $\Delta S_k = S_{kt+1} - S_{kt}$,$\Delta C_k = C_{kt+1} - C_{kt}$。这样一来,我们就可以用 $\Delta S_k + S_{kt}$ 替代(3)式中的 S_{kt+1},同时用 $\Delta C_k + C_{kt}$ 替代 C_{kt+1},然后稍加整理,可以得到

$$\Delta G = \sum_k \Delta S_k C_{kt} + \sum_k \Delta C_k S_{kt} + \sum_k \Delta C_k \Delta S_k \qquad (4)$$

(4)式表明,收入差异的变化可以分解为三大部分:(1) $\sum_k \Delta S_k C_{kt}$ 代表由收入比重变化引起的基尼系数的上升或下降;(2) $\sum_k \Delta C_k S_{kt}$ 代表由收入集中程度的变化引起的基尼系数的上升或下降;(3) $\sum \Delta C_k \Delta S_k$ 代表由收入比重与收入集中程度变化共同引起的基尼系数的上升或下降。因为收入比重的变化与经济结构的调整密切相关,我们可以将 $\Delta S_k C_{kt}$ 称为结构性效应,而称 $\Delta C_k S_{kt}$ 为收入集中效应。

对基尼系数的变化进行分解其意义是很明显的。如果一个国家试图缩小收入差异,有必要分析导致该差异变化的主要来源是结构性效应,还是收入集中效应。不难理解,处理结构性效应的政策是不同于处理收入集中效应的政策的。特别是对于中国的现状来说,由结构性效应引起的收入差异的变化是暂时的,也是正常的。一旦中国完成国民经济的重大调整,这种结构性效应将大大削弱,甚至消失。我们认为著名的库兹涅茨假设本质上与结构性效应相关。换句话说,本文所提出的对基尼系数变化的分解为这一著名的假设提供了强有力的理论基础。

三、中国农村区域间收入差异及其变化

本文所用分省资料来源于国家统计局。总纯收入由以下单项收入构成:工资收入、家庭经营收入、其他收入。尽管可以查到1982年以来的总纯收入数据,但欠缺1982年和1983年的分项收入数据。因而本文只分析1984~1996年这段时间内的区域收入差异及其变化。

表1　农村居民人均纯收入（按1981年不变价算）

年份	人均纯收入（元）				纯收入构成（%）		
	总收入	工资	家庭经营	其他	工资	家庭经营	其他
1984	335.60	57.58	250.81	27.21	17.16	74.73	8.11
1985	337.97	60.41	255.69	21.87	17.87	75.66	6.47
1986	350.75	66.50	266.55	17.70	18.96	75.99	5.05
1987	357.12	72.91	267.72	16.49	20.42	74.97	4.62
1988	352.45	76.29	260.47	15.68	21.65	73.90	4.45
1989	322.31	73.21	234.59	14.51	22.71	72.78	4.50
1990	356.16	72.13	269.02	15.01	20.25	75.53	4.21
1991	357.37	75.83	264.79	16.75	21.22	74.09	4.69
1992	374.63	88.77	267.36	18.51	23.69	71.37	4.94
1993	383.86	82.04	281.56	20.26	21.37	73.35	5.28
1994	416.16	89.86	301.09	25.21	21.59	72.35	6.06
1995	461.89	103.61	330.83	27.46	22.43	71.62	5.95
1996	524.15	123.63	370.68	29.85	23.59	70.72	5.69
增长率(%)	3.79	6.57	3.31	0.77			

另外,计算基尼系数所需要的农村人口数据来自有关年份的《中国农业统计年鉴》和《中国农村统计年鉴》。初步计算表明,使用农业人口或农村人口对文章的结论影响不大。还需要说明,海南被包括在广东省里。因缺乏西藏的消费者价格指数,在计算与分析中未能将西藏包括进来。这样,本文共计只考虑了28个省市自治区。

表1列出了以1981年价格计算的历年来中国农村居民的纯收入及其分项收入。很明显,家庭经营收入仍占总纯收入的主要部分。扣除物价上涨因素,农村居民的纯收入在1984～1996年这些时期内平均每年以不到4%的速度递增。这个增长速度几乎与赵人伟和李实(1997)提供的数字相等。从单项收入看,工资收入增长最快,年均每年递增6%以上,而家庭经营收入年递增率只有3.3%,其他收入的增长则微乎其微。不难推断,工资收入的强劲增长主要源于农村工业的发展,结果是家庭经营收入在总纯收入中的比重由1984年的75%下

降到1996年的70%,相反工资收入的比重却增加了6个百分点。随着城市化、工业化在中国的推进,这一趋势将持续一段时间,这意味着由结构性效应引起的区域间收入差异还会有所扩大。

通过计算得到基尼系数及有关集中系数见于表2,表中基尼系数的值明显小于国内所报告的值(见张平,1992)。考虑到张平未将价格上涨及地区间价格水平差异考虑进来,本文所得到的结果应该更为准确。很明显,改革开放以来,中国农村区域间的收入差异呈不断扩大的趋势。但是从表2还可以发现,除了工资收入外,其他分项收入的集中系数和相对集中系数均无任何明显的时间趋势。另外,只有工资收入是差异促增的,而家庭经营收入和其他收入是差异促减的。

表2 估算的基尼系数和相应的收入差异指标

年份	基尼系数	集中指数 工资	家庭经营	其他	相对集中指数 工资	家庭经营	其他
1984	0.106	0.249	0.082	0.034	2.338	0.767	0.319
1985	0.091	0.250	0.054	0.081	2.750	0.596	0.893
1986	0.107	0.241	0.080	0.017	2.246	0.745	0.156
1987	0.109	0.269	0.070	0.036	2.460	0.644	0.332
1988	0.113	0.288	0.065	0.076	2.542	0.569	0.671
1989	0.118	0.284	0.068	0.080	2.417	0.578	0.681
1990	0.108	0.271	0.067	0.050	2.513	0.625	0.461
1991	0.122	0.295	0.073	0.101	2.425	0.603	0.832
1992	0.125	0.290	0.071	0.118	2.314	0.568	0.941
1993	0.139	0.324	0.087	0.116	2.326	0.626	0.831
1994	0.148	0.327	0.101	0.078	2.205	0.680	0.527
1995	0.162	0.330	0.114	0.112	2.035	0.701	0.690
1996	0.160	0.329	0.108	0.110	2.056	0.673	0.689

总的来说,中国农村基尼系数自1984年以来是不断增加的,但曾出现过三次下降:1984年至1985年,1989年至1990年,1995年至1996年。这三次下降均与我国银根紧缩有关。因为要素配置的不同,银根紧缩对家庭经营影响较小,而对农村工业影响很大。另一方面,

比较富裕的地区农村工业相对发达,加上工资收入构成基尼系数的50%左右(见表3)。这样一来,在中央货币政策由松变紧时,收入高的地区受到的冲击较大,进而导致区域间收入差异的下降,参见魏后凯等(1997,第12章)、袁钢明(1996)。

表3　各收入因子对基尼系数的百分比贡献

年份	总贡献	各因子贡献 工资	家庭经营	其他
1984	100	40.12	57.30	2.58
1985	100	49.14	45.07	5.78
1986	100	42.58	56.63	0.79
1987	100	50.22	48.24	4.53
1988	100	55.02	41.99	2.99
1989	100	54.89	42.05	3.06
1990	100	50.90	47.16	1.94
1991	100	51.47	44.63	3.90
1992	100	54.83	40.52	4.65
1993	100	49.72	45.89	4.39
1994	100	47.61	49.20	3.19
1995	100	45.66	50.24	4.11
1996	100	48.49	47.58	3.92

表3给出了基尼系数的分解结果。尽管工资收入只构成总纯收入的17%~24%(参照表1),它对基尼系数的贡献率却在40%~55%之间。这一结果与Rozelle(1994)及魏后凯等(1997)的推论相符。但有趣的是,工资收入对基尼系数的贡献率没有任何时间趋势。另外,工资收入的集中系数与这个贡献率似乎也没有什么相关关系。这就从另外一个角度证明,结构性效应可能是导致中国农村区域间收入差异变化的根本原因。

对基尼系数的变化做进一步分解,其结果(见表4)表明结构性效应大多为正或是差异促增的,而收入集中性效应几乎一半年份为负。两者的综合效应早期为负后期趋向于为正。应该指出,综合效应的绝对值大都很小,在研究制订有关收入分配政策时,这方面的效应可以忽略不作参考。根据表4,我们还注意到,结构性效应主要由工资收入的份额变化所决定,而集中性效应则主要由家庭经营收入的集中程度所决定。

表4　影响地区间收入差异变化的原因

	基尼系数		收入集中性效应				综合效应			
年份	变化	结构性效应	工资	家庭经营	其他	总效应	工资	家庭经营	其他	总效应
1984–85	−0.0153	0.0020	0.0003	−0.0204	0.0039	−0.0163	0.0000	−0.0003	−0.0008	−0.0010
1985–86	0.0160	0.0017	−0.0017	0.0194	−0.0042	0.0134	−0.0001	0.0001	0.0009	0.0009
1986–87	0.0022	0.0026	0.0054	−0.0072	0.0010	−0.0008	0.0004	0.0001	−0.0001	0.0004
1987–88	0.0041	0.0025	0.0040	−0.0044	0.0018	0.0014	0.0002	0.0001	−0.0001	0.0002
1988–89	0.0041	0.0024	−0.0009	0.0026	0.0002	0.0018	0.0000	0.0000	0.0000	−0.0001
1989–90	−0.0097	−0.0054	−0.0029	−0.0004	−0.0014	−0.0047	0.0003	0.0000	0.0001	0.0004
1990–91	0.0139	0.0019	0.0049	0.0045	0.0022	0.0116	0.0002	−0.0001	0.0002	0.0004
1991–92	0.0037	0.0056	−0.0011	−0.0016	0.0008	−0.0018	−0.0001	0.0001	0.0000	0.0000
1992–93	0.0137	−0.0049	0.0079	0.0113	−0.0001	0.0191	−0.0008	0.0003	0.0000	−0.0005
1993–94	0.0093	0.0007	0.0008	0.0102	−0.0020	0.0089	0.0000	−0.0001	0.0000	−0.0004
1994–95	0.0136	0.0019	0.0006	0.0092	0.0020	0.0118	0.0000	−0.0001	0.0000	−0.0001
1995–96	−0.0018	0.0025	−0.0001	−0.0042	−0.0001	−0.0043	0.0000	0.0001	0.0000	0.000

通过对基尼系数变化的分解,我们可以得到如下结论:(1)基尼系数的变化只与结构性效应成正相关。特别是在1989～1990年与1993～1994年国民经济回落时,基尼系数明显下降,而相应的结构性效应也恰恰为负。(2)如果库兹涅茨假设适用于中国的话,中国农村区域间的收入差距还会进一步扩大。这是因为农村经济的结构性调整还仅仅是个开头。(3)到目前为止,左右我国农村基尼系数的主要因素是工资收入在总纯收入中的比例。除非这个比例趋于平稳,否则区域间的收入差异就不大可能达到一个均衡点。

四、小　结

本文推导出了基尼系数变化的分解公式,并用于分析我国农村区域间的收入差异,跟以往的研究相比较,我们不但发现了中国农村区域间收入差异的上升趋势,还发现这个趋势与农村经济结构的变化密切相关。正因为如此,我国政府不必过分担心区域间收入差异的扩大。但是,从1984年到1996年,基尼系数的增幅令人关注,尽管其数值仍介于可以接受的范围内。因为农村工业的发展与收入差异的结构性效应相关,从这方面着手解决区域间收入差异在当前和今后都不宜提倡。而家庭经营却与收入差异的集中性效应相关,所以说,从贷款、税收、科技甚至财政上大力支持较贫困地区发展家庭经营,能够有效地达到缩小地区间收入差异的目标。

参考文献

1. 国务院研究室课题组,1997．关于城镇居民个人收入差距的分析和建议[J]．经济研究(8)．
2. 胡鞍钢,王绍光,康晓光,1997．中国地区差距报告[M]．沈阳:辽宁人民出版社．
3. 覃成林,1997．中国区域经济差异研究[M]．北京:中国经济出版社．
4. 魏后凯,刘楷,周民良,杨大利,胡武贤,1997．中国地区发展——经济增长、制度变迁与地区差异[M]．北京:经济管理出版社．
5. 徐连仲,1997．城乡居民货币收支差异及其变化[N]．经济参考报,12 – 6．
6. 袁钢明,1996．地区经济差异和宏观经济波动[J]．经济研究(10)．
7. 杨伟民,1992．地区间收入差距变动的实证分析[J]．经济研究(1)．
8. 张平,1992．中国农村区域间居民的收入分配[J]．经济研究(2)．

9. 赵人伟,李实,1997. 中国居民收入差距的扩大及其原因[J]. 经济研究(9).

10. ADAMS R, 1994. Non-Farm Income and Inequality in Rural Pakistan: A Decomposition Analysis[J]. Journal of Development Studies, 31(1): 110—133.

11. CHEN J, FLEISHER B M, 1996. Regional Income Inequality and Economic Growth in China[J]. Journal of Comparative Economics, 22(2): 141—164.

12. HOWES S, HUSSAIN A, 1994. Regional Growth and Inequality in Rural China[Z]. Working Paper EF/ll, London School of Economics.

13. HUSSAIN A, LANJOUW P, STERN N, 1994. Income Inequalities in China, Evidence from Household Survey Data[J]. World Development, 22(12): 1947—1957.

14. KNIGHT J, SONG L, 1993. The Spatial Contribution to Income Inequality in Rural China[J]. Cambridge Journal of Economics, 17: 195—213.

15. KUZNETS S, 1955. Economic Growth and Income Inequality[J]. American Economic Review, 45(1): 1—28.

16. ROZELLE S, 1994. Rural Industrialisation and Increasing Inequality: Emerging Patterns in China's Reforming Economy[J]. Journal of Comparative Economics, 19: 362—391.

17. ROZELLE S, 1996. Stagnation without Equity: Patterns of Growth and Inequality in China's Rural Economy[J]. The China Journal, 35: 63—92.

18. TSUI K Y, 1991. China's Regional Inequality, 1952-1985[J]. Journal of Comparative Economics, 15(1): 1—21.

19. TSUI K Y, 1993. Decomposition of China's Regional Inequality[J]. Journal of Comparative Economics, 17(3): 600—627.

20. WAN G H, 1998. An Empirical Assessment on Alternative Functional Forms of the Lorenz Curve[Z]. Applied Economics Letters.

自述之二

　　这篇稿件是我1997年冬天访问北京大学国家发展研究院（那时称为中国经济研究中心或CCER）时构思的，也是我在《经济研究》上发表的第一篇论文。投稿不久，就收到编辑部的外审意见，当时还是有点惊讶，因为在这之前，我在国内也发表了不少论文，但一直是编辑部审理，从来没有听说在国内还有外审这么回事。这说明《经济研究》早早就开始有选择性地把部分稿件送给外面的专家审阅。好在外审专家对稿件比较肯定，所以修改后不久就被《经济研究》接受并刊发了。

　　这篇论文的价值有两方面。方法论上，论文推导出了一个分解方法，可以将总基尼系数的变动分解为收入结构变化的贡献和其他贡献，前提条件是总收入（或其他用来衡量不均等的变量）可以表示为分项收入（或分项变量）的线性等式。另一方面，论文实证分析了1984~1996年间中国农村区域间的收入差异及其变化。论文的一个主要结论是，中国的农村区域差异还会进一步扩大，因为农村收入结构还会不断调整。这个基于客观分析的结论与后来的事实是相符合的，我国农村区域不均等从20世纪90年代中期开始又一次攀升，直到2003~2006年农业税取消和农村福利制度开始实施后才出现了下降的趋势。

　　怎么会想到写这篇论文呢？我的专业背景是农村发展和应用计量经济学（计量方面已经大大落伍，原因在于本人没有及时跟进，同时计量经济学发展很快），之前大多做的是生产函数和消费函数方面的实证研究，几乎没有接触收入分配这个领域。在CCER访问期间，北京的天气非常寒冷，这对从澳大利亚夏季过来的我来说不是很适应。所以，我每天都有16个小时左右的时间待在室内，办公室和住处差不多各一半。我在双安的住处没有广播电视和电话，那时移动上网设备尚没有发明出来。所以，唯一能做的就是躺在床上看书，其中就有胡鞍钢等人的《中国地区差距报告》。这是我第一次接触收入分配问题。

记得是元旦那天,家家户户忙着欢天喜地过新年,我则用烧水壶煮了一碗清水黄豆芽当午饭(本人特别喜欢吃黄豆芽,也源于当时收入不高,而且双安附近也没有什么小吃店),然后就躺在床上看《中国地区差距报告》。突然,头脑里冒出一个问题:为什么仅仅看收入分配的水平和趋势而不看其变化?有了这个念头后,我做的第一件事情就是寻找分析收入分配变化的理由。很快就想到 GDP 水平与 GDP 变化(经济增长)的差别:研究 GDP 构成即经济结构,与研究基尼系数或其他不均等指标的构成类似。但更多人关心经济增长即 GDP 的变化,那么为什么不去考虑不均等的变化呢?特别重要的是,某个因素对 GDP 构成的贡献可能与其对经济增长的贡献大不相同。比如说,当时第一产业仍然占 GDP 较大比重,但它对经济增长的贡献就比较小。类似地,导致中国收入分配恶化的因素可能与构成收入分配指标的因素有所不同,而前者更重要。

找到了关键的立题依据或意义,下面的难题就是看能否找到研究方法,去解析收入分配指标的变化。在查看了有限的文献后,发现尚没有现成的分析框架。但是,Kakwani(1977)发表在《Journal of Econometrics》的研究表明,总收入的基尼系数可以表示为分项收入集中系数的加权平均,权重为分项收入在总收入中的占比。这个简洁的表达式一看就感觉比较容易用来进行基尼系数变化的推导。这样,分析方法在数天后也建立起来。

如果是今天,数据收集整理包括实证分析都不是什么问题,但当时尚没有公开发表的各省分项收入的时间序列。所以论文中使用的数据是通过特殊途径获得的,成本在那时算是比较大的。计算分析也费了不少精力和时间,当时的计算机和软件比今天差很多。但论文的一系列发现还是比较新颖和有趣的。而且,在作这篇论文时受到启发,还写了篇关于洛伦茨曲线的短文发表在《Applied Economics Letter》上,算是额外的收获。

回头来看这篇论文,有必要做三点说明。首先,初稿是用英文写的,讨论了如何处理区域间价格水平差异问题,并指出不考虑这个价格水平差异会使我国的不均等指标高估20%左右。遗憾的是,中文稿没有详细讨论这个问题,只是一笔带过,而交给CCER的英文稿也无法找到了。希望所有关于中国收入分配问题的研究都把地区间价格水平的差异考虑进来。我不知道西南财大在估算基尼系数时有没有处理这个问题,如果没有,他们得到的0.6的基尼系数也是有偏的。至于是否高估了20%抑或更多,取决于20世纪90年代中期后不同地区价格上涨的幅度是否更为发散还是有所趋同,而这与要素和产品市场整合、交通和通讯等基础设施的发展密切相关。第二,论文发表后,部分读者感觉用矩阵法计算基尼系数有困难。其实论文提出的分解框架不需要计算基尼系数,只要求计算分项变量或收入的集中系数就足够了。另外,计算基尼系数和集中系数的方法有很多,不一定非要使用矩阵法,用其他方法仍然可以依据论文推导的(4)式进行不均等变化的分解。第三,论文提出的方法论所分解的是现期到下期的不均等变化。如果有人想反过来做,分解下期到现期的基尼系数变化,分解公式和结果会有所不同,尽管基尼系数的总的变化相同(符号相反)。也就是说,论文里的(4)式存在路径依赖问题。另外,论文中的(4)式还有一个问题,它包含了难以解释的交叉项。解决这两个问题可以使用夏普里分解原理,结果为:

$$\Delta G_d = \Sigma_k 0.5(C_{kt} + C_{kt+1})\Delta S_k + \Sigma_k 0.5(S_{kt} + S_{kt+1})\Delta C_k。$$

解释中国农村区域间的收入不平等：一种基于回归方程的分解方法[*]

一、引 言

从20世纪70年代早期开始，经济学家们就使用回归分析方法分解不平等。与传统的研究方法相比（Shorrocks,1980,1982），这种方法能够量化各回归变量对因变量不平等程度的贡献。虽然在早期的工作中，能够被考虑的变量数目与类型都非常有限，但是近期的发展已放宽了这个限制。从理论上来看，以回归方程为基础的不平等分解可以考虑任意数目与类型的变量甚至代理变量，包括社会、经济、人口以及政策等因素。这种方法的灵活性，特别是它处理收入决定因素的内生性与随机误差的能力，使得该方法对经济学家与政策制定者都很有吸引力。

Oaxaca(1973)与Blinder(1973)是提出这种方法的先驱，他们主要分析的是两个群体（如男女职工）之间平均收入的差别。Juhn、Murphy和Pierce(1993)扩展了这一方法，使得分解得以建立在两个群体间收入变量的整个分布差别而不仅仅是平均收入差别的基础之上。Bourguignon、Fournier和Gurgand(2001)放松了Juhn、Murphy和Pierce(1993)的线性收入决定函数的限制。这些学者们都致力于解释有明显收入差别的群体之间的收入分配差异，他们并没有量化特定因素对总的不平等的贡献。在一系列使用半参数或无参数技术的文献中，Dinardo、Fortin和Lemieux(1996)及Deaton(1997)用密度函数的变化描述并比较了目标变量的分布，也不是将总的不平等分解。Fields和Yoo(2000)与Morduch和Sicular(2002)运用常规技术估计了参数性的收入决定函数，并以此函数为基础来分解因变量的不平等。他们的框

---

[*] 感谢Tony Shorrocks教授的多次讨论，也感谢陆铭博士在本文写作中提供的帮助，所有错误由作者负责。本文发表于《经济研究》2004年第8期。

架允许包含任意数量的相关决定因素,其缺点是限制性条件较多。

Morduch 和 Sicular(2002)(在本文的以下部分简称为 MS)、Fields 和 Yoo(2000)(在本文的以下部分简称为 FY)采用了特定形式的收入决定函数作为分解的基础。MS 使用了标准的线性函数,而 FY 使用了一个半对数回归模型。这些限制阻碍了模型的选择并可能导致实证分析的错误。两篇文章的另一个主要限制在于他们所使用的不平等度量指标。FY 仅仅考虑变异系数的平方(CV^2),而 MS 则要求能够将总的不平等表示为各种要素收入不平等的加权之和。此外,FY 的方法要求使用经过对数转换后的收入来测量不平等程度。虽然这不影响收入排序,但可能导致分解结果的扭曲。由于这个局限性,FY 的结果与其他不平等研究的结果缺乏可比性。在 MS 与 FY 的文章中,常数项与随机项的贡献率并不是根据 Shorrocks(1999)或 Cancian 和 Reed(1998)所提出的自然分解法则[①]推导出来的。因此,他们模型中的随机项与常数项可能对也可能不对总的不平等程度做出贡献。这是 MS 框架的一个缺陷。由于 FY 框架假定常数项对不平等没有任何影响,因此 FY 框架也有这一缺陷。Podder 和 Chatterjee(2002)的研究表明,如果采用如 CV^2 或基尼系数等不平等指标,一个正(负)的常数项必定将降低(提高)总的不平等程度。

本文的写作出于三个原因。首先,任何以回归方程为基础的不平等分解都不可避免地要涉及一个常数项和残差项。这些项的存在会给不平等分解带来一些特殊的问题,在 Morduch 和 Sicular(2002)与 Fields 和 Yoo(2000)的文章中,这些问题或者被忽略或者没有被正确地处理。第二,在使用的函数形式与不平等的度量指标方面,目前以回归方程为基础的不平等分解技术尚有很多限制。第三,除了 Ravallion 和 Chen(1999)[②]之外,对决定中国农村地区间的收入不平等因素的分析大都是描述性的。本文量化了各种因素对中国农村不平等程

---

① 参见方程(4)对这一法则的数学表述。
② 这些作者集中讨论了中国的数据问题并且沿用 Fields 和 Yoo(2000)的方法对收入不平等进行了分解。

度的贡献率。在第二部分我们提出了一个通用的以回归方程为基础的分解框架,它可以被用来分解任何不平等指标,而且对回归模型限制条件很少。本文的第三部分实证分析了导致中国农村不平等的根源。第四部分则是一个简短的结论以及一些政策建议。

二、一个新的分解方法

假定 $Y = F(X, U)$ 为一个回归模型,其中 Y 是收入或收入变量的转换(如对数转换),X 是影响收入的因素或它们的代理变量,U 是残差项。假定在回归模型中存在一个常数项,Y 可以表示为:

$$Y = \alpha + \tilde{Y} + U \tag{1}$$

(1)式显示,$\hat{Y} = \alpha + \tilde{Y}$ 是模型的确定性部分,$\tilde{Y}$ 代表由不同变量产生的收入流。如果 $F(X, U)$ 是线性的,$\tilde{Y} = \sum \beta_i X_i = \sum Y_i$,其中 $Y_i = \beta_i X_i$ 表示由第 i 个因素产生的收入流。与 Blinder(1973),Oaxaca(1973),Juhn、Murphy 与 Pierce(1993),以及 FY 与 MS 的模型相比,该模型更具通用性。事实上,新的分解方法并不要求回归模型具有如(1)式所表现的可加性,任何线性或非线性的模型都可以被采用。

总的不平等程度由 $I(OI)$ 给出,其中 I 代表任一不平等指标,OI 代表收入变量的原始观察值。如果对收入没有进行任何转换,则 $OI = Y$。以回归方程为基础的分解方法旨在将 $I(OI)$ 分解为与(1)式右边的变量和参数相关的不同的组成部分。FY 对回归式的两边取方差,并将两边共同除以因变量的方差。Wan(1988)使用这种方法分解了产出的波动,Zhang 和 Fan(2000)则用这种方法分解了劳动生产率在中国区域间的不平等。在这种方法中,残差项的贡献率为 $(1 - R^2)$,其他项的贡献率为 $\mathrm{Cov}(Y_i, \mathrm{Ln}OI) / \mathrm{Var}(\mathrm{Ln}OI)$,常数项对收入不平等没有任何贡献。另一方面,根据 MS 的方法将基尼系数应用于(1)式时,残差项与常数项对总的不平等没有任何影响。换句话说,无论回归模型与实际数据的拟合度有多低,模型的确定性部分都能解释整个收入的不平等。

为了避免这类问题,我们按照 Shorrocks(1999)提出的分解的自然法则推导了一个新方法。为便于叙述,我们使用基尼系数作为不平等的度量指标。如果目标变量为未作变换的收入,并假设收入函数是线性的,我们有:

$$Y = OI = \alpha + \sum_i Y_i + U \tag{2}$$

其中,$Y_i = \beta_i X_i$ 并且 $\hat{Y} = \alpha + \sum_i Y_i$。

按照 MS 的方法将基尼指数 G 应用于(2)式两边,可以得到

$$G(Y) = 0 + \sum_i E(Y_i)/E(Y) C(Y_i) + 0 \tag{3}$$

其中,C 表示集中度指数(concentration index),E 表示期望值。MS 运用等式(3)来分解各因素对总的不平等程度的影响,每个因素对 $G(Y)$ 的贡献率为 $E(Y_i)/E(Y) C(Y_i)$。很明显,残差项 U 不影响总的不平等。虽然从定义来看,U 是"白噪声",因而它不会改变洛伦茨(Lorenz)曲线的形状,但是它确实影响收入 Y 的密度函数和不平等程度。残差项代表了观察不到的因素或者那些不包括在回归模型中的决定因素,它对不平等的作用必定是存在的。(3)式同样意味着常数项对收入不平等没有任何影响。但是,作为相对不平等指标,当将一个正(负)的常数项加到每个人身上时,基尼系数必须下降(上升)。因此,依据(3)式进行不平等分解是不恰当的。

为了导出没有包含在模型中的因素或随机项的贡献,我们采用 Shorrocks(1999)的方法从(2)式中去除 U:

$$Y(U = 0) = \hat{Y}$$

并可得到 $G(Y|U=0) = G(\hat{Y})$。这样一来,U 对 $G(Y)$ 的贡献可以定义为:

$$CO_u = G(Y) - G(\hat{Y}) \tag{4}$$

在等式(4)中,Y 与 $\hat{Y}$ 之间的差别完全可以归结为 U。当 U 趋向于 0 时,$\hat{Y}$ 趋向于 Y,同时 $G(\hat{Y})$ 趋向于 $G(Y)$。因此,将 $G(Y) - G(\hat{Y})$ 归结为 U 的贡献是合理的。

既然任何回归模型都由确定性部分与随机项组成,那么总的不平

等程度 $G(Y)$ 就总可以被分解为由 $G(\hat{Y})$ 给出的确定性部分和与 U 相关的随机项部分。因此随机项的贡献可以表示为 $G(Y) - G(\hat{Y})$。尽管 Y 和 $\hat{Y}$ 的期望值是相同的,我们仍可以将 $G(Y)$ 和 $G(\hat{Y})$ 表示为:

$$G(Y) = \sum_i E(Y_i)/E(Y) C(Y_i)|_{rank\ by\ Y} \tag{5}$$

$$G(\hat{Y}) = \sum_i E(Y_i)/E(Y) C(Y_i)|_{rank\ by\ \hat{Y}} \tag{5'}$$

(5)式与(5′)式的区别仅在于在计算 $C(Y_i)$ 时 Y_i 的排序不同。

在导出了随机项对总的不平等的贡献后,我们转而考虑常数项的贡献。对(1)式两边运用基尼系数,可以得到:

$$G(Y) = \alpha/E(Y) C(\alpha) + \sum_i E(Y_i)/E(Y) C(Y_i)|_{rank\ by\ Y} + 0$$
$$= 0 + \sum_i E(Y_i)/E(Y) C(Y_i)|_{rank\ by\ Y} + 0 \tag{6}$$

MS 用(6)式分解了总的不平等程度。因此,常数项对 $G(Y)$ 没有任何影响。但是随着 α 值的变化,$E(Y_i)/E(Y)$ 也会随之发生变化。特别地,一个正(负)的 α 值会导致 $E(Y_i)/E(Y)$ 的减少(增加),因为在这种情况下,$E(Y)$ 增加(减少)了而 $E(Y_i)$ 并未变化。因此,常数 α 的贡献被分配到或被吸收于(6)式的其他项。我们需要将这一贡献从那些项中找出来。

由(4)式可知 $G(Y) = G(\hat{Y}) + CO_U$,我们现在来分析 $G(\hat{Y})$,因为 $\hat{Y} = \tilde{Y} + \alpha$,依据 Shorrocks(1999)的自然分解法则,我们有:

$$G(\hat{Y}|\alpha=0) = G(\tilde{Y}) = \sum_i E(Y_i)/E(\hat{Y}) C(Y_i)|_{rank\ by\ \hat{Y}\ or\ \tilde{Y}} \tag{7}$$

由此,常数项的贡献可定义为:

$$CO_\alpha = G(\hat{Y}) - G(\tilde{Y}) \tag{8}$$

显然,如果 $\alpha > 0$,那么 $CO_\alpha < 0$,反之亦然。没有 α,收入集中度指数 $C(Y_i)$ 由(6)式中的 $\tilde{W}_i = E(Y_i)/E(\tilde{Y})$ 作为权数加总。当 α 不为零时,权数变为 $W_i = E(Y_i)/E(\tilde{Y}+\alpha)$。直观来看,可以用 $(W_i - \tilde{W}_i)$ 调整该权数,由此引起的不平等的变化可以归结为 α 的贡献。按照这个推理,我们有:

$$CO_\alpha = \sum_i (W_i - \tilde{W}_i) C(Y_i) = G(\hat{Y}) - G(\tilde{Y})$$

这一结果与(8)式相同。

总之,(4)式、(8)式和(7)式能够将 $G(Y)$ 分解为 CO_u, CO_α 及向量 X 中各变量的贡献。贡献的百分比分别为:

$$PC_u = 100[G(Y) - G(\hat{Y})]/G(Y)$$

$$PC_\alpha = 100[G(\hat{Y}) - G(\tilde{Y})]/G(Y)$$

$$PC_{\tilde{Y}} = 100G(\tilde{Y})/G(Y) = 100/G(Y)\sum_i E(Y_i)/E(\tilde{Y})C(Y_i)|_{rank\ by\ \hat{Y}\ or\ \tilde{Y}}$$

其中 $E(Y_i)/E(\tilde{Y})C(Y_i)|_{rank\ by\ \hat{Y}\ or\ \tilde{Y}} = CO_i$ 表示第 i 个变量的贡献。

虽然上述结果以基尼系数作为不平等的指标,并假设收入决定函数为线性的形式,但是这种方法可以用于任何不平等指标,而且不仅仅限于线性回归模型。只不过在其他情况下,我们对分解结果的解释就不是如此直接了。一般来说,某一变量对收入不平等的贡献可以理解为当剔除该变量或它的收入流后总的不平等所发生的变化。所谓剔除,指的是去掉这个变量或假定它在所有人当中做平均分配。如果不平等程度因此而上升(下降),那么这个变量就产生了一个负(正)的贡献,它被称为降低(增加)不平等的因素。

在使用线性收入决定函数与基尼系数的情况下,CO_i 的符号依赖于 $E(Y_i)$ 与 $C(Y_i)$。因为 $\tilde{Y}$ 是所有收入决定因素带来的收入之和,故它应该是正的,但 $E(Y_i) = \beta_i E(X_i)$, $C(Y_i) = C(X_i)$。显然对大多数的经济变量而言,$E(X_i) > 0$,所以 CO_i 的符号就取决于 β_i 与 $C(X_i)$。在(2)式中,β_i 代表 X_i 对收入水平而不是不平等的边际影响;而 $C(X_i)$ 的取值介于 -1 与 1 之间,代表总收入 Y 与收入流 Y_i 或者变量 X_i 之间的相关度。换句话说,β_i 是假定其他因素不变的条件下 X_i 对 Y 的偏回归系数,而 $C(X_i)$ 描述的是其他因素可变的条件下 Y 与 Y_i 或 X_i 之间的相关性。例如,我们一般认为,像教育水平这样的变量通常对收入产生正的影响,所以 $\beta_i > 0$。但是,受过良好教育的人很可能属于高收入群体,所以总收入与教育产生的收入流之间应该是正相关关系,即 $C(X_i) > 0$。结果是,教育对总的不平等程度的贡献为正,从而成为导致不平等上升的因素之一。这等同于,如果每个人获得的由教育产生的收入流是相同的,而不考虑各人的教育水平,总的不平等程度将下降。

再举一个例子,向穷人提供救济或减贫支付与总收入之间是负相关的,所以 $C(X_i)<0$。同时,当其他因素不变时,增加哪怕仅仅一个人的救济或贫困支付都将提高因变量 Y 的平均值。因此,该变量对收入的边际影响为正,$\beta_i>0$。这样一来,总的影响为负,从而起到降低不平等的作用。作为最后一个例子,人口负担率变量对家庭收入的边际影响为负,$\beta_i<0$。但是,这个变量可能与总收入有相反的联系,所以 $C(X_i)<0$,这样一来,人口负担率可能增加不平等程度。换句话说,如果每个家庭都有相同的人口负担率,总的不平等程度将降低。

三、中国农村地区间不平等的根源

中国农村地区间的不平等程度一直在上升,这个趋势有着重要的社会、经济与政治意义。以往的研究大多专注于不平等的度量或常规的分解,对区域或个人之间不平等原因的分析相对较少也不够系统。我们采用前面提出的框架来测度中国农村区域间不平等的根源。为了这个目的,我们从国家统计局出版的各年《农村家计调查统计》中整理出了 1992~1995 年间的省级数据。除了台湾之外,中国有 31 个省或自治区,包括 4 个直辖市。重庆是中国最年轻的地区,在 1997 年之前是四川的一部分。因此,我们的选样包括 30 个地区。人口数据来自于《中国农业年鉴》与《中国农村统计年鉴》。因为农村调查对象为非城镇居民,所以我们选用了农村人口,而不是农业人口。由于二者之间的高相关性,我们的分析结果不依赖于人口数据的选择。

在中国农村,超过 50% 的家庭收入来自于农业生产,大多数的非农业收入主要源于家庭经营。在这种情况下,除了劳动力之外还需要其他投入来产生收入。因此我们在收入决定函数中包含下列变量:人均可支配收入(OI)、家庭成员数量(HH)、人口负担率(DEP)、人均资本投入量(K)、家庭成员的平均受教育程度(EDU)、人均耕地拥有量

(A)、受乡镇企业雇佣的劳动力比例(TVE)。把家庭成员数量包含在模型中主要是考虑到来自于副业的收入,副业的经营常常涉及非劳动力。一旦家庭成员数量被包含在模型中,劳动力或者人口负担率必须从模型中剔除。考虑到区域之间人口负担率的现存差异与收敛趋势,我们选择将人口负担率包含在模型中。如同 Wan 和 Cheng(2001)指出的那样,因为劳动力在中国农村处于过剩的状态,所以它不可能成为一个显著变量。Wan(1997,2001)及 Rozelle(1994)的分析表明,乡镇企业对区域间的不平等有着很大影响,所以我们在模型中加入了 TVE 变量。所有价值变量都用农村 CPI 做了消胀处理。

因为数据包含的年份较少,而横截面跨度较大,即地区较多,我们仅在模型中加入了年度而非地区虚拟变量。这些虚拟变量可以反映诸如改革与技术变化等因素对收入的影响。但是,虚拟变量对收入不平等的影响不能被独立地分离出来。为了在最大程度上控制可能由模型设定带来的错误,我们将 Box – Cox 与 Box – Tidwell 模型组合起来形成一个新模型:

$$OI^{(\lambda)} = \alpha + \beta_1 X_1^{(\theta)} + \beta_2 X_2^{(\theta)} + \cdots + \beta_k X_k^{(\theta)} + 虚拟变量项 + U \quad (9)$$

在这个方程设定中,$OI^{(\lambda)} = \dfrac{OI^\lambda - 1}{\lambda}$,$X_k^{(\theta)} = \dfrac{X_k^\theta - 1}{\theta}$。根据罗毕塔法则,当 λ 趋向于 0 时,$\dfrac{OI^\lambda - 1}{\lambda}$ 的极限是 $\mathrm{Ln}OI$。因此,当 $\lambda = 0$ 时,$OI^{(\lambda)} = \mathrm{Ln}OI$(Judge et al.,1988)。同样的分析也适用于 θ 与 $X_k^{(\theta)}$ 的关系。模型(9)涵盖了许多种函数形式,如果 $\lambda = 0$、$\theta = 1$,该函数就是 FY 的半对数收入决定函数。如果 $\lambda = \theta = 1$,它就变成了一个标准的线性函数。如果 $\lambda = \theta = 0$,我们得到一个双对数函数。如果 λ 或 θ 等于 – 1,相关变量就变成了它们的倒数。通过令 λ 与 θ 分别取 0、1、– 1 和不加任何限制,我们可以得到 16 种不同的函数形式。另外,如果假定 $\lambda = \theta$,我们就得到了扩展的 Box – Cox 模型。因此,依赖于由(9)式给予的模型设定,我们可以估算 17 个模型。参见表 1 及其相关讨论。

在第一轮的估算中,所有的变量与年度虚拟变量一起被包含进去了。但在大多数方程中,对应于 1992 及 1994 年的虚拟变量不显著。因此我们将它们剔除出了模型并重新进行了估算。如表 1 所显示的,除了对常数项有所影响外,剔除这两个虚拟变量并没有显著改变模型的估算结果,因此我们仅保留了 1993 年的虚拟变量。出于模型选择的需要,我们在表 1 中列出了 17 种模型的对数似然值和用 r^2 表示的估计的与实际的 OI 之间相关系数的平方。①

表 1 的标题栏由两部分组成,第一部分表示因变量的转换,第二部分表示自变量的转换。符号 λ 与 θ 表示转换完全由数据本身决定。例如,Ln、Lin 与 Inv 表示 λ 或 θ 分别等于 0、1 和 - 1。最灵活的模型 (λ - θ) 产生出了最大的对数似然值。但是,它与 (Ln - θ) 模型的对数似然值和 r^2 相近,(λ - Lin) 与 (Ln - Lin) 模型也有类似的结果。有趣的是,扩展的 Box - Cox 模型假定自变量与因变量做相同转换,所以 λ = θ,虽然其对数似然值较低,但其 r^2 值为第二高。在本文中,对模型的评价与选择是建立在对数似然值而不是 r^2 的基础之上的,后者仅仅是为了说明模型的拟合度。

表 1 不同模型的对数似然值

模型	λ - θ	λ = θ	λ - Ln	λ - Lin	λ - Inv	Ln - θ	Ln - Ln	Ln - Lin	Ln - Inv
放入全部虚拟变量	-659.507	-666.026	-690.006	-661.748	-703.929	-659.668	-693.774	-662.048	-707.331
自由度	108	109	109	109	109	109	110	110	110
R^2	0.786	0.808	0.622	0.775	0.522	0.791	0.631	0.783	0.538
r^2	0.82	0.83	0.604	0.81	0.53	0.808	0.66	0.819	0.5786
只放 1993 虚拟变量	-659.904	-666.326	-690.291	-662.591	-706.534	-660.017	-694.163	-662.774	-709.611
自由度	110	111	111	111	111	111	112	112	112
R^2	0.788	0.810	0.626	0.778	0.511	0.794	0.636	0.784	0.529
r^2	0.819	0.829	0.598	0.810	0.534	0.807	0.654	0.817	0.569

---

① 表 1 也报告了由 Shazam 软件生成的 r^2 统计值。由于在结合了 Box - Cox 和 Box - Tidwell 的模型中 r^2 的性质未知,我们不用这些统计值来选择模型。

续表 1

模型	Lin-θ	Lin-Ln	Lin-Lin	Lin-Inv	Inv-θ	Inv-Ln	Inv-Lin	Inv-Inv
放入全部虚拟变量	-672.05	-718.007	-673.445	-728.493	-665.019	-691.306	-666.031	-704.985
自由度	109	110	110	110	109	110	110	110
R^2	0.820	0.612	0.816	0.538	0.748	0.609	0.743	0.51
r^2	0.839	0.642	0.830	0.573	0.767	0.513	0.716	0.464
只放1993虚拟变量	-672.399	-718.642	-673.795	-730.18	-665.876	-691.563	-667.435	-707.768
自由度	111	112	112	112	111	112	112	112
R^2	0.822	0.615	0.818	0.534	0.749	0.614	0.742	0.495
r^2	0.838	0.638	0.829	0.561	0.763	0.512	0.691	0.485

由于所有其他16个模型与最灵活的 λ-θ 模型是嵌套的(nested),所以我们采用标准的 χ^2 检验来做模型选择。在1%的显著性水平上,三个模型被接受,分别是(Ln-θ)、(Ln-Lin)与(λ-Lin)。在这些模型中,(Ln-θ)与(Ln-Lin)模型是嵌套的。在5%的显著性水平上,χ^2 检验拒绝了(Ln-Lin)模型。另外,(Ln-Lin)与(λ-Lin)模型是嵌套的,χ^2 检验显示它们是等价的。所以在拒绝了(Ln-Lin)模型之后,(λ-Lin)模型也相应地被拒绝。因此,(Ln-θ)被选择为最佳模型并被用来进行不平等分解。由于FY的半对数设定与MS的线性形式都被拒绝,使用这些模型的分解结果除了由于他们分解框架的缺陷导致的误差外,还将面临模型误设误差。

表2报告了(Ln-θ)模型的估算结果。表2的 t 值与表1的 r^2 值显示该模型与数据的拟合程度较好。对 θ 系数的估计是通过分步搜索完成的,所以没有它的 t 值。但是,可以用(Ln-θ)与(Ln-Ln)模型的对数似然值推导出 χ^2 值,并用来检验假定 θ=0。该检验显示,θ 显著地不等于零。在表2中也报告了线性与半对数形式的收入决定函数的估算结果。虽然绝大多数估算值有着相同的符号与相近的 t 值,但是线性模型给出的常数项为负,且数值较大,这些都显示了它的不正确性。就半对数函数而言,系数的估算值要小于(Ln-θ)模型中的相应值,因为后者的自变量是经过指数变换的。

表2　估算的收入决定函数

变量	Ln-θ模型 估计值	t-比率	半对数模型 估计值	t-比率	线性模型 估计值	t-比率
负担率	-0.0305	-3.864	-0.0109	-4.411	-4.4182	-4.099
资本	0.0073	6.416	0.0016	6.218	0.5642	5.174
教育	0.3309	8.840	0.2354	9.596	88.8210	8.287
家庭规模	0.4696	4.494	0.3069	4.556	127.3600	4.327
土地	-0.0559	-3.639	-0.0437	-4.096	-16.5260	-3.549
乡镇企业	0.0519	11.460	0.0236	10.840	13.5650	14.290
1993虚拟变量	-0.0807	-2.483	-0.077	-2.318	-33.766	-2.326
常数项	3.794	13.590	3.530	10.800	-554.710	-3.884
θ	0.720	N.A.				

(Ln-θ)模型中系数估算值的符号与预期相一致,包括耕地变量前面的负号。与土地稀缺但更富足的地区如珠江三角洲或长江三角洲相比,有着更多土地的地区通常更加落后,并且那儿的农户更多地从事农耕工作。从20世纪80年代晚期或90年代早期开始,种植业在中国已成为一种不挣钱的产业。大家都说,种得越多亏得越多。农业的亏本经营可以归咎于食品价格的下降,投入品价格的上升,以及当地政府部门征收的各种名目的税费。虽然这些税费与可耕地面积之间可能没有什么直接联系,但是在现有的管理体制下,这些也只能强加于从事农业生产的家庭。已迁移或从事非农业活动的家庭所受当地政府滥用权力的危害比较少。在这种情况下,作为一种生产性因素,耕地有助于提高总收入但无助于提高净收入。因此,当净收入或可支配收入作为因变量时,预期耕地变量的系数为负,虽然在一个生产函数或总收入方程中它可能是正的。另外,区域间耕地质量以及作物构成的异质性也可能导致耕地系数的符号为负。

家庭成员数量的系数为正,这与我们的预期是一致的,因为在收入形成过程中规模经济发挥着作用。另外,它暗含着适龄儿童与老人对家庭经济、副业与农业的贡献。即使人口负担率被包含在模型中,家庭成员数量也可能包含被忽略了的劳动力投入量。除了1993年有不同的截距之外,收入产生函数在1992～1995年期间没有任何其他的变化。因此,估计的函数可以被用来进行1992～1995年间每年的不平等分解。虽然用收入的对数值做因变量,我们所选择的模型是线性的,但是就原始收入而言它是非线性的。为了就原始收入而不是收入的对数进行不平等分解,我们在估算的模型基础上求解原始收入。结果,常数项变成了一个乘数,所以它对不平等没有任何影响。因此,常数项与虚拟变量均可从模型中剔除而不影响分解结果。

因为模型是非线性的,所以我们用Shorrocks(1999)发展的夏普里值(shapley value)方法来计算各个变量的贡献,并通过前一节里描述的方法获得残差项的贡献。大家知道,不同的不平等指标对应于不同的福利函数。另外,它们赋予洛伦兹曲线的不同部分以不同的权数。这就是为什么不同的不平等指标往往给出不同的度量结果,而这又可能被带到不平等的分解结果中。因此分解结果可能取决于采用的不平等指标。为保持一般性,在本文中我们考虑了所有常用的不平等指标。它们包括基尼系数、变异系数平方、阿肯森(Atkinson)系数、泰尔-T与泰尔-L。①

由于运算量特别大,分解过程采用了由联合国世界发展经济学研究院(UNU-WIDER)开发的可以在网上运行的程序。表3"总和"行显示,不平等程度呈现出逐年上升的趋势。正如我们预期的那样,不同的指数导致了不同的分解结果,然而,各组成部分的贡献率在年度间是相似的,贡献率的排序也基本不变。因此,我们仅解释1995年的结果。除了家庭成员数量外,所有的其他变量对中国农村区域间收入不平等的影响为正。虽然与区域不平等负相关的因素有福利支付、减贫措施、公共或私人间转移支付等等,但由于我们没有这些变量的观

---

① 用Z表示目标变量,μ表示Z的均值,j表示观察点$(j=1,2,\cdots,N)$,在计算中使用下面这些公式:Atkinson $= 1 - \prod_j (\frac{Z_j}{\mu})^{1/N}$,Theil $- L = \frac{1}{N} \sum_i \text{Ln} \frac{\mu}{Z_j}$,Theil $- T = \frac{1}{N} \sum_j \frac{Z_j}{\mu} \text{Ln} \frac{Z_j}{\mu}$。参见Fields(2001)对这些指标的讨论。

察值,所以不能衡量它们对总不平等的贡献。总体来说,在中国农村常规的福利救济基本上不存在,而在家庭层面上,减贫计划的直接现金收益也很少。私人间的转移支付取决于工作在外地的家庭成员的收入水平。因此,富裕地区可能吸引更多的私人间转移支付。

表3 分解结果

	Gini	%	Atkinson	%	Theil-L	%	Theil-T	%	CV^2	%
1992
负担率	0.0246	15.96	0.0061	16.60	0.0063	16.61	0.0067	16.82	0.0153	17.53
资本	0.0163	10.56	0.0029	7.77	0.0029	7.76	0.0032	8.12	0.0072	8.26
教育	0.0294	19.07	0.0067	18.12	0.0068	18.10	0.0067	16.69	0.0138	15.81
家庭规模	-0.0041	-2.68	-0.0066	-17.74	-0.0068	-18.10	-0.0075	-18.82	-0.0187	-21.43
土地	0.0061	3.96	0.0012	3.25	0.0012	3.24	0.0014	3.43	0.0033	3.74
乡镇企业	0.0457	29.71	0.0130	35.10	0.0132	35.03	0.0148	37.17	0.0353	40.33
残差	0.0360	23.42	0.0136	36.92	0.0141	37.35	0.0146	36.59	0.0313	35.73
总和	0.1539	100	0.0369	100	0.0376	100	0.0399	100	0.0875	100
1993
负担率	0.0237	14.79	0.0059	14.61	0.0060	14.62	0.0064	14.46	0.0143	14.78
资本	0.0239	14.88	0.0049	12.21	0.0050	12.17	0.0052	11.89	0.0109	11.25
教育	0.0293	18.27	0.0070	17.41	0.0072	17.36	0.0070	15.92	0.0144	14.84
家庭规模	-0.0013	-0.78	-0.0059	-14.51	-0.0061	-14.84	-0.0066	-14.98	-0.0161	-16.61
土地	0.0069	4.27	0.0014	3.44	0.0014	3.42	0.0016	3.64	0.0038	3.94
乡镇企业	0.0471	29.32	0.0134	33.28	0.0137	33.18	0.0152	34.49	0.0353	36.44
残差	0.0309	19.25	0.0136	33.62	0.0141	34.08	0.0152	34.61	0.0343	35.37
总和	0.1605	100	0.0404	100	0.0412	100	0.0439	100	0.0968	100
1994
负担率	0.0250	14.92	0.0073	17.14	0.0075	17.17	0.0081	18.04	0.0189	19.56
资本	0.0234	13.96	0.0056	13.19	0.0057	13.16	0.0062	13.71	0.0139	14.36
教育	0.0342	20.42	0.0087	20.37	0.0088	20.32	0.0086	19.04	0.0173	17.97
家庭规模	-0.0015	-0.91	-0.0064	-15.12	-0.0067	-15.48	-0.0075	-16.55	-0.0184	-19.06
土地	0.0058	3.44	0.0013	2.94	0.0013	2.95	0.0014	3.11	0.0033	3.45
乡镇企业	0.0433	25.86	0.0132	31.06	0.0135	31.01	0.0152	33.67	0.0359	37.25
残差	0.0373	22.31	0.0129	30.42	0.0134	30.90	0.0131	28.99	0.0255	26.47
总和	0.1674	100	0.0425	100	0.0434	100	0.0450	100	0.0964	100

续表 3

	Gini	%	Atkinson	%	Theil-L	%	Theil-T	%	CV^2	%
					1995					
负担率	0.0231	12.82	0.0063	12.77	0.0064	12.76	0.0070	13.59	0.0161	14.97
资本	0.0316	17.55	0.0075	15.22	0.0076	15.13	0.0081	15.90	0.0179	16.56
教育	0.0288	16.00	0.0069	14.00	0.0070	13.93	0.0069	13.49	0.0143	13.27
家庭规模	-0.0030	-1.64	-0.0064	-13.10	-0.0067	-13.34	-0.0073	-14.35	-0.0180	-16.70
土地	0.0053	2.94	0.0009	1.88	0.0009	1.85	0.0011	2.15	0.0028	2.62
乡镇企业	0.0457	25.38	0.0135	27.45	0.0137	27.27	0.0153	29.94	0.0361	33.50
残差	0.0485	26.96	0.0205	41.78	0.0213	42.38	0.0201	39.28	0.0386	35.79
总和	0.1800	100	0.0490	100	0.0502	100	0.0511	100	0.1078	100

为了解释家庭成员数量对总不平等的影响,需要注意到贫穷家庭通常具有较多的成员,所以由此产生的收入流更多地流向穷人。进一步地,我们预期该变量的集中指数为负。因此,该变量对总的收入不平等贡献率为负,并具有降低区域间收入不平等的作用。但是,就长期来看,这种缓解不平等的影响将逐渐消失,因为中国农村家庭成员数量正在趋同。与传统的分解结果相一致,乡镇企业(TVE)是最显著的构成区域间不平等的因素。TVE 对经济增长的贡献很大,但它们主要在富裕地区发展。因此,如果从 TVE 获得的收入被去除或平均化,区域间的不平等程度将大大降低。但是,传统的分解结果将超过 50% 的不平等程度归结为乡镇企业,而表 3 显示其贡献介于 25%~35% 之间。这个差异可能是缘于传统分解方法过于粗糙。①

到 1995 年,资本超过教育而成为导致区域间不平等的第二大因素。考虑到富裕地区更有能力加大资本投入,可以预期这个因素在将来会进一步强化区域间的不平等。同时,中国农村不发达地区缺乏正规的资本市场,这对贫穷地区资本的形成是致命的障碍。显然,如果政府不能建立农村信用市场以帮助贫穷地区的农民获得资本的话,资本投入对不平等程度的贡献率将持续上升。在 1995 年之前,教育一

---

① 传统的分解方法可以被看作是基于线性收入决定函数的特殊情况,这时变量与其系数相乘等于一项收入来源。

直是第二大贡献因素。由于其正的边际影响与正集中指数(受过良好教育的人通常会比较富有),我们预期教育是增加不平等程度的主要因素。但是,从长期来看,政府投资于教育将有助于降低不平等程度。特别地,在中国农村许多家庭依赖对他们孩子的教育脱离贫困。因此各级政府应大大加强向贫困地区提供教育的力度。

与其他因素相比,在各个地区内部土地的分配比较平均。但是,就拥有的土地资源而言,不同地区之间的差别很大。一般来说,贫穷地区拥有更多的土地。如果土地对纯收入的边际影响为正,那么这个投入变量将有助于降低区域间的不平等程度。遗憾的是,主要由于农村征收的各种税费,土地对纯收入的边际影响为负,所以土地这个生产要素反而变成了增加不平等程度的因子。从长期来看,如果政府能够减少税费的征收,土地将成为缩小区域差异的因素。总的来说,当我们采用基尼系数时,我们的模型能够解释 73% ~ 81% 的不平等程度。如果考虑其他四种度量指标,我们的模型至少能够解释 57% 的中国农村区域间不平等程度。就贡献率而言,不同的不平等指标提供了大致相同的信息,所以对制定政策而言,选择何种不平等度量指标并不是很重要。

四、结论

本文总结了文献中各种以回归方程为基础的不平等分解方法,指出了它们的缺陷,并提出了一个更灵活的框架。该框架适用于任何不平等指数,而且对收入函数的限制条件也很少。这个框架与 Shorrocks (1999)提出的夏普里值方法有所不同,后者没有明显地考虑收入决定函数中的残差项与常数项。我们认为这些因素与一般的自变量不同,应当在分解中对其进行特殊处理。将我们的框架应用于中国农村区域间不平等的实证分析,并量化各种变量对中国农村区域间不平等的贡献率,由此得到的结论与预期高度一致。该实证分析采用了一个由 Box – Cox 与 Box – Tidwell 模型组合而成的函数,该函数能够包含许多种不同的函数形式。

我们的研究结果对降低中国农村区域间的不平等具有一定的政策意义。

首先,考虑到TVE对不平等程度的贡献率较大,政府在不发达地区致力于发展乡镇企业将降低区域间的不平等。中国各级政府早就意识到了这一点,但是大力而又具体的政府帮助与政策支持仍很缺乏。

第二,对区域间不平等而言,依年度不同,教育是第二或第三重要的因素。因此中国必须想方设法向穷人提供教育。由于对技术工人的需求正逐渐上升,家庭和个人对教育的投入也在上升,因此在导致区域间不平等的因素中教育将会变得越来越重要。如何缩小区域或家庭之间人力资本的差异是当前中国农村的一个主要社会问题。若不能够采取正确的措施,从长期来看,中国将面临更高的区域不平等。因此政府必须马上行动起来,提高贫穷地区的教育质量,增加穷人的教育机会。

第三,资本投入已经成为决定区域间不平等的第二重要因素。所以,发展一个能持续发展的农村信用市场对增加贫困地区的资本投入是很重要的。目前,贫穷的家庭很少能够获得贷款,农村还不存在正规的资本市场,这些都是解决区域差异的障碍。

最后,将各种名目的不合理负担转化为透明的税收以使得务农有利可图是非常迫切的,只有这样,才能使土地成为缩小而不是扩大区域间不平等的因素。事实上,有利可图的种植业也符合政府"粮食安全"的目标,同时稳定的食品供给对城镇居民也是有益的。

参考文献

1. BLINDER ALAN S, 1973. Wage Discrimination: Reduced form and Structural Estimates[J]. Journal of Human Resources, 8: 436—455.
2. BOURGUIGNON FRANCOIS, FOURNIER MARTIN, GURGAND MARK, 2001. Fast Development with a Stable Income Distribution:

Taiwan, 1979—94 [J]. Review of Income and Wealth, 47: 139—163.

3. CANCIAN MARIA, REED DEBORAH, 1998. Assessing the Effects of Wives' Earning on Family Income Inequality[J]. Review of Economics and Statistics, 80: 73—79.

4. DEATON ANGUS, 1997. The Analysis of Household Surveys[M]. Baltimore: Johns Hopkins University Press.

5. DINARDO JOHN, FORTIN NICOLE M, LEMIEUX THOMAS, 1996. Labor Market Institutions and the Distribution of Wages, 1973—1992: A Semiparametric Approach[J]. Econometrica, 64: 1001—1044.

6. FIELDS GARY S, YOO GYEONGJOON, 2000. Falling Labor Income Inequality in Korea's economic growth: Patterns and Underlying Causes [J]. Review of Income and Wealth, 46: 139—159.

7. FIELDS G S, 2001. Distribution and Development: A New Look at the Developing World[J]. Mit Press Books, 1: 238—243.

8. JUDGE GEORGE G, HILL CARTER R, GRIFFITHS WILLIAM E, LüTKEPOHL HELMUT, LEE TSOUNG-CHAO, 1988. Introduction to the Theory and Practice of Econometrics[M]. New York: John Wiley.

9. JUHN CHINHUI, MURPHY KEVIN M, PIERCE BROOKS, 1993. Wage Inequality and the Rise in Returns to Skill[J]. Journal of Political Economy, 101: 410—442.

10. MORDUCH JONATHAN, SICULAR TERRY, 2002. Rethinking Inequality Decomposition, with Evidence from Rural China[J]. The Economic Journal, 112: 93—106.

11. OAXACA RONALD L, 1973. Male-Female Wage Differentials in Urban Labor Markets [J]. International Economic Review, 14: 693—709.

12. PODDER NRIPESH, CHATTERJEE SRIKANTA, 2002. Sharing the

National Cake in Post Reform New Zealand: Income Inequality Trends in Terms of Income Sources[J]. Journal of Public Economics, 86: 1—27.

13. RAVALLION MARTIN, CHEN SHAOHUA, 1999. When Economic Reform is Faster than Statistical Reform: Measuring and Explaining Income Inequality in Rural China[J]. Oxford Bulletin of Economics and Statistics, 61: 33—56.

14. ROZELLE SCOTT, 1994. Rural Industrialization and Increasing Inequality: Emerging patterns in China's Reforming Economy[J]. Journal of Comparative Economics, 19: 362—391.

15. SHORROCKS ANTHONY F, 1980. The Class of Additively Decomposable Inequality Measures[J]. Econometrica, 48: 613—625.

16. SHORROCKS ANTHONY F, 1982. Inequality Decomposition by Factor Components[J]. Econometrica, 50: 193—211.

17. SHORROCKS ANTHONY F, 1999. Decomposition Procedures for Distributional Analysis: A Unified Framework Based on the Shapley Value[Z]. Unpublished Manuscript. Department of Economics, University of Essex.

18. WAN GUANGHUA, 1988. Factors Affecting the Variability of Foodgrain Production in China[C]. Melbourne: The Annual Conference of Australian Agricultural Economics Society.

19. WAN GUANGHUA, 1997. Decomposing Changes in the Gini Index by Factor Components[Z]. Unpublished Manuscript. Centre for China Economic Research, Peking University, Beijing.

20. WAN GUANGHUA, 2001. Changes in Regional Inequality in Rural China: Decomposing the Gini Index by Income Sources[J]. Australian Journal of Agricultural and Resource Economics, 43: 361—381.

21. WAN GUANGHUA, CHENG ENJIANG, 2001. Effects of Land Fragmentation and Returns to Scale in the Chinese Farming Sector[J].

Applied Economics, 33: 183—194.
22. ZHANG XIAOBO, FAN SHENGGEN, 2000. Public Investment and Regional Inequality in Rural China[C]. Discussion Paper No. 71. Environment Production and Technology Division, IFPRI, Washington.

自述之三

长期以来，人们聚焦于不均等的度量，但与之相关的两大问题却涉及较少。一是关于不均等的作用或影响。尽管近年来有人估算不均等对健康、犯罪等方面的影响，也有人试图估算不均等对内需的影响，我和陆铭、陈钊还估算了不均等对增长的作用。但这些研究大多使用城乡差距作为不均等的替代变量，没有使用严格的不均等指标。第二个非常重要的问题是关于不均等的决定因素。大部分相关研究只是罗列可能导致不均等的原因，很少进行规范的定量分析。然而，欲解决收入分配的恶化问题，就必须严格识别不均等的决定因素并分析各个因素对不均等的贡献，这样才可以帮助确定政策方向和政策优先序。

公平地说，前人在寻求不均等决定因素方面还是做了不少努力的，比如把由泰尔指数代表的不均等分解为组内贡献和组间贡献，将组间贡献归咎于用来进行分组的变量。又比如把由基尼系数代表的总收入不均等分解为分项收入的贡献。但这些20世纪七八十年代开拓的收入差距分解方法（这方面最为著名的经济学家之一是 Athony Shorrocks，我在联合国工作时的顶头上司），无法把不均等与其根本性的决定因素联系起来。

可以说，这篇发表在《经济研究》上的论文所创建的基于回归方程的分解方法弥补了文献中相关方法论的欠缺，使科学地探讨不均等的根本性决定因素，并量化其贡献成为可能。必须指出，本人不是第一个提出基于回归方程分解方法的学者，尽管在这篇论文的构思阶段曾以为是首创。我后来很快发现康奈尔大学的 Gary Fields 教授等于2000年在《Review of Income and Wealth》上、接着又发现中国经济学界的老朋友 Terry Sicular 教授等于2002年在《Economic Journal》上分别发表了基于回归方程的不均等分解框架。然而，他们的方法都存在致命的缺陷，为此我与 Shorrocks 做过多次详细的讨论，也与作者们当面商榷过。我还匆匆忙忙写了篇稿件,指出他们的不足。该稿于 2002 年 10 月作为联合国发展研究院(WIDER)的工作论文发表。

其实,自 1997 年底至 1998 年初在北大经济研究中心写了那篇关于基尼系数及其变化分解的论文后,我就回到了农业经济和应用计量分析领域,基本没有再做收入分配方面的研究,直到 2002 年去联合国发展经济学研究院(WIDER)。2002 年初在堪培拉开会的空隙,随便上网浏览看到了 WIDER 的招聘广告,就简单地写了封信,附上简历就投出去了,没有把它当回事。毕竟已经在悉尼大学工作了 10 多年,院系对我都非常好,我的工作又是终身的铁饭碗,只是个别但有决策权的校领导有种族歧视倾向。预料之外的是,我很快收到 WIDER 的通知,并于三月份专程去芬兰面试。面试后 Shorrocks 告诉我,这个高级经济学家的职位其实面试前就决定给我了,只是考虑到悉尼与赫尔辛基气候的巨大差别,最好是让我来经历一下北欧的冬天,免得报到后很快辞职。当接到正规的联合国聘用通知时我犹豫了好一阵,甚至直到启程去芬兰时仍然有点忐忑不安,总感到前途未卜。后来才发现,去联合国或其他国际组织工作是很多人的梦想。

说起来很有意思,能拿到联合国的工作在相当程度上是因为我在 1997~1998 年写了那篇关于基尼系数变化分解的论文(这是后来才知道的),尽管交给 CCER 的英文稿早就不见踪影,而且那时我已经在国际经济学刊物上发了近 10 篇 SSCI 论文,包括《比较经济学杂志》上关于技术进步的对偶估算法(这篇成果其实挺有意思的,可惜的是注意它的人不多)。但 Shorrocks 和 WIDER 就是要找个做收入分配的人。所以说,人生有很多巧合和机会,机会也有可能降临到准备不充分或半准备的人的头上,但完全没有准备是不行的。

现在回头审视 2002 年去联合国这个决定,仍然不能说是完全正确的,但这个决定把我带入了收入分配和贫困研究领域,也使我有机会与国内外经济学同仁建立更加紧密的合作关系,包括与国际顶尖发展经济学家(如 Tony Venables、James Foster、Ravi Kanbur)合作,并使自己后来如愿回到亚洲,在亚洲开发银行得到一份工作(可惜来亚行之前不知道工作性质,只知道他们寻找一位贫困专家,到亚行后才发现,基本没有时间也没有动力做研究)。可以说,我几乎所有在收入分配与贫困方面的成果都是在联合国工作不到 6 年的时间里取得的,包括这篇基于回归方程不均等分解的论文。

  这篇论文的产生也有相当的偶然性。到芬兰时是 2002 年 8 月 23 日,找到住处是 9 月中旬。大概在 9 月中下旬,我与 WIDER 的同事,包括院长 Tony Shorrocks,如往常一样一起去附近的餐馆吃午饭。他随便提到自己 1999 年写的那篇关于夏普里分解的初稿,并问一个同事对应的计算机程序做出来没有。熟悉 Tony 的人知道,这位数学博士出身的英国经济学家,在收入分配研究方法论上很有造诣,但却很少做实证或计量分析。当天下午,我向那位做计量经济学的同事打听,他说 Tony 的那篇初稿全是数学推导,根本看不懂,怎么去写计算程序。我就跟同事和 Tony 提出试试写程序。在看懂这篇稿件之前,我意识到了可以据此创建基于回归方程的分解框架,并匆忙撰写了前面提到的那篇工作论文。

  芬兰漫长的冬天始于 10 月,它伴着我一头扎进了这篇对我来说像天书的论文,就像当年出国不久就一头扎进计量经济学一样(出国时连正态分布、矩阵的概念都不清楚)。两个月后,在一个零下 20 摄氏度的黎明,我得到了计算结果(北欧冬天的黎明不黑暗,漫山遍野的白雪把大地照得如同白昼)。至今仍然记得当时的兴奋和满足感。这个小小的成绩赢得了 Tony 对我的欣赏和信任,所以我们后来合作了两篇论文,他做理论,我做实证。同时,我使用这个程序来分析中国的数据,并撰写了这篇论文。次年,我雇了个做 IT 的华人学生,开发了一个 Java 软件,现在被国内外不少研究人员使用着。遗憾的是,这个软件不是商用的,使用起来不是很方便。还有个问题是,随着自变量个数的增加,计算时间呈几何级数上升。比如,早期处理一个含有 5~6 个变量的方程,往往需要一整天时间。好在计算机运算速度不断加快,最近两年很少有人抱怨运算速度了。

  当初在写这篇论文时,把回归模型的残差与自变量做了不同的处理,其实这没有必要。读者如果使用该方法和软件(可以免费向我索取),完全可以把残差当作普通自变量(其系数为1)对待。另外,建议读者尽量使用对数模型设定,来估算收入或消费函数。这样,常数项对不均等的贡献总是为零,可以在分解时去除常数项而不影响分解结果。

写完这篇论文后,一直想做基于回归方程的不均等变化的分解。遗憾的是,直到今天也没有时间和精力坐下来进行推导和实证。有兴趣的朋友不妨一试。

全球化与地区间收入差距:来自中国的证据*

关于全球化如何影响收入差距的讨论非常激烈。Stiglitz、Hurrell 和 Woods 指出,全球化会导致收入差距扩大,因为贸易将加大教育和技能回报率的差异,全球化还导致特定人群或地区被边缘化,并且经济的自由化也往往缺乏足够的制度和治理结构作为前提。[①] 这种观点在中国等对外开放后收入差距显著扩大的转型经济中得到了经验支持[②],而在发达国家,收入差距的扩大也与贸易增长或国际分工密切相关[③]。与此形成对照的是,另一些研究提出,全球化使收入差距缩小,而这一观点也符合那些对外开放以后收入差距缩小的国家的经验[④]。介于这两种对立观点之间的是,有些学者发现全球化和收入差

---

* 非常感谢 Tony Shorrocks、Eric Thorbecke 和 Machiko Nissanke 对本文初稿提出的宝贵意见。本文的一个较早版本在联合国世界发展经济学研究院(UNU–WIDER)组织的国际会议"共享全球繁荣"上报告过(赫尔辛基,2003 年 9 月)。感谢复旦大学中国经济研究中心对本文数据编辑的支持和张爽提供的中文翻译。本文研究得到了国家自然科学基金(70403004)和教育部课题基金的资助,特此致谢。本文发表于《中国社会科学》2005 年第 3 期。

① J. E. Stiglitz, More Instruments and Broader Goals: Moving toward the Post–Washington Consensus, WIDER Annual Lecture 2, 1998; A. Hurrell, and N. Woods, Globalization and Inequality, in Richard Higgott(ed.), The New Political Economy of Globalization, Cheltenham, Edward Elgar, 2000.

② J. Mazur, Labor's New Internationalism, Foreign Affairs, vol. 81, no. 1, 2000, pp. 79—93; N. Birdsall, Globalization and the Developing Countries: The Inequality Risk, Remarks at Overseas Development Council Conference, International Trade Center, Washington D. C., 1999.

③ A. B. Atkinson, and Andrea, Brandolini, Promise and Pitfalls in the Use of "Secondary" Data-sets: Income Inequality in OECD Countries as a Case Study, Journal of Economic Literature, vol. 39, no. 3, 2001, pp. 771—799.

④ Ben-David, Dan, Equalizing Exchange: Trade Liberalization and Income Convergence, Quarterly Journal of Economics, vol. 108, no. 3, 1993, pp. 653—679; T. N. Srinivasan, J. Bhagwati, Outward-orientation and Development: Are Revisionists Right? Economic Growth Center Discussion Paper 806, Yale University, 1999; R. H. Wade, The Rising Inequality of World Income Distribution, Finance and Development, vol. 38, no. 4, 2001.

距之间并没有显著的关系①。

对这些观点的差异可以有很多解释。首先,既有的文献不仅在收入差距指数的选择上存在差异,而且对收入差距的度量角度也不一样。例如,一些研究关注个体间的收入差距,而另一些则关注国家间的收入差距。一些研究关注于一个国家或几个国家的收入差距,而另一些则讨论全球性的收入差距。其次,文献采用的分析方法也各不相同,大部分研究使用了跨国数据回归,另一些则讨论了收入差距与各种定义的全球化②之间的偏相关性。当采用不同控制变量或不同的模型形式的时候,相关性分析很难控制其他的影响因素,因此,跨国数据回归就可能产生不同的结果。最后,不同研究的样本覆盖面(对国家和时段的选择)也有差异。

目前,中国经济已成为决定全球收入不平等趋势的重要因素,因此,本文主要着眼于检验全球化对中国地区间收入差距的影响。除此之外,本文也能减少在跨国数据分析中经常出现的数据异质性和数据可比性的问题③。为了增强实证结果的稳健性,我们首先通过 Box - Cox 模型来模拟潜在的收入决定过程,然后用所有常规的收入不均等度量指数来量化地分析全球化对收入差距的影响。在对收入差距进行分解时,我们运用了夏普里值框架,它可以在收入函数的基础上,分

---

① X. Sala‐i‐Martin, The Disturbing "Rise" of Global Income Inequality, NBER Working Paper 8904,2002;X. Sala‐i‐Martin, The World Distribution of Income, NBER Working Paper 8933,2002;P. H. Lindert, and J. G. Williamson, Does Globalization Make the World More Unequal, NBER Working Paper 8228,2001.

② 全球化的概念可以从很多角度来定义,从不同国家间经济活动的相互依赖到不同国家间思想的交流都属于全球化的范畴。在本文中,我们关注的是以商品和服务交换以及外国资本流入为主的经济全球化。由于劳动力流动、信息、意识形态、文化和生活方式的数据难以获得或者不完整,所以本文没有考虑这些因素。

③ A. B. Atkinson, Is Rising Inequality Inevitable? A Critique of the Transatlantic Consensus, WIDER Annual Lecture 3, UNU – WIDER, Helsinki, 1999; T. N. Srinivasan, J. Bhagwati, Outward‐orientation and Development: Are Revisionists Right? Economic Growth Center Discussion Paper 806, Yale University, 1999.

解出决定收入的各个因素对收入差距的贡献①。

更为具体地来说,本文试图回答以下两个问题:在中国,全球化和地区间收入差距有什么关系?在中国,全球化对地区间收入差距的影响程度如何?第一个问题已经有文献进行了研究。Kanbur 和 Zhang 发现了开放程度(通过有效关税税率和贸易额/GDP 来衡量)和地区间收入差距的正向关系。Xing 和 Zhang 运用 FDI 作为开放程度的衡量指标得到了相似的结论。然而,Wei 和 Wu 则得到了城乡收入差距和贸易额/GDP 之间的负向关系。② 关于第二个问题,除了 Zhang 和 Zhang 的研究以外几乎没有文献涉及,他们建立了一个劳动生产率(GDP/劳动)函数,并且将劳动生产率不平等(变量的对数值方差)分解成许多部分,其中有的因素与开放有关。③ 但是,变量对数值的方差作为不平等的衡量指标违反了不平等指标应该符合的转移原理,而且在中国,GDP/劳动也不一定与个人收入相关。④

本文的结构如下:第二部分分析收入决定函数,第三部分讨论收入差距分解的结果,第四部分将指出本文的政策含义。

---

① 夏普里值框架是 Shorrocks 提出的,它的理论基础是合作博弈理论,参见 A. F. Shorrocks, Decomposition Procedures for Distributional Analysis: A Unified Framework Based on the Shapley Value, Department of Economics, University of Essex, 1999。一些最近的研究都在使用这个方法,如 S. Kolenikov, and A. Shorrocks, A Decomposition Analysis of Regional Poverty in Russia, Review of Development Economics, 2005 (forthcoming);以及 G. Wan, Accounting for Income Inequality in Rural China: A Regression Based Approach, Journal of Comparative Economics, vol. 32, no. 2, 2004, pp. 348—363。

② R. Kanbur, and X. Zhang, Fifty Years of Regional Inequality in China: A Journey Through Central Planning, Reform and Openness, Review of Development Economics, 2005 (forthcoming); Y. Xing, and K. H. Zhang, FDI and Regional Income Disparity in Host Countries: Evidence from China, International Economics, 2005 (forthcoming); S. Wei, and Y. Wu, Globalization and Inequality: Evidence from within China, NBER Working Paper 8611, 2001.

③ X. Zhang, and K. H. Zhang, How does Globalization Affect Regional Inequality within a Developing Country? Evidence from China, Journal of Development Studies, vol. 39, no. 4, 2003, pp. 47—67.

④ 林毅夫、刘培林:《中国的经济发展战略与地区收入差距》,《经济研究》2003 年第 3 期。对于收入差距而言,Bourguignon 和 Morrisson 认为应该用收入而不是 GDP 数据来分析,参见 F. Bourguignon, and C. Morrison, Inequality among World Citizens: 1820—1992, American Economic Review, vol. 92, no. 4, 2002, pp. 727—744.

二、解释中国地区间收入差距

对外开放 20 多年以来,中国已成为外商直接投资(FDI)的主要接受国以及自 2002 年以来世界第五大贸易国。全球化进程所带来的利益和代价并不是在地区间或个人间均匀分配的,所以,在设计并实施控制中国迅速扩大的地区间收入差距的有效政策之前,我们很有必要分析一下全球化对于收入差距的影响。

为了得到收入差距与全球化之间的关系,首先需要建立一个收入决定函数,然后将收入差距的指标计算方法运用到这个函数的两端(对此将在后面加以讨论)。为了确定函数的形式,有必要对其他因素进行控制。许多人认为,政策倾向(包括投资、税收和财政支出,以及放松管制的政策)在导致地区收入差距扩大的因素中非常重要。[1] 我们将用人均资本变量来表示投资,用人均的用于经济发展的财政支出来表示财政扶持,用非国企职工在全部职工中的比率作为非国有化的指标来表示放松管制。此外,地理位置也是影响经济发展的重要因素。因此,我们需要引入东部、中部和西部的虚拟变量来控制地理因素和基础设施因素[2]。进一步来看,地区之间的城市化程度不同,也影响了各地区的人均收入,进而影响了地区间的收入差距,这种影响可以用城市化指标来控制,本文使用非农业人口比率来作为城市化指标。最后,我们必须考虑资本、劳动力和教育这样的常规变量。给定中国劳动力过剩以及劳动力变量和人口负担率之间的线性关系,我们选择了人口负担率作为代表劳动的控制变量,人口负担率的收敛趋势

---

[1] 参见杨开忠《中国区域经济差异的变动研究》,《经济研究》1994 年第 12 期;马拴友、于红霞《转移支付与地区经济收敛》,《经济研究》2003 年第 3 期;M. Raiser, Subsidising Inequality: Economic Reforms, Fiscal Transfers and Convergence across Chinese Provinces, Journal of Development Studies, vol. 34, no. 3, 1998, pp. 1—26; S. Démurger, J. D. Sachs, W. T. Woo, S. Bao, G. Chang, and A. Mellinger, Geography, Economic Policy, and Regional Development in China, Asian Economic Papers, vol. 1, 2002, pp. 146—205。

[2] S. Démurger, Infrastructure Development and Economic Growth: An Explanation for Regional Disparities in China? Journal of Comparative Economics, vol. 29, 2001, pp. 95—117.

意味着这个变量对收入差距的影响程度在减弱。各变量的具体解释请参见附录。

除了中国台湾、香港和澳门，有中国 31 个地区（省、市、自治区）的数据。为了保证数据的一致性，重庆（成立于 1997 年的直辖市）和四川的数据合并在了一起。西藏由于缺乏完整的数据而未被包含在内。因此，本文的研究中包含了 29 个地区的数据。

关于资本的数据取自张军等人的估算[①]，Zhang 和 Zhang 的研究也运用了同样的方法来估算资本数据，但张军等的研究没有把存货包括在资本形成里，而 Zhang 和 Zhang 的研究则把存货包含在内。[②] 张军等构造了资本存量从 1952 年以来的时间序列，而 Zhang 和 Zhang 构造的时间序列则从 1978 年开始，由于资本存量仅代表潜在的而不是有效的生产投入，并且它的估计偏差随着最初年份和当前年份的时间间隔的扩大而减小，所以本文将采用来自张军等人的数据。

简而言之，我们将会在下面的收入决定函数中引入以下变量：人均收入（Y）、人均资本投入（K）、用于代表劳动的人口负担率[③]（Dep）、人均受教育的年份（Edu）、人均的政府用于经济建设的支出（Gov）、人均 FDI、贸易额/GDP（$Trade$）、用非国有企业职工占全部职工的比率表示的改革或非国有化（$Reform$）程度、用非农业人口比率（Urb）表示的城市化或工业化程度、表示中部和西部省份的虚拟变量（$Central$ 和 $West$）[④]，以及 1992 年以来（$D92$）和 1996 年以来（$D96$）的虚拟变量。$D92$ 反映了邓小平视察南方的影响，$D96$ 反映了 1996 年以来的许多重大改革，特别是以大规模下岗为标志的劳动力市场改革。

[①] 张军、吴桂英、张吉鹏：《中国省际物质资本存量估算：1952—2000》，《经济研究》2004 年第 10 期。

[②] X. Zhang, and K. H. Zhang, How does Globalization Affect Regional Inequality within a Developing Country? Evidence from China, Journal of Development Studies, vol. 39, no. 4, 2003, pp. 47—67.

[③] 我们曾试图再加上人均劳动或家庭规模，但是它们都不显著。

[④] 与大多数研究一致，中部省份是指山西、内蒙古、吉林、黑龙江、安徽、江西、湖北、湖南和广西；西部省份是指四川、云南、陕西、甘肃、青海、宁夏和新疆。

为了减小模型误设所产生的误差,我们采用了 Box – Cox 和 Box – Tidwell 相结合的模型:

$$Y^{(\lambda)} = a_0 + a_1 X_1^{(\theta)} + a_2 X_2^{(\theta)} + \cdots + a_k X_k^{(\theta)} + 虚拟变量 + u \quad (1)$$

在这里 λ 和 θ 都是变换参数,通过对数据进行变换,可以减少模型设定形式的误差。在这个模型里,$Y^{(\lambda)} = \dfrac{Y^\lambda - 1}{\lambda}$,$X_k^{(\theta)} = \dfrac{X_k^\theta - 1}{\theta}$。当 λ 接近于 0 时,根据罗毕塔法则,$\dfrac{Y^\lambda - 1}{\lambda}$ 的极限可以用 $\text{Ln}Y$ 来表示;当 λ 取 1 时,就是数据本身;当 λ 取 –1 时,就是数据本身的倒数。同样的道理也适用于 $X_k^{(\theta)}$。很显然,我们可以设定这两个变换参数中的任何一个为 0、1、–1 或没有限制。这个 4 乘 4 的组合能产生 16 种不同的函数形式。此外,我们还可以设 λ = θ,并且不对其取值进行限制。这样,在(1)式的基础上我们至少能得到 17 个不同的模型形式。

我们把这 17 个模型都用中国的数据进行了拟合。运用模型(1)和比它假设更严格的模型的对数似然值之差的两倍作为检验统计量,就可以用常规的 χ^2 检验来进行模型选择。检验结果表明只有两个模型未被拒绝。第一个模型是当 θ 为自由参数时 λ = 0,这实际上是一个半对数模型,第二个模型设 λ = θ。从统计的角度来说,这两个模型都与(1)式等价,它们中的任何一个都能用作收入差距的分解。我们将选择半对数模型,这在很大程度上是为了和人力资本理论相一致,几乎所有人力资本的实证研究都在构造收入决定函数时对因变量运用了对数变换。

表 1 是半对数模型的估计结果。θ 系数的 t 检验值没有报告,因为它是由搜索得来的。模型选择过程中已经拒绝了双对数模型,这表明 θ 是显著不为零的。R^2 很高,表明这个模型与数据的拟合度非常好。所有的参数在 1% 或 5% 的程度上都显著不为 0,并且所有参数估计的结果都和期望相一致。地理位置虚拟变量的估计系数也表明西部比中部贫穷,而中部又比东部贫穷。

表1　收入决定函数估计

变量	系数	t值	P值	均值处的弹性	对数似然值	调整后的R^2
K	0.034	4.612	0.000	0.105		
Dep	-0.064	-4.299	0.000	-0.118		
Edu	0.151	2.545	0.011	0.195		
Gov	0.054	4.976	0.000	0.110		
FDI	0.008	2.405	0.017	0.018		
Trade	0.038	4.350	0.000	0.058		
Reform	0.123	9.024	0.000	0.188	-2533.22	0.935
Urb	0.082	4.940	0.000	0.128		
Central	-0.072	-3.297	0.001	-0.025		
West	-0.168	-6.996	0.000	-0.046		
D92	0.083	4.818	0.000	0.056		
D96	0.170	9.527	0.000	0.068		
常数	4.796	32.950	0.000	4.796		
θ	0.133					

从弹性估计来看,收入增长对改革、教育、政府支持、城市化以及国内资本的变动都很敏感。FDI 的样本均值(517 元)相对于国内资本的样本均值(4403 元)来说比较小,所以,FDI 的低弹性值是可以理解的。由于人均国内资本是人均 FDI 的 8.5 倍,可以算出,FDI 对收入的边际影响比国内资本对收入的边际影响大 45%,这也符合直觉。

三、地区收入差距的分解

为了分析收入差距而不是收入的对数的差距,我们需要写出收入变量 Y 的决定函数:

$$Y = exp(\hat{a}_0) \cdot exp(\hat{a}_1 X_1^{(\theta)} + \hat{a}_2 X_2^{(\theta)} + \cdots + \hat{a}_k X_k^{(\theta)}) \cdot exp(虚拟变量) \cdot exp(\hat{u}) \quad (2)$$

在(2)式中 $exp(\hat{a}_0)$ 成为一个常量,当运用收入差距的相关指标时,它能够从方程中去掉而不会产生任何影响。同样道理,由于收入差距能够按年份来度量和分解,年份虚拟变量也能从方程中去掉。

我们用(2)式对整个 Y 的差距进行分解,第一步先确定残值 $\hat{u}$ 的影响。这可以通过 Cancian 和 Reed 提出的"之前—之后"(before – after)原理得到①。换句话说,我们能够通过计算初始收入 Y 的差距与假设 $\hat{u}=0$ 时的收入差距之间的差来得到残差项的影响。将 $\hat{u}=0$ 时的收入用 $\tilde{Y}$ 表示,用 I 表示收入差距指数,残差的影响就等于 $I(Y) - I(\tilde{Y})$,其中:

$$\tilde{Y} = exp(\hat{a}_0) \cdot exp(\hat{a}_1 X_1^{(\theta)} + \hat{a}_2 X_2^{(\theta)} + \cdots + \hat{a}_k X_k^{(\theta)}) \cdot exp(虚拟变量) \quad (3)$$

同样道理,年份虚拟变量和 $exp(\hat{a}_0)$ 也能从(3)式中移除而不会影响分析结果。需要注意的是,$\tilde{Y}$ 实际上已经包含了 $exp(0.5\hat{\sigma}^2)$ 这一项($\hat{\sigma}^2$ 是根据误差项估计出的方差),因而与根据半对数模型预测出的 Y 是不同的。

以 Gini 系数作为指标说明收入差距的分解结果参见表 2。总收入差距表现出了明显的上升趋势,从 1987 年到 2001 年增长了 24%。在用其他指标时,收入差距增长也非常明显。Gini 系数的值可能比通常人们认为的水平更低,这是因为它仅表示了地区间的收入差距部分,而没有考虑地区内部的收入差距。为了计算地区内部的收入差距需要用个人或家庭的数据。

总的收入差距和残差引起的收入差距之间的差就是收入决定函数中自变量的影响,因此,残差的作用可以表述为此函数包含的变量所不能解释的收入差距部分。换句话说,残差影响代表了被排除在外的变量对收入差距的作用。在理想的状态下,残差的影响为零,这时总收入差距几乎 100% 都能被解释,这需要收入决定函数达到完美的拟合。一般来说,残差不为零是通常情况而不是例外。残差的负影响和正影响都表明估计的收入决定函数对总收入差距还缺乏解释力,残差的正(负)影响表明未包括的变量更有利于富裕群体(贫困群体)。因此,我们用残差影响的绝对值与总收入差距的比

---

① M. Cancian, and D. Reed, Assessing the Effects of Wives Earning on Family Income Inequality, Review of Economics and Statistics, vol. 80, 1998, pp. 73—79.

率来表示没有被解释的收入差距部分,而1减这个比率就表示得到解释的收入差距部分,反映了这个模型起作用的程度。当模型和数据的拟合度很低时,这个比率就会比较低,那么与此相关的研究成果价值也很低,基于这些研究上的政策建议就会没有效率[1]。从这个角度来看,我们的建模是成功的,因为我们能够解释最高达到99.4%的总收入差距。甚至在1993年最不理想的情况下,也有几乎90%的总收入差距能够被解释。

表2 总收入差距和被解释比例

年份	总Gini系数	影响程度 自变量	影响程度 残差	被解释比例 =100×(1−|残差/总数)
1987	0.172	0.159	0.013	92.4
1988	0.176	0.163	0.012	93.2
1989	0.183	0.167	0.016	91.3
1990	0.174	0.173	0.001	99.4
1991	0.182	0.172	0.011	94.0
1992	0.187	0.172	0.014	92.5
1993	0.201	0.178	0.022	89.1
1994	0.206	0.187	0.019	90.8
1995	0.210	0.198	0.012	94.3
1996	0.206	0.202	0.004	98.1
1997	0.203	0.206	−0.003	98.5
1998	0.199	0.204	−0.004	98.0
1999	0.206	0.209	−0.003	98.5
2000	0.208	0.211	−0.003	98.6
2001	0.214	0.210	0.003	98.6

现在我们用Shorrocks提出的夏普里值过程来看解释变量对收入差距的贡献[2]。收入差距分别由Gini系数、广义熵指标(GE$_0$ and GE$_1$)、Atkinson指数,以及变异系数(CV)的平方来表示。正如所预期

---

[1] 当$R^2=1$或0时,被解释比例为1或0。当用CV^2作为收入差距的指标时,被解释比例总是等于R^2。

[2] 为此,联合国世界发展经济学研究院(UNU−WIDER)开发了一个Java程序,这个程序能在任何函数形式下将作为因变量的不平等分解成与任何数量的自变量相关的部分。

的那样，运用不同的收入差距指标得到的分解结果也不同，因为不同的指标对应着不同的社会福利函数和对收入差距厌恶的假定，而且对 Lorenz 曲线不同部分的重要程度的定义也不同。在我们使用的指标中，变异系数平方违背了有关收入差距指标的转移原理，而 Atkinson 指数的整个度量结果能被表示为 GE 指数的单调变换，因此两者是序数等价的[①]。鉴于此，在以下的讨论中我们只使用 Gini 系数、Theil 指标(GE_1)，以及对数离差均值(GE_0)。

不同的收入差距指标都显示出相似的增长趋势，但不同的指标下变量贡献的排序有些不同，详见表3。然而，对于不重要的变量的影响，用不同的指标得到的排序大体是一致的。举例来说，三个指标都表明人口负担率是最不重要的变量，而且它们都将 FDI 列为第二不重要的变量，教育为第三不重要的变量。此外，使用不同的收入差距指标都表明资本和城市化是导致收入差距的最重要变量。在较早的年份中，改革和贸易，甚至政府支持的排序都明显一致。在后期的年份中，诸如地理位置和政府对经济发展的财政支持这些变量的重要性排序出现了变化。

表3 在不同收入差距指标下变量的相对影响的排序

年份	K	Dep	Edu	Gov	FDI	Trade	Reform	Urb	Location
1987	3	9	7,7,6	4	8	5	6,6,7	1	2
1988	3	9	7,7,6	4	8	5	6,6,7	2,1,1	1,2,2
1989	3,3,2	9	7,7,6	4	8	5	6,6,7	2,1,1	1,2,3
1990	3,3,2	9	7,7,6	5,5,4	8	4,4,5	6,6,7	2,1,1	1,2,3
1991	3,3,2	9	7	5,5,4	8	4,4,5	6	2,1,1	1,2,3
1992	3,1,1	9	7,8,8	5,4,4	8,7,7	4,5,5	6	2,3,2	1,2,3
1993	2,1,1	9	7	6,4,4	8	5	4,6,6	3,3,2	1,2,3
1994	2,1,1	9	8	5,4,4	7	6,6,5	4,5,6	3	1,2,2
1995	1	9	8	4,3,2	7	6	3,5,5	5,4,4	2,2,3
1996	1	9	8	4,3,2	7	6	3,5,5	5,4,4	2,2,3

---

① A. F. Shorrocks, and D. Slottje, Approximating Unanimity Orderings: An Application to Lorenz Dominance, Journal of Economics, 2002, Supplement 9, pp. 91—117.

续表 3

年份	K	Dep	Edu	Gov	FDI	Trade	Reform	Urb	Location
1997	1	9	8	3,2,2	7	6	4,4,5	5,5,4	2,3,3
1998	1	9	8	3,2,2	7	6,5,5	4,6,6	5,4,4	2,3,3
1999	1	9	8	5,2,2	7	4,3,3	3,5,5	6	2,4,4
2000	1	9	8	4,2,2	7	5,3,3	2,4,4	6	3,5,5
2001	1	9	8	5,3,2	7	4,2,3	3,4,4	6	2,5,5

注：一个数字代表是一致的排名。三个数字分别代表收入差距指标为 Gini、GE_0 和 GE_1 时各变量贡献的排名。

由于使用不同指标得到的分解存在一些不一致性,我们可以选择一种特定的指标,或者利用不同的指标(仅适用于相对影响)所得结果的平均来进行讨论。表 4 列出了对三种指标的分解结果求平均以后每个自变量的相对影响。我们把全部被解释部分的收入差距作为分母来计算不同因素的相对影响,所以,不同因素的影响之和为 100%。表 4 右边的部分包含了基于平均影响的变量排序。最不重要的变量仍然是人口负担率,这可以归结于这个变量的收敛趋势,其中可能有全国范围内的计划生育政策的作用。这个结果可能也反映了中国劳动力过剩这一事实,因此人口负担率的地区间差异在决定收入的过程中不重要。必须注意的是,这个结论仅在高度加总的水平下成立,在家庭层面上劳动力投入和人口负担率在收入决定过程中仍然贡献很大。

很显然,有形资本总是很重要的。它的重要性随着时间而增加,到现在已经对整个收入差距构成了 20% 的贡献,成为最重要的影响因素。另一方面,城市化曾经是排第一的变量,但是它的位置很快下降了。它在 20 世纪 80 年代时排第一,后来逐步下降到第三或第四,随后下降到了第六。这也反映了中国不同地区间城市化的收敛趋势。尽管如此,城市化还是对整个收入差距构成了 12% 的影响。

表4 平均相对影响

年份	K	Dep	Edu	Gov	FDI	Trade	Reform	Urb	Location	Global
1987	14.62	4.38	6.88	14.12	4.75	11.67	8.22	18.58	16.78	16.42
1988	15.23	4.15	6.76	13.75	5.40	12.14	7.83	17.95	16.79	17.54
1989	15.75	3.70	6.66	13.27	5.81	12.36	8.09	17.60	16.76	18.17
1990	15.96	3.48	7.66	12.54	5.91	12.58	8.41	16.97	16.48	18.49
1991	16.35	3.40	6.48	12.44	6.32	12.53	8.82	16.86	16.80	18.85
1992	16.77	3.60	6.45	12.01	6.58	12.03	9.30	16.36	16.90	18.61
1993	16.80	3.58	7.04	11.71	6.49	11.67	10.72	15.61	16.38	18.17
1994	16.88	3.75	5.81	13.32	6.81	11.47	11.88	14.19	15.90	18.28
1995	17.40	3.47	5.86	14.38	6.85	10.90	12.71	13.39	15.05	17.76
1996	17.93	3.24	5.47	14.50	6.83	11.26	12.82	13.01	14.93	18.10
1997	18.05	2.97	5.32	15.21	6.94	11.59	12.77	12.45	14.69	18.54
1998	18.74	2.73	5.24	15.41	7.21	11.80	11.47	12.56	14.84	19.00
1999	18.82	0.54	5.23	14.62	7.08	13.98	13.38	12.19	14.17	21.06
2000	18.60	0.05	4.49	15.13	7.02	14.41	14.51	11.70	14.09	21.43
2001	19.11	0.52	4.81	14.07	7.14	14.52	14.26	11.58	13.99	21.66

排序

年份	K	Dep	Edu	Gov	FDI	Trade	Reform	Urb	Location
1987	3	9	7	4	8	5	6	1	2
1988	3	9	7	4	8	5	6	1	2
1989	3	9	7	5	8	4	6	1	2
1990	3	9	7	5	8	4	6	1	2
1991	3	9	7	5	8	4	6	1	2
1992	2	9	8	5	7	4	6	3	1
1993	1	9	7	4	8	5	6	3	2
1994	1	9	8	4	7	6	5	3	2
1995	1	9	8	3	7	6	5	4	2
1996	1	9	8	3	7	6	5	4	2
1997	1	9	8	2	7	6	4	5	3
1998	1	9	8	2	7	5	6	4	3
1999	1	9	8	2	7	4	5	6	3
2000	1	9	8	2	7	4	3	6	5
2001	1	9	8	4	7	2	3	6	5

地理位置与城市化的趋势相似,随着它的排名从第二下降到第三

最后到第五,它的重要性也在减弱,但这并不一定意味着与地理位置相关的因素的差距缩小,它仅表明其他因素在中国的分布更加不平等。我们看到,直到20世纪90年代,FDI排在地区间收入差距影响因素的倒数第二或第三。尽管贸易作为一个单独因素的影响力位置居中,但它的重要性随着时间在增长。如果我们把贸易和FDI合并为一个全球化程度的指标,它的影响会更重要,特别是在较近这些年。合并的全球化指标的影响在早期为17%左右,而现在已超过了22%,比资本变量还要重要。需要注意的是,这个发现并不会因为使用其他收入差距的指标而变化。全球化的影响增长也是贸易和FDI流入增长所引起的。全球化对地区间收入差距有较大并且持续增长的作用,这对中国的扶贫政策有重要意义,值得认真研究。

许多变量的重要性随着时间的变化而有所增加。改革或非国有化程度从第六位上升到第三位,突出反映了国有企业非国有化的速度不均衡以及非国有化在收入增长中的重要性。我们观察到一个很有趣的现象是,政府对经济发展的支持是发散的,这一变量对于收入差距有正的贡献,这表明发展程度越低(高)的地区得到的政府支持越少(多)。这种发散趋势也许和1994年开始实施的税收改革有关,这项改革显著增加了地方政府的预算和支出权利,因此使富裕的地区能得到更多的税收和支出来支持经济发展。

教育对收入差距的贡献相对较小并且稳定,这可能与中国许多年来由公共支出提供基础教育的政策有关,特别是在城市地区。令人惊奇的是,教育的贡献仅排在倒数第二或第三,这与Zhang和Zhang的发现不一致[1]。此外,从长期来看,改革和城市化对收入差距的影响都将减弱,因为改革相对较慢的地区迟早会赶超上来,毕竟这两个变量的最大值都只能是100%。随着运输和通信技术的发展使得实际距离和地理位置的作用也在减弱。西部大开发对偏远地区基础设施的投资

---

[1] 这篇与我们的研究进行比较的文献是 X. Zhang, and K. H. Zhang, How does Globalization Affect Regional Inequality within a Developing Country? Evidence from China, Journal of Development Studies, vol. 39, no. 4, 2003, pp. 47—67。

也将减弱地理因素的贡献,因为基础设施投资对经济发展的作用是滞后的。

值得注意的是,相对贡献的减弱并不一定意味着绝对贡献的减弱。实际上,除了人口负担率和城市化,其他所有的变量对整个收入差距的影响都越来越大。人口负担率是唯一一个相对贡献和绝对贡献都减少的变量。城市化或多或少地维持着它的绝对贡献,但由于整个收入差距的增长趋势,城市化的相对贡献也在下降。

尽管把我们的发现与 Zhang 和 Zhang 的发现进行比较是非常有吸引力的,但我们没有这样做,原因有这样几个方面:第一,我们关注的是收入差距,而他们关注的是劳动生产率;第二,他们用的是被本文拒绝的双对数模型;第三,他们仅用对数方差作为收入差距的唯一衡量方式,我们的结果对收入差距的度量指标更为稳健,并且是基于一个灵活的建模方式。他们的研究还表明国内资本比 FDI 的生产力更高,这也是比较难以接受的。

四、结论性评述

本文对中国的地区间收入差距提供了一个解释,并特别强调了全球化的影响。我们选择了省级的面板数据,并且采取了 Box-Cox 模型来减小模型设定误差,然后从许多模型中选择了一个半对数收入决定函数。我们非常成功地估计了这个实证模型,得到的分解结果也较为合理。我们发现:第一,全球化对于地区间收入差距的贡献显著为正,并且随着时间而加强;第二,资本是导致地区间收入差距的最重要因素,并且它的重要性也在不断提高;第三,以非国有化为特征的经济改革对地区间收入差距有显著作用;第四,教育、地理位置、城市化和人口负担率对地区间收入差距的相对贡献在减弱。

这个研究的政策含义在于,除非努力提高中国中西部的贸易和 FDI 流入,否则进一步的全球化会导致中国地区间收入差距扩大。在中国沿海地区正逐步取消的鼓励贸易和 FDI 的政策倾斜应该在其他地区实施起来。贫困地区的市场容量和市场潜力对于吸引 *FDI* 非常不利,但是 *FDI* 和贸易的收敛趋势是有可能实现的。国内资本的均等化更为重要,我们的研究显示,国内资本的均等化能减少 20% 的地区间收入差距,这就需要发展资本市场,特别是在贫穷的农村地区建设有效的资本市场。为了缩小资本形成的差距,打破目前资本形成的恶性循环非常必要,可以借助税收和银行贷款等形式对贫困地区的投资进行政策倾斜。此外,深化金融改革对于消除偏向于国有企业和非农业活动的贷款歧视也很有帮助。最后,需要纠正倾向于发达地区的财政政策。财政支持的均等化会使地区间收入差距减少几乎 15%,如果财政支持转而倾向于落后地区,那么作用会更为明显。以上三方面因素对中国地区间收入差距的贡献已经超过了一半。

附录:

(1) 如果没有特别指出,1987~1998 年的数据都来自于《新中国五十年统计资料汇编》(中国统计出版社,1999 年),1999~2001 年的数据都来自《中国统计年鉴》,2000 年、2001 年和 2002 年,(中国统计出版社,2000 年、2001 年和 2002 年)。

(2) *Income*:省级收入是用非农业人口和农业人口加权计算的城乡平均人均收入。城市和农村的人均收入数据分别用相应省份和年份城市和农村的消费者物价指数(CPI)进行了消胀。在三大直辖市,城市和农村的消费者物价指数(CPI)没有进行区分。

(3) *K*:资本数据取自张军等人用永续盘存法估算的以 1952 年的价格计算的省级资本存量数据。这个研究提供了 1952~2000 年的资本数据,然后作者帮助我们将数据扩展到了 2001 年。为了得到 1952 年的资本存量,张军等使用了一种广泛运用的方法来估计初始年份的资本存量。这个公式是:$K_0 = \frac{I_0}{\delta + r}$,在这里 K_0 是初始年份的资本存量,I_0 是同年的投资量,

δ 是折旧率,r 是在初始年份以前的直接投资的平均增长率。

(4)Dep:人口负担率=(总人口-就业人口)/(就业人口)×100%。

(5)Edu:《中国人口年鉴》报告了从 1987 年以来的受教育人口结构。可惜的是,1989 年、1991 年和 1992 年的数据都没有被记载。1987 年和 1988 年的数据没有包含文盲的统计,1994 年的数据没有包含 15 岁以下的人口,因此这些年份与其他年份的数据不具有可比性。在本文的研究中,我们通过一个包含地区固定效应和时间趋势的方程,运用已有数据估测了上述年份的缺失值。我们运用的方法是对面板数据考虑组间异方差性的广义最小二乘估计(GSL)。为避免预测值为负,因变量取了对数形式。因此这个方程可写为:$Ln(edu) = f(\cdot) + \mu$,在这里 $Ln(edu)$ 是人均受教育年份的对数,$f(\cdot)$ 是地区虚拟变量和时间趋势的线性组合,μ 是误差项。函数对人均受教育年份拟合优度的 R^2 值为 0.966。根据这个方程,用来表示预测值,我们可以得到:$\widehat{edu} = exp[Ln(\widehat{edu})]exp(0.5\sigma^2)$,其中 $Ln(\widehat{edu})$ 是对缺失年份的 $Ln(edu)$ 的预测值,σ^2 是估计的 μ 的方差,在以上模型的基础上,我们推测了 1987~1989 年、1991 年、1992 年和 1994 年的数据。

(6)Gov:表示人均的政府支持经济发展的财政支出,在取人均之前,我们将地方财政支出扣除了行政管理费,并且用 CPI 进行了消胀。

(7)FDI:定义为人均 FDI。1987~1989 年间四川的 FDI 数据取自相应年份的《中国统计年鉴》。青海 1988 年和 2000 年的 FDI 数据是前后两年的平均数。我们用来自《中国统计年鉴》的相应年份的汇率中间价将 FDI 数据的单位转换成了人民币。

(8)$Trade$:贸易用贸易额/GDP 比率来表示,在除以 GDP 之前,国际贸易的数据单位被转化成了人民币。

(9)$Reform$:改革用非国有经济单位职工数量占职工总数的比率

来计算。

(10) Urb：城市化用非农业人口在总人口中的比率来表示。除河北、黑龙江和甘肃三省以外，1999年至2001年间的农业、非农业人口数据取自相应年份各省的统计年鉴。河北、黑龙江和甘肃三省的2000年的数据取自《中国统计年鉴》2001年。1999年的数据是前后两年的平均值。2001年的数据是在2000年数据的基础上根据1999年和2000年间的变化率推算的。

自述之四

关于全球化的争议已经进行了很多年，国外曾有人为了反对全球化而自焚，这些人认为全球化对落后国家和穷人不利。而学术界关于全球化对收入分配和贫困的影响却无法取得一致性意见，尽管 FDI 和贸易对增长有益，但数据和方法论的缺乏使人们难以探讨 FDI 和贸易对不均等的作用（对贫困的影响研究倒是有不少文献）。基于回归方程的不均等分解框架的出现使识别并量化这个作用成为可能。恰逢复旦大学陆铭教授访问联合国发展经济学研究院，我们商讨合作一篇论文，便想到使用我提出的基于回归方程的不均等分解方法来探讨全球化与中国区域收入差距的关系。如果没有与陆铭的合作，估计就没有这篇后来被大量引用的论文。

必须感谢陆铭这么多年对我方方面面的支持和帮助，那本获得张培刚奖的黄皮封面小册子是由他建议、并与出版社联系才得以出版的。与蔡昉合编的那本关于中国城镇化的论文集也是他张罗的，但他没有署名。我和陆铭的接触始于 2003 年，那年 3 月我在东京组织召开了一场关于亚洲收入分配的国际研讨会，是与康奈尔大学的 Ravi Kanbur 教授和现在在牛津大学任教的 Athony Venables 教授共同主持的研究项目活动之一。国内来了三四个学者，其中有陆铭。也不知道是谁提议和召集的，他们到东京的饭店后一起专门跑到我的房间聊了一会儿。会议结束后，这些人当中只有陆铭与我保持了联系，所以就有了我跟陆铭并通过他与复旦经济学院的长期合作，这个合作至今对我来说收获颇多。希望这段小插曲对年轻老师和学生能带来一定启示。这也是为什么我常常强调建立关系网的重要性，也总是说参加研讨会其实不只是一个学习和交流的机会，非常重要的是认识朋友，积累社会资本。

回到这篇论文，它其实分析了影响中国区域不均等的诸多因素，不只是全球化。比如，我们发现，人均物质资本的分布不均对区域差异的贡献最大。但为了更好地聚焦(focus)，我们选择了全球化作为切入点。切入点的重要性就不需要强调了。我自己的体会是，尽管有了研究主意(idea)，甚至初步结果，但常常仍然感觉没有找到很好的切入点。在我看来，切入点就是论文的灵魂，是论文的卖点，因为它代表了作者能看到而其他人没有看到抑或没有看清楚的视角，这个视角给予读者一种新颖感甚至感叹。

选择全球化作为切入点，与国际发展界长期争议它与不均等的关系有关。如果我们使用"中国区域差异的决定因素"作为题目和切入点，也未尝不可，但那样似乎显得有点平淡无味。再考虑到中国改革开放进程中最引人注目的变量是 FDI 和贸易，选择这个视角显然会增强论文的吸引力。

论文的主要发现是 FDI 和贸易都加剧了区域差异，二者的影响加起来超过了国内投资的影响，所以关注 FDI 和贸易的空间分布对减少区域差异非常重要。自从 2007 年发生全球经济危机以来(甚至更早一些)，中国的不均等包括区域差异都开始下降，其中肯定有 FDI 和贸易的作用，有兴趣的朋友不妨做些实证分析。这里的逻辑是，发达的东部从 FDI 与贸易中获得的收益更多，所以中西部相对受危机的影响要小些。另外，2003 年沿海地区开始出现的劳动力短缺意味着工业转移即将开始，这会使内地的 FDI 和贸易不断增加。总之，不管从学术研究还是政策制定的角度看，解析近来收入分配改善的来源和决定因素至关重要。2014 年底在南开大学有幸见到久仰的陈宗胜教授，并与他做了数小时的交流，发现我们对中国经济社会发展前景和收入分配等问题的看法高度一致。特别地，他也早早开始关注收入不均等有所下降的现象，并与周云波教授启动了相关研究。期待他们的成果。

还有什么方面可以做后续研究呢？一个可能是把各个因素对收入分配或公平的影响与其对经济发展或效率的影响综合在一起考虑，也就是允许效率和不均等进行替代。在"鱼"和"熊掌"不能兼得的情况下，如何调整对外开放政策，平衡 FDI 和贸易对不均等的负面影响与其对经济增长的正面影响，这是一个具有相当挑战性的理论与重大实践问题。比如，在我们的这篇论文里，发现了 FDI 和贸易皆能促进经济增长，但也使区域差异上升，那么中央和各级政府究竟是应该鼓励还是制约外资和国际贸易呢？

在现实生活中，当今世界上的大多数国家包括中国，非常看重 FDI 和贸易的增长效应，而忽略、至少低估了它们的分配效应，所以外资和贸易一直得到大力鼓励。在不均等越发受到重视的情况下，人们再也不能不兼顾全球化的分配效应。何况，国际上反对全球化的大有人在，最近风行的 Piketty 的《21 世纪资本论》更是给这些人提供了支持。无论如何，只考虑增长效应或只考虑分配效应的观念和做法都是偏颇的，需要全面解析全球化的综合效应。

最后做个说明，这篇论文投到《中国社会科学》后，编辑部最初认为过于数量化。该论文的投稿时间是在 2004 年的冬季，距今只有 11 年。看看国内经济学刊物当今追逐数量化的情景，计量经济学在中国"奇迹"般的发展不能不令人惊叹。

贫困按要素分解：方法与例证[*]

一、引　言

近十多年来，减贫已成为所有国际组织和各国经济与社会发展的重要目标。尽管对增长与再分配在决定贫困时哪个更为重要的议题存在争议（Dollar and Kraay, 2002），但不可否认的是，在经济总量给定的情况下，再分配[①]可作为反贫困的一个有力武器。另一方面，如果增长不带来更多的不均等，那么，增长必定有利于穷人。在任何特定的时点，资源总量是给定的。在这种静态状况下，再分配是减贫的唯一选择。随着时间的推移，资源总量和总产出都可能发生变化。在这种动态状况下，增长当然可能影响贫困。由增长带来的额外产出的公平分配是确保贫困不再上升的充分和必要条件。而要在这种情形下减贫，则必须对总产出或增长带来的产出进行更为均等的分配。

因此，反贫困的根本问题不仅仅是"增长还是再分配更为重要"，最为根本而又紧迫的是研究"哪些要素的增长和再分配对减贫最有效"。从理论上讲，产出是由投入决定的，同时产出的初次分配也是由生产要素的分配决定的。因此，分析要素及其分配对贫困的影响便显得非常具有理论和现实意义。

在现有文献中，贫困的水平可以按子样本分解，即将总体样本（比如全国）的贫困发生率分解为子样本（比如各省）的贡献（见Thorbecke, 2004）。而贫困变化可以分解为产出增长和产出分配变化的贡献（见万广华, 2006）。但将贫困按生产要素进行分解的论文至今尚未出现。本文的目的是弥补现有文献的不足，将贫困和贫困的变化归因于经济活动的根本决定因素。我们将构建两种贫困分解方法，分别对应于文章开头提到的静态和动态两种情形。在静态

---

[*] 本文发表于《经济学（季刊）》2008年4月第7卷第3期。

[①] 本文中的再分配不仅是指产出的转移或再分配，而且还指投入要素的再分配。

状况下,分解一个给定的贫困水平可以揭示贫困的构成(即由哪些要素的短缺或不均等分配引起的)。而在动态状况下,分解贫困的变化有助于发现贫困的上升或下降是由哪些要素投入量的变化或要素分配的变化引起的。

本文的结构如下:文章的第二部分推导贫困的水平分解方法。第三部分提出贫困变化的分解框架。在第四部分我们用中国农村的数据(虽然不一定具有充分的代表性)来举例说明两种分解方法的应用。第五部分是本文的小结。

二、贫困水平的分解

可以证明,在贫困线(用小写字母 z 表示)给定的情况下,贫困的水平〔用 $P(Y;z)$ 表示〕完全取决于收入或消费(用 Y 表示)的分布。Y 的分布可以由它的均值和它的洛伦茨曲线来给定。为了便于阐述,假定只有两个或两组生产要素(由 X_i 和 X_j 表示)用于生产 Y,这时我们有 $Y = f(X_i, X_j)$,与之对应的贫困水平 $P(Y;z)$ 可以等价地表示为 $P(X_i, X_j;z)$。

当所有要素在 N 个人中完全均匀分配时(即 $X_i = \mu_i, X_j = \mu_j$),每一个人的收入或消费是相等的〔即 $\mu_Y = f(\mu_i, \mu_j)$〕。在这样的情况下,不均等完全消失,与之对应的贫困 $P(\mu_Y;z)$①则必定仅仅是由要素或资源短缺所致。因此,我们可以定义 $P_E(Y;z) \equiv P(\mu_Y;z)$ 为贫困的资源或要素短缺成分,这一构成成分的变化不可能通过任何形式的分配或再分配而获得,唯一能够减少 $P_E(Y;z)$ 的途径是增加资源或要素供给。既然 $P_E(Y;z)$ 代表所有资源完全均匀分配时的贫困水平,而 $P(Y;z)$ 代表总量资源相同但分配不一定完全均等时的贫困水平,那么 $P(Y;z) - P_E(Y;z)$ 自然就代表由资源分配不均等而带来的贫困。据此,我们可以定义 $P_R(Y;z) \equiv P(Y;z) - P_E(Y;z)$,并称为贫困的不均

---

① μ_Y 是一标量,但在必要和合适的时候也作向量来使用。

等成分。

根据上面的讨论,观察到的贫困水平可表示为:

$$P(Y;z) = P_E(Y;z) + P_R(Y;z) \quad (1)$$

当生产要素 X_S 的再分配足以完全消除贫困时,$P_E(Y;z) \equiv P(\mu_Y;z) = 0$,$P(Y;z) = P_R(Y;z)$。这种情形下的资源是充足的,贫困的存在仅仅缘于这些资源或生产要素的非均等分配。

等式(1)也许有用,但不是非常有趣。尤其是当使用贫困人口比率这个指标时,$P_E(Y;z) = P(\mu_Y;z)$ 只能取两个值:如果 $\mu_Y > z$,取 0;否则取 100%。更具挑战和有用的是进一步将 $P_R(Y;z)$ 和 $P_E(Y;z)$ 分解为与各个投入要素相关的成分:

$$P_R(Y;z) = P_R(X_i) + P_R(X_j) \quad (2)$$

$$P_E(Y;z) = P_E(X_i) + P_E(X_j) \quad (3)$$

其中,下标 R 表示贫困的要素不均等成分,下标 E 表示贫困的要素短缺成分。① 根据定义,$P_R(X_i)$ 表示由 X_i 的非均等分配导致的贫困。为了得到它的值,可用所谓的"先后原理"。这个原理广泛地被人们应用在不同的场合,包括 Shorrocks(1980,1982,1984),以及 Cancian and Reed(1998)。基于这个原理,并定义 $\mathrm{MC}_R(X_i)$ 为 X_i 的不均等分配对贫困的边际贡献,我们有:

$$\mathrm{MC}_R(X_i) = P(X_i, X_j) - P(\mu_i, X_j) \quad (4)$$

同样地,

$$\mathrm{MC}_R(X_j) = P(X_i, X_j) - P(X_i, \mu_j) \quad (5)$$

这些边际贡献被称作第一轮估算值,因为"先后原理"也能用来得到:

$$\mathrm{MC}_R(X_i) = P(X_i, \mu_j) - P(\mu_i, \mu_j) \quad (6)$$

$$\mathrm{MC}_R(X_j) = P(\mu_i, X_j) - P(\mu_i, \mu_j) \quad (7)$$

面对同一边际贡献的多个估计值,我们可以求平均值,并将它定义为要素 X 对贫困的不均等成分的贡献:

---

① 为了简化符号,z 在此后从表达中省略。

$$P_R(X_i) = 0.5\{[P(X_i,X_j) - P(\mu_i,X_j)] + [P(X_i,\mu_j) - P(\mu_i,\mu_j)]\} \quad (8)$$

$$P_R(X_j) = 0.5\{[P(X_i,X_j) - P(X_i,\mu_j)] + [P(\mu_i,X_j) - P(\mu_i,\mu_j)]\} \quad (9)$$

上面的推导有没有理论依据？根据建立在合作博弈论基础上的夏普里值（Shapley value）(Shapley,1953；Moulin,1988；Shorrocks,1999；Sastre and Trannoy,2002)，回答是肯定的。当根据(4)式至(9)式得到贫困的组成成分时，夏普里值也能确保(2)式和(3)式成立。

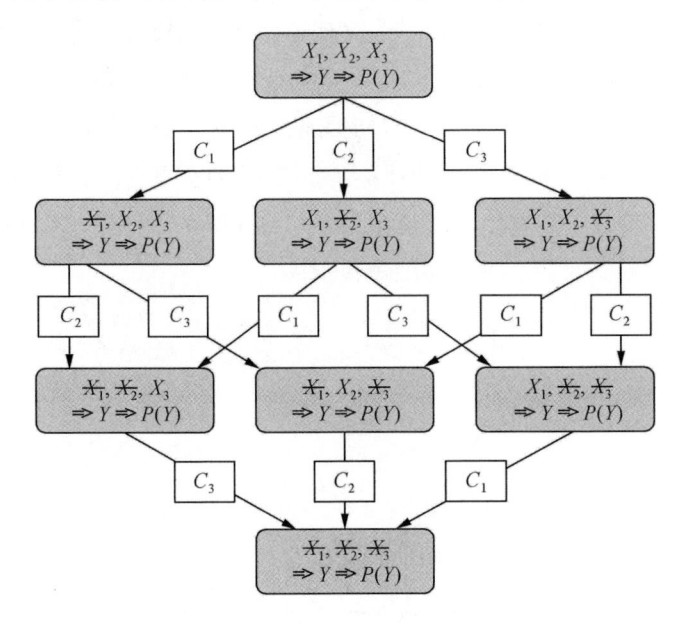

图1 夏普里贫困的分解

图1说明了当有三个投入变量 X_1 至 X_3 时的夏普里方法。在图中，划去的 X_S 表示 X_S 的均值，当把 X_S 和 X_S 的均值代入函数 $Y = f(X_1 - X_3)$ 时，可得到 Y，进而求得对应的贫困水平 $P(Y)$。符号 C_1 至 C_3 代表 X_S 的边际贡献，其值为带箭头连线两端方框里的贫困水平之差。图1所示的步骤同样可以用来分解总短缺成分，也可用于本文第三部分构建贫困变化的分解框架，有关技术性细节（包括各种证明）可参考 Shorrocks(1999)。

夏普里方法的关键在于相关函数中变量的替代。例如,用X_S的均值替代X_S。在第一轮中(对应于图1的第一层),一次替代一个变量。在第二轮中(图1的第二层),一次替代两个变量。如此循环,直到K轮,一次替代所有的变量。在每轮中,所有可能的替代组合必须穷尽,同时对相同边际贡献的多个估算值求平均得到每一轮的期望贡献值。最后,将所有K轮中得到的期望贡献值再平均就产生最终的估算值。

现在我们转向短缺成分的分解。当再分配足以消除贫困时,贫困的短缺成分为0,在这种情况下,没有必要对短缺成分作进一步分解。参照图2,消除了不平等成分后,每个人拥有的资源是相等的,可用C点来表示,这时每个人用X_S的均值来生产μ_Y。用Y^*表示由$Y^* = f(X_i, X_j) = z$给定的等值线。当C在曲线Y^*的左下方时,就意味着消除了不平等成分后贫困仍然存在。而C与曲线Y^*之间的距离表示达到贫困线所需的各个X资源的短缺量。

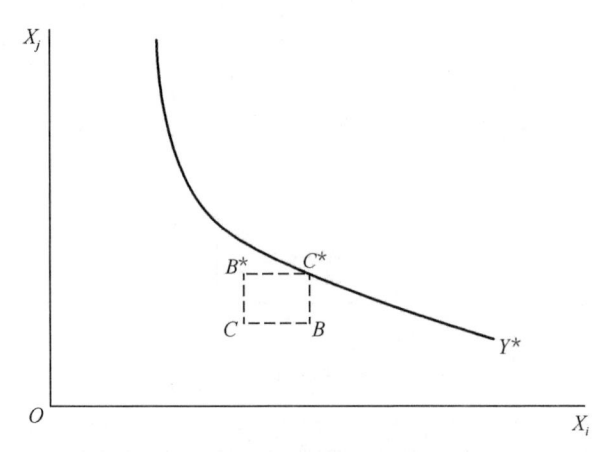

图2　贫困的要素短缺成分的分解

为了消除贫困,C点必须移到Y^*上或其右上方。就消除贫困而言,任何在Y^*上的点与那些在Y^*线右上方的点是相同的。因此,我们假设将C点移到Y^*上,如C^*。这时,C和C^*所代表的贫困之差可以定义为贫困的资源短缺成分。一旦C^*点确定下来,短缺成分的分解如下:从C^*到B,X_i没有发生变化。因此,C^*和B所代表的贫困之

差是缘于 X_j 的短缺,我们可以将其定义为 X_j 对短缺成分的边际贡献。移动 C 到 B^* 可以得到相同的边际贡献。同样地,从 C 到 B(或 B^* 到 C^*),X_j 保持不变,C 和 B(或 C^* 和 B^*)所代表的贫困之差可定义为 X_i 的边际贡献。根据夏普里值可计算这些边际贡献的均值,并定义为相关要素对总短缺成分的最终贡献。

那么怎样获得 C^* 或 X^* 呢?根据生产经济学理论,利润最大化意味着要素变化必须沿着函数 $Y=f(X_i,X_j)$ 的扩展路径移动。但欲推导扩展路径需要要素的价格信息,而在很多情况下,要素(如土地和工作经历)的价格是不可得的。幸运的是,人们常用的 CD 生产函数、CES 和同质超越对数函数都是齐序或同位的。这时,所有的扩展路径完全等同,且可以描绘为始于原点的一条直线。在这种条件下,对每个 X 来说,$X^* = r\mu_X$,$Y^* = f(r\mu_X) = z$,据此我们可以求解 r。在人力资本文献中,半对数或 Mincer 函数形式应用最广,这些函数不是同位的。在这种情况下,进一步分解短缺成分似乎不可能。当然,我们可以用同位性来逼近相关的生产函数,从而使得短缺成分的分解成为可能。

三、贫困变化的分解[①]

对贫困的变化进行分解大多使用 Datt and Ravallion(1992)的方法,该方法与 Jain and Tendulkar(1990)、Kakwani and Subbarao(1990)非常接近。Datt – Ravallion 分解法保留了一个残差项,万广华和张茵(2006)引入夏普里值方法消除了残差项。所有这些文献都仅考虑产出的增长和再分配,没有涉及投入要素对贫困的影响。

令 ΔP 表示贫困的变化,假定 Y 和 z 都以真实值而非名义值表示,从时间 0 到 T 的贫困变化可写成:

$$\Delta P = P(Y_T;z) - P(Y_0;z) \tag{10}$$

根据定义,贫困变化的增长成分是当 Y 的离散度(用洛伦茨曲线

[①] 对分解不均等的变化感兴趣的读者可参见 Mookherjee and Shorrocks(1982),Wan(1997,2001)。

描述)不变时,由 Y 均值的变化所导致的。同时,不均等或再分配成分是当 Y 的均值不变时,由 Y 离散度的变化所导致的。用 $Y(L,\mu)$ 表示一个具有洛伦茨曲线 L 和 Y 均值为 μ 的假想分布,用 $P(L,\mu)$ 表示相应的贫困,ΔP 可表示为:

$$P(Y_T;z) - P(Y_0;z) = P(Y_T;z) - P(L,\mu) + P(L,\mu) - P(Y_0;z) \quad (11)$$

有两种方法可以用来构建假想分布 $Y(L,\mu)$。以基期作为参照点,我们可以用 $P(L_0,\mu_T)$ 取代 $P(L,\mu)$,前者表示当 Y 与 Y_0 具有相同的离散度,同时又具有与 Y_T 相同的均值 μ_T 时的贫困水平。这时,等式(11)可写成:

$$P(Y_T;z) - P(Y_0;z) = [P(Y_T;z) - P(L_0,\mu_T)] + [P(L_0;\mu_T) - P(Y_0;z)]$$

$$= [不均等成分] + [增长成分] \quad (12)$$

如果用末期作为参照点,我们在(11)式中用 $P(L_T;\mu_0)$ 取代 $P(L,\mu)$,从而得到:

$$P(Y_T;z) - P(Y_0;z) = [P(Y_T;z) - P(L_T;\mu_0)] + [P(L_T;\mu_0) - P(Y_0;z)]$$

$$= [增长成分] + [不均等成分] \quad (13)$$

其中,$P(L_T;\mu_0)$ 的定义类似于 $P(L_0,\mu_T)$。将(12)式和(13)式相加,重新整理便有

$$\Delta P = 0.5\{[P(Y_T;z) - P(L_0,\mu_T)] + [P(L_T;\mu_0) - P(Y_0;z)]\}$$
$$+ 0.5\{[P(L_0;\mu_T) - P(Y_0;z)]$$
$$+ [P(Y_T;z) - P(L_T;\mu_0)]\} \quad (14)$$

上式等价于用两个时期作为参照点并取均值,这是可以接受的。因为用两个时期作为参照点比用任一时期作为参照点都减少了随意性。事实上,等式(14)与 Shorrocks(1999)用夏普里值所得到的推导结果是一致的。这样,我们可以将贫困的差异分解成一个增长成分 G 和一个不均等成分 I,而不带有任何残差:

$$G = 0.5\{[P(L_0;\mu_T) - P(Y_0;z)] + [P(Y_T;z) - P(L_T;\mu_0)]\}$$

$$(15)$$

$$I = 0.5\{[P(Y_T;z) - P(L_0,\mu_T)] + [P(L_T;\mu_0) - P(Y_0;z)]\} \quad (16)$$

那么怎样得到假想分布 $P(L_T;\mu_0)$ 和 $P(L_0;\mu_T)$ 呢？欲保持一个变量的离散度或洛伦茨曲线不变，同时赋予一个新的均值，可以简单地将变量进行乘数变换，据此可以得到 $Y(L_T,\mu_0) = Y_T\mu_0/\mu_T, Y(L_0;\mu_T) = Y_0\mu_T/\mu_0$。

上面的分解虽然有用，但不能提供足够的详细信息。将总的增长和不均等成分分解为与单个生产要素相关的贡献是非常有趣的。令 $r_i = \mu_{0i}/\mu_{ti}, m_i = \mu_{ti}/\mu_{0i}$，同样地可以定义 r_j 和 m_j。这样一来，我们可以建立贫困变化的两步分解法。在第一步，用(15)式和(16)式将 $P(Y_0;z) = P(L_0,\mu_0) = P(X_{0i},X_{0j})$ 到 $P(Y_T;z) = P(L_T,\mu_T) = P(X_{Ti},X_{Tj})$ 的变化分解成不均等成分 I 和增长成分 G。图3表明(15)式和(16)式与夏普里值的等价关系，其中，MC_I 和 MC_G 分别为所有要素对总的不均等或增长成分的边际贡献。

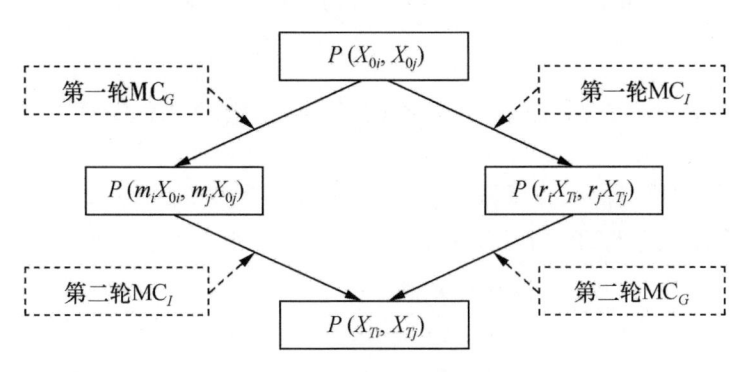

图3 贫困变化的分解

在第二步，用夏普里值将每一个边际贡献归因于单个的 X。例如，第一轮由增长引起的贫困的边际贡献，对应的路径从 $P(X_{0i},X_{0j})$ 到 $P(m_iX_{0i},m_jX_{0j})$ 可分解为 X_i 和 X_j 的贡献，见图4。

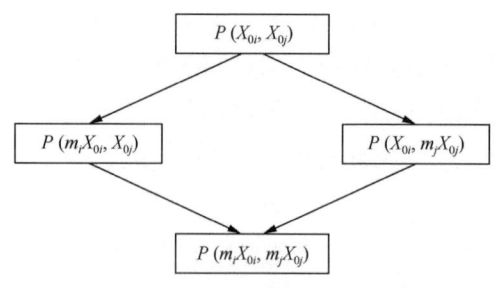

图4　边际贡献的分解

根据图4，由 X_i 和 X_j 产生的贡献为：

$$\mathrm{MC}_G(X_i) = 0.5\{[P(X_{0i}, X_{0j}) - P(m_i X_{0i}, X_{0j})] \\ + [P(X_{0i}, m_j X_{0j}) - P(m_i X_{0i}, m_j X_{0j})]\}$$

$$\mathrm{MC}_G(X_j) = 0.5\{[P(X_{0i}, X_{0j}) - P(X_{0i}, m_j X_{0j})] \\ + [P(m_i X_{0i}, X_{0j}) - P(m_i X_{0i}, m_j X_{0j})]\}$$

图3中显示的其他边际贡献可以做类似的分解。

四、一个经验例证：中国农村的贫困及其变化

由于缺乏合适的数据，本节的目的是举例说明所构建框架的应用，不提供完整的实证证据。本文所用的数据来自中国农业部农村经济研究中心（RCRE）。中国农业部农村经济研究中心的调查开始于1986年，自此之后，除了1992年和1994年外，每年都在进行。调查涵盖的所有农户都有收入、消费和其他方面信息的连续记录。调查组对这些数据进行筛选、核对、处理和报告。调查范围多年来不断扩大，1986~1991年的指标大致相同（312个变量），这些指标在1993年有所增加（394个变量），并在1995年进一步增加（439个变量）。在本研究中我们只用了1995~2002年间的数据来估算收入产生函数，主要因为这些数据在此期间具有较高的一致性。

我们使用的数据来自三个省，即广东、湖北和云南。广东位于中国的东南部，属于最富的省份。湖北是中国中部的一个省份，处于中等发展状态。云南位于中国的西部，是一个众所周知的发展落后省

份。从每一个省中选了三个县,代表一个省内不同的发展状况。进一步地,在每个县里选取三个不同发展水平的村,并从每个样本村抽样调查 100 户左右的农户。

尽管使用了 1995~2002 年每年约 700 个农户的观察值来估计收入模型,但我们只用 2000~2001 年的数据对贫困进行分解。这样做的原因有两个:第一,作为例证,我们的目的是说明分解框架的可行性,2000~2001 年的数据足以达到这个目的。第二,也是更为重要的,当不同年份的样本大小不同时,运用本文的分解方法是相当困难的。除了 2000 年和 2001 年外,1995~2000 年的数据在不同年份都有不同的样本体积。所以,我们只考虑这两年期间的贫困及其变化。

在设定中国农村的收入产生函数时,必须兼顾人力资本理论和生产理论。因为农民不像工资获得者,他们必须用土地、物质资本加上劳动力才能获得收入,所以变量的选择应该包括土地、劳动力和资本投入。人力资本理论要求包括技能变量,如教育、培训和经历(常用年龄来表示)。

即使生产投入与人力资本相同,不同类型的农户往往获得的收入不同。RCRE 将农户分成 10 种不同的类型,包括种植业、林业、畜牧业、工业、建筑业、交通运输业、零售业、食品和其他服务业以及无生产活动。显然,需要一系列虚拟变量来表示不同的农户类型对收入水平的影响。这些虚拟变量可放在一起统称为农户类型。另一方面,中国的谷物种植由于低价格或负回报而常常受到政府的行政干预(Wan,2004)。因此,两个相同的农户往往仅由于一个种植谷物而另一个种植蔬菜或其他经济作物得到的收入不同,所以,种植结构很重要。种植结构可定义为粮食播种面积在总播种面积中的比例。最后,考虑两个拥有等量资源的农户,一户有成员拿固定工资,而另一户为纯农户。这两户的人均收入也可能不同。所以,我们还应考虑工资获得者在家庭劳动力中的比重。地理位置是重要的收入决定因素,它与非流动资源包括进入市场、基础设施和地方文化非常相关。在控制了物质资本、人力资本以及其他要素后,村庄虚拟变量可以用来表示区位的影响。最后，我们在函数中加入了年度趋势变量，用于考虑技术变化和改革进程对收入的影响。

包含在收入函数中的变量如下：

因变量：

收入：人均每年净收入。

自变量（虚拟变量未列出）：

资本：人均资本存量；

土地：人均耕地面积；

劳动力：劳动力数量除以家庭规模；

工资获得者：工资获得者在家庭劳动力中的比重；

教育：户主学校教育年限；

教育的平方；

培训：获得职业培训家庭成员的比重；

年龄：户主的年龄；

年龄的平方；

粮食：粮食播种面积与总播种面积之比。

我们选用标准的 Mincer 模型，并在此基础上增加其他投入变量。换言之，收入产生函数的形式为：

Ln（收入）= f（土地，劳动力，资本，…，虚拟变量）

其中，f 代表标准线性函数。模型的估算采用了 Kmenta（1986）的广义最小二乘法。该方法允许不同农户之间的异方差性和自相关的存在，而且非常适合用于中国的数据（Wan and Cheng, 2001）。

模型估计结果见表 1。所有的系数估计的符号都与所期望的相一致，而且，大多数在 1% 或 5% 的显著性水平上显著。尤其是年龄二次项和教育二次项的估计值为负，这与标准的人力资本理论是一致的。正如所期望的那样，在表 1 中用粮食表示的种植结构变量，有一个负的和显著的系数估计。

表1　估算的收入产生函数(未包括虚拟变量)

变量	系数估计	t 值	显著性水平
资本	0.0958	15.59	0.000
土地	0.0192	2.59	0.009
劳动力	0.5999	17.18	0.000
工资获得者	0.0224	3.43	0.001
教育	0.1365	3.72	0.000
教育的平方	−0.0107	−1.51	0.130
培训	0.1318	2.74	0.006
年龄	0.1450	4.88	0.000
年龄的平方	−0.0255	−5.33	0.000
粮食	−0.3164	−11.72	0.000
常数项	7.0841	84.61	0.000
对数似然值 −4 648.32		样本体积 6121	

资料来源:作者自己的计算。

下面我们将教育、培训和经历合并成一个新项,称为人力资本。同样地,粮食、工资获得者和农户类型变量被合并在一起表示产业结构。村庄虚拟变量放在一起代表区位。

在进行贫困分解之前,必须处理两个问题:第一,必须选择贫困的度量指标。我们采用了比较常用的 FGT 指标(见 Foster、Greer and Thorbecke,1984)。第二,必须选定贫困线。根据传统的做法,我们采用绝对贫困线而不是相对贫困线。考虑到分析结果对贫困线的敏感性,我们使用了三个贫困线:中国政府设立的官方贫困线(2000 年为 625 元人民币),世界银行提出的 1 美元和 2 美元 1 天的贫困线(经购买力平价调整后相当于 2000 年 929.03 元和 1 858.05 元人民币)。中国农村在 2000 年和 2001 年之间的价格水平变化很小。

表2 列出了贫困水平分解的结果,其中的负(正)值代表相关生产要素被均匀分配后带来贫困的增加(减少)。由此可见,土地的均等化将带来贫困的上升,而产业结构的均等化将导致贫困的下降。特别值得注意的是,要素不均等成分的总和无一例外地等于实际的贫困水平。这个发现是重要的、令人惊奇的。说它重要,是因为在 2000 年或

2001年无论用什么贫困线或者什么贫困指标,这个发现都成立。说它令人惊奇,是因为所有的短缺成分都为0,这意味着在投入要素完全均匀分配的情况下,中国拥有充足的资源去消除农村贫困。当然,就某些要素(如区位)而言,或者就政策的可行性来说,完全均匀分配是不可能的。

表2　要素不均等对贫困水平的影响

贫困线	2000年			2001年		
	RMB625	US $1	US $2	RMB625	US $1	US $2
贫困人口比率(%)						
资本	0.26	0.00	1.48	0.30	0.01	1.25
土地	-0.65	-0.06	-0.42	-0.59	-0.05	-0.42
劳动力	-0.04	-0.06	2.38	0.19	-0.05	1.96
产业结构	3.58	0.11	13.69	3.40	0.08	13.20
人力资本	1.49	0.08	5.04	1.35	0.06	5.00
区位	6.98	12.97	14.46	6.56	12.99	15.25
实际总和	11.60	13.04	36.64	11.21	13.04	36.25
贫困水平	11.60	13.04	36.64	11.21	13.04	36.25
贫困缺口指数(×100)						
资本	0.08	0.09	0.32	0.08	0.09	0.30
土地	-0.20	-0.23	-0.15	-0.19	-0.22	-0.14
劳动力	0.15	0.07	0.34	0.21	0.12	0.31
产业结构	0.88	1.00	2.49	0.83	0.95	2.42
人力资本	0.47	0.55	1.21	0.46	0.55	1.18
区位	1.11	4.39	9.62	1.05	4.30	9.55
实际总和	2.49	5.88	13.84	2.44	5.79	13.61
贫困水平	2.49	5.88	13.84	2.44	5.79	13.61
贫困缺口平方指数(×1 000)						
资本	0.27	0.65	1.31	0.25	0.62	1.23
土地	-0.66	-1.61	-1.64	-0.62	-1.51	-1.55
劳动力	0.70	0.96	1.33	0.82	1.30	1.60
产业结构	2.15	6.84	11.43	2.06	6.48	10.96
人力资本	1.44	3.85	6.26	1.40	3.81	6.16
区位	2.42	16.71	61.55	2.31	16.17	60.79
实际总和	6.32	27.40	80.23	6.21	26.87	79.20
贫困水平	6.32	27.40	80.23	6.21	26.87	79.20

表2中的另一个主要发现是现存的土地不均等在所有情况下都是一个减贫因素,尽管它的作用很小。因此,土地跨省区的均匀分配会导致中国农村贫困的增加。这与贫穷农户通常更多地从事作物生产的事实是一致的。换言之,在中国,穷人耕种更多的土地。这个发现也与产业结构变量对贫困有一个大的正贡献相吻合。结构变量反映了农户资源(劳动力、资本、土地)在不同行业如非农活动、经济作物、谷物等之间的分配。结构变量拥有大的正贡献反映了不同的经济活动的资源回报率不同。事实上,产业结构是决定中国农村贫困的第二大贡献因素,仅次于区位或地理因素。

毫无疑问,区位对中国农村贫困的贡献占主要份额。取决于所考虑的年度、贫困线和贫困指标,这些个份额在37.2%(对应于2001年中国政府官方的贫困线和贫困缺口平方指数)和99.6%(对应于2001年1美元1天的贫困线和贫困人口比率)之间变动。尽管基础设施投资有助于增加贫困地区农民的收入,但这部分由区位引起的贫困在短期不可能被消除。

人力资本的非均等分配对贫困的贡献为正,其相对贡献在大多数情况下位列第三,但它的绝对贡献很小。这应归功于中国政府对农村公共教育的投入,所以人力资本不均等程度较低。而且,不像城市地区,受农村经济活动中技术现状的制约,人力资本在中国农村的收入产生方面似乎并不起主要作用。然而,随着工业化进程的不断推进,教育投入的回报率很可能上升,三者都会引起中国农村教育不均等的增加。因此,从未来政策设计角度看,应对人力资本的不均等分配给予充分的关注。

表3显示了从2000年至2001年贫困组成成分的变化。一个正值意味着相关项使贫困增加,反之亦然。有必要一提的是,在这期间的平均资本、产业结构和劳动力的投入有所上升而其他投入则下降。这解释了所有的增长成分的符号(包括正的和负的)。正如Wan and Zhou(2005)所言,从2000年到2001年总的不均等有所下降,这解释了表3中所有不均等成分的总和都是负的。从表3中可以看到许多

表3 2000~2001年增长和不均等对贫困变化的影响

	贫困线=RMB625			贫困线=US $1			贫困线=US $2		
	增长成分(1)	不均等成分(2)	(1)+(2)	增长成分(3)	不均等成分(4)	(3)+(4)	增长成分(5)	不均等成分(6)	(5)+(6)
				贫困人口比率(%)					
资本	0.002	0.013	0.015	0.001	0.001	0.002	0.003	0.022	0.025
土地	0.038	-0.301	-0.263	0.012	-0.103	-0.091	0.026	0.075	0.101
劳动力	-0.036	0.196	0.160	-0.001	0.096	0.095	-0.124	0.123	-0.001
产业结构	-0.278	0.297	0.018	-0.023	0.364	0.341	-1.193	0.775	-0.418
人力资本	-0.022	0.203	0.181	-0.001	0.199	0.198	-0.066	0.168	0.102
区位	3.751	-4.254	0.503	0.468	-1.013	-0.544	1.419	-1.619	-0.200
总和	3.455	-3.846	-0.391	0.456	-0.456	0.000	0.065	-0.456	-0.391
				贫困缺口指数(%)					
资本	0.001	0.002	0.002	0.001	0.002	0.003	0.002	0.007	0.009
土地	0.017	0.056	0.073	0.016	-0.012	0.004	0.017	-0.049	-0.033
劳动力	-0.014	-0.074	-0.088	-0.014	-0.002	-0.016	-0.046	0.117	0.071
产业结构	-0.150	-0.193	-0.343	-0.140	0.001	-0.139	-0.392	0.240	-0.152
人力资本	-0.006	-0.099	-0.105	-0.006	0.026	0.019	-0.023	0.124	0.101
区位	2.681	-2.276	0.405	2.287	-2.244	0.043	1.938	-2.166	-0.228
总和	2.528	-2.583	-0.055	2.143	-2.228	-0.085	1.496	-1.727	-0.232
				贫困缺口平方指数(%)					
资本	0.000	0.001	0.001	0.001	0.002	0.002	0.001	0.003	0.004
土地	0.008	0.057	0.064	0.013	0.031	0.044	0.014	0.024	-0.009
劳动力	-0.006	-0.056	-0.062	-0.011	-0.039	-0.050	-0.022	0.060	0.038
产业结构	-0.071	-0.128	-0.199	-0.115	-0.106	-0.221	-0.213	0.075	-0.138
人力资本	-0.003	-0.070	-0.073	-0.005	-0.040	-0.045	-0.010	0.081	0.071
区位	1.275	-1.017	0.259	1.972	-1.756	0.216	1.972	-2.041	-0.069
总和	1.203	-1.214	-0.011	1.854	-1.908	-0.053	1.741	-1.845	-0.104

有趣的发现:第一,劳动力和人力资本的增长加上产业结构的改善有助于减少贫困。第二,物质资本和土地投入的下降导致贫困的增加。第三,更为恶劣的区位状况意味着2001年的数据包含了更多区位条件差的样本户,而区位是影响增长的主要因素(超过所有其他要素加在一起的影响),它赋予总增长成分一个正值,使要素增长成为导致贫困增加的因素。第四,要素不均等的下降导致总的不均等成分为负或贫困减少。事实上,不均等成分之和(它使贫困减少)在每种情况下都超过相关增长成分之和(它使贫困增加),这就是为什么总的贫困水平在2001年有所下降的根本原因。需要指出的是,不管采用哪一个贫困指标或贫困线,这四个发现都是稳健的。

在用每天1美元和贫困人口比率的情况下,2000年至2001年间的贫困水平没有变化。然而,这个总和为0的结果是缘于一个使贫困上升0.46的增长成分和一个使贫困减少 -0.46的不均等成分。如果要素分配没有得到改善,那么,投入的减少就会使贫困上升0.46%。这一发现显然说明了要素分配不均等在反贫困中的重要性。事实上,在所有情况下,不均等成分之和皆超过相应的增长成分之和,因此,就消除贫困而言,要素再分配要比要素增长更有效。

五、结　论

无论是在理论上还是在实践中,分析贫困—增长—不均等之间的关系都具有不可低估的重要性(Bourguignon,2004)。特别地,政策制定者必须面对的紧迫而又现实的问题是:什么样的产出,或者从根本上讲,什么样的要素增长或再分配——物质资本、人力资本或其他投入——有助于消除贫困?简单地说"促进增长"或"减少不均等"是远远不够的。为了回答这些问题,本文构造了两个贫困分解框架,一个用于将总贫困分解为与收入产生要素或资源相关的组成成分。另一个可以将贫困的变化分解为单个收入产生要素的增长和再分配的影响。将这些方法应用到中国农村的一组数据,尽管缺乏代表性,但实证结果有力地证明了减少要素不均等在减贫中的重要性。

参考文献

1. 万广华, 2006. 经济发展与收入不均等:方法与证据[M]. 上海:上海三联书店、上海人民出版社.
2. 万广华, 张茵, 2006. 收入增长与不平等对我国贫困的影响[J]. 经济研究(6): 112—123.
3. BOURGUIGNON F, 2004. The Poverty Growth Inequality Triangle[Z]. Mimeo, The World Bank.
4. CANCIAN M, D REED, 1998. Assessing the Effects of Wives Earning on Family Income Inequality[J]. Review of Economics and Statistics, 80(1): 73—79.
5. DATT G, M RAVALLION, 1992. Growth and Redistribution Components of Changes in Poverty Measures: A Decomposition with Application to Brazil and India in the 1980s[J]. Journal of Development Economics, 38(2): 275—295.
6. DOLLAR D, A KRAAY, 2002. Growth is Good for the Poor[J]. Journal of Economic Growth, 7(3): 195—225.
7. FOSTER J, J GREER, E THORBECKE, 1984. A Class of Decomposable Poverty Measures[J]. Econometrica, 52(3): 761—765.
8. JAIN L, S TENDULKAR, 1990. Role of Growth and Distribution in the Observed Change in Headcount Ratio Measure of Poverty: A Decomposition Exercise for India[J]. Indian Economic Review, 25(2): 165—205.
9. KAKWANI N, K SUBBARAO, 1990. Rural poverty and Its Alleviation in India[J]. Economic and Political Weekly, 31: 2—16.
10. KMENTA J, 1986. Elements of Econometrics[M]. New Jersey: Prentice‐Hall.

11. MOOKHERJEE D, A SHORROCKS, 1982. A Decomposition Analysis of the Trend in U. K. Income Inequality[J]. Economic Journal, 92 (368): 886—902.

12. MOULIN H, 1988. Axioms of Cooperative Decision Making[M]. Cambridge: Cambridge University Press.

13. SASTRE M, A TRANNOY, 2002. Shapley Inequality Decomposition by Factor Components: Some Methodological Issues[J]. Journal of Economics, 9: 51—90.

14. SHAPLEY L, 1953. A Value for n – Person Games[M]//Kuhn H, A Tucker, et al. Contributions to the Theory of Games, Vol. 2. Princeton, NJ: Princeton University Press.

15. SHORROCKS A, 1980. The Class of Additively Decomposable Inequality Measures[J]. Econometrica, 48(3): 613—625.

16. SHORROCKS A, 1982. Inequality Decomposition by Factor Components[J]. Econometrica, 50(1): 193—211.

17. SHORROCKS A, 1984. Inequality Decomposition by Population Subgroups[J]. Econometrica, 52(6): 1369—1385.

18. SHORROCKS A, 1999. Decomposition Procedures for Distributional Analysis: A Unified Framework Based on the Shapley Value[Z]. Unpublished Manuscript, Department of Economics, University of Essex.

19. SHORROCKS A, G WAN, 2005. Spatial Decomposition of Inequality [J]. Journal of Economic Geography, 5(1): 59—81.

20. THORBECKE E, 2004. Conceptual and Measurement Issues in Poverty Analysis[Z]. Discussion Paper, UNU – WDER.

21. WAN G, 1997. Decomposing Changes in the Gini Index by Factor Components[Z]. Unpublished Manuscript, Centre for China Economic Research, Peking University.

22. WAN G, 2001. Changes in Regional Inequality in Rural China: Decomposing the Gini Index by Income Sources[J]. Australian Journal of

Agricultural and Resource Economics, 45(3): 361—381.
23. WAN G, 2004. Accounting for Income Inequality in Rural China[J]. Journal of Comparative Economics, 32(2): 348—363.
24. WAN G, E CHENG, 2001. Effects of Land Fragmentation and Returns to Scale in the Chinese Farming Sector[J]. Applied Economics, 33(2): 183—194.
25. WAN G, Z ZHOU, 2005. Income Inequality in Rural China: Regression – based Decomposition Using Household Data[J]. Review of Development Economics, 9(1): 107—120.

自述之五

与不均等一样,度量贫困的研究众多,但量化不同因素对贫困贡献的论文几乎没有。同样地,文献里也有分解贫困的方法,但大都是贫困加总的反向运算,即把总贫困分解为各地区或不同群体的贫困。这篇论文的创新之处就是提出了一个分解框架,可以把贫困与其决定因素(如 FDI)联系起来,并量化每个因素对贫困的贡献。特别地,这篇论文所创建的方法,可以用于解析贫困是由资源不够还是资源分配不均造成的。

在大多数情况下,人们把资源不足作为贫困的根源,比如说某个地区、家庭或个人缺乏自然、物质或人力资源,但忘记了往往同时存在着另一组资源丰富的人群、家庭或地区。在这种情况下,贫困很有可能就是分配问题,而根本不是资源禀赋问题。即便是给定每个人的初始条件,但只要公共资源如教育、医疗、社会福利等一直是公平分配的,中国今天如此严重的资源不均等就不会出现,至少程度不会如此巨大。可以做个非常简单的反事实,想象一下把全国的资源在城乡、东中西、不同行业间公平(当然,公平不是绝对平均)分配,中国还会有那么多贫困人口吗?

根据世界银行的计算,2010 年我国尚有 1.28 亿人口生活在所谓的每天 1 美元的贫困线以下(相当于以 2005 年购买力平价计算的每天 1.25 美元),3.6 亿人口生活在每天 2 美元的贫困线下。尽管中国的发展被称为是奇迹,中国的贫困人口自改革开放以来也确实发生了大幅度的下降,但奇迹发生 30 多年后仍然有如此庞大的极度贫困人口,不能不说是一大遗憾,甚至可以说是发展战略或政策的失败。失败的原因就在于没有控制收入差距的扩大。这里不能不提城乡差别。城乡收入的差别很多人知道,但城乡在教育、医疗和其他福利方面的差别比收入差别大很多,而且仍然在增加。后者的差别会体现在将来的收入上,并使收入不均等固化。前段时间有人在网上讨论北大历年招收农民子女人数的变化，我想这个现象不只是北大清华特有的。这种两极分化比收入差距更为危险。好在上届政府开始了社会福利制度的建立和实施，而本届政府高度关注贫困问题。但全国各界，包括经济学界，对收入维度以外的不均等还是没有给予足够的注意。

我要在此呼吁国内更多的人开展关于贫困的研究。相对于我国的贫困人口规模来说，国内做贫困研究的人实在太少，而对收入分配感兴趣的人相对较多。这不能不让人困惑，因为贫困与收入分配紧密相关，贫困人口就是收入分布阶梯最下面的那些人。另外，贫困对社会经济等的负面影响远远超过不均等的影响。比如，人们常常说内需不足的原因之一是不均等，其实更为精准的说法应该是贫困。因为富人的收入变化对需求影响较小，甚至可以忽略不计，而穷人的边际消费倾向特别大。难怪 Shorrocks 曾经提到，如果没有了贫困，研究不均等就失去了意义。顺便提一下，Shorrocks 不仅是收入分配研究方面的领军人物，也做过开创性的贫困研究，文献里的 Sen–Shorrocks–Thon 贫困度量指标，就是由他于 1995 年发表在《Econometrica》上的。这里的 Sen 当然就是贫困研究的泰斗、经济学诺贝尔奖得主 Amartya Sen。

记得有一次在复旦大学组织召开的上海论坛上，我发言后，黄有光教授提了个问题，他的具体问题我已记不太清楚了，但我的回答是经济学人研究贫困是最有意义的事情之一，黄老师立即表示赞同。因为从社会福利的角度看，非贫困人口的收入提高与否或提高的程度，远远没有贫困人口的重要。这不仅是因为后者的消费倾向大于前者，其消费的边际效用更是大大超过前者。最为重要的是，贫困导致的一系列负面后果（如犯罪、脏乱差、邻里不和等）显著影响非贫困人群的生活质量（南非的白人对此应该特别有感受）。换句话说，一个人可以忽略不均等的存在，但不可能忽略大规模贫困的存在。我在《南方周末》上写了《未来20年：穿越增长的陷阱》三连载后，曾计划写《贫困关乎你我他》，终因没有时间精力至今未能如愿。

需要说明的是，这篇论文的实证部分只包含了一个例子，微观数据的缺乏使得当时无法好好进行实证分析。可以说，实证方面至今仍然是空白。2013年我曾经与武汉的朋友用湖北的数据做了一篇实证分析的稿件,不仅仅分解贫困水平,而且添加了贫困变化的分解。这篇稿件还是有一定学术价值的,但两个期刊的审稿人都没有看到其价值,很大程度上只是基于论文使用的仅仅是一个省的数据而拒稿。这篇论文至今都没有发表。相信不少读者与我一样,有时对国内的审稿程序和做法无可奈何。

最后,建议对贫困感兴趣的朋友看看贫困脆弱性的文献,这是个相对比较新、具有一定挑战性的领域,国内外的研究都不成熟,所以具有发展潜力。贫困研究的大多是"过去时",而贫困脆弱性研究的是"将来时",即识别和度量今后的贫困人口及与之相关的一系列问题。这显然比研究过去的贫困更有现实和政策意义。贫困脆弱性研究做得比较好的是复旦大学的章元教授,我数年前建议他进入这个领域,并一起在国内外发表了几篇论文。

城市化与中国的减贫和不平等*

当代中国面临着一系列的挑战,其中包括收入差距、贫困和三农问题。这三个挑战的出现和解决方案与中国政府选择的发展路径和政策息息相关。实际上,对中国来说,最重要的问题是在发展政策的设计和执行过程中应当优先考虑什么:是增长还是不平等?世界银行的杜大伟和阿尔特·克拉在他们一篇经常被引用的文章中主张将增长作为最主要的发展目标。反对者却认为,仅仅依靠增长并不一定能有效地实现发展的终极目标——消除贫困。因此,他们主张把再分配或不平等作为反贫困的重要政策工具。从现实的角度看,大多数政策都涉及在效率(也就是增长)和公平之间的权衡,至少在短期内是如此。这样一来,发展战略专家和政策制定者们在发展政策的设计和执行过程中就面临着这样的挑战或者说困境:究竟是应当优先考虑增长还是优先考虑不平等呢?

更为复杂的是,增长可以通过多种渠道以不同的方式来影响不平等;与此同时,增长前景和贫困趋势又取决于当前的不平等水平及其动态演进;进一步地,现有的关于不平等—增长关系的文献给出了各不相同的结论。显然,为了更好地理解贫困—增长—不平等(PGI)三角[1],还需要开展更多的研究工作。

改革后的中国为研究 PGI 三角提供了一个绝好的机会。一方面,中国的增长被称为奇迹,而且增长对减贫的作用得到了世人的公认;另一方面,高速增长似乎同时带来了不平等在多个维度的恶化,而不平等的恶化又助长了城市贫困现象的滋生以及中国贫困下降趋势的减缓甚至逆转。解决 PGI 三角问题,有可能为上述三个挑战提供答案。

---

* 本文发表于《比较》第三十六辑。作者感谢张藕香提供的帮助。
[1] PGI 三角的含义为,任何贫困的变化都可精确地表示为增长和不平等变化的数学函数。

基于以下四个方面的考虑，探讨中国的 PGI 三角问题显得十分重要。第一，PGI 三角是导致我国区域差异、贫困和三农问题的根源；第二，高度不平等会对中国的可持续增长造成威胁，因为它至少会削弱中国的社会和政治稳定性；第三，中国的增长前景以及与不平等相关的国内需求会对其他的经济体带来深刻的影响，这从中国的巨额贸易盈余以及不断攀升的贸易纠纷方面反映得尤为明显；第四，中国的 PGI 状况决定了全球不平等和贫困的景象，所以说，深入研究中国的 PGI 状况有助于国际组织和各国政府采取相应措施应对贫困、增长和不平等问题。

尽管研究中国的 PGI 问题很重要，但现有的相关文献非常有限，而且大多选取贫困、增长和不平等三角之中的一个角进行探讨。在下文中，我们将归纳总结联合国发展经济学研究院的"中国的贫困和不平等"研究项目的主要研究结果，并给出解决 PGI 三角问题的政策建议。

一、中国的 PGI 三角

众所周知，在中国改革开放之初，中国政府面临着穷而平等和富而不平等的选择。邓小平最终选择了后一个发展路径，他提出了"让一部分人先富起来"的改革理念。其结果是，原来的平均主义体制被打破，铁饭碗制度也因此解体。这导致了中国过去 30 年的高速增长，创造了人类发展史上的奇迹。然后，高速增长也带来了不平等程度的快速上升。虽然为了提供激励，某种程度的不平等是需要的，但是不平等程度正在加速上升，目前，中国的不平等程度几乎接近拉丁美洲。不断加剧的不平等在国内外引起了广泛关注。尤其是，不平等的加剧会影响经济增长的可持续性，我们曾利用中国各省的不平等数据，分析了经济增长和不平等之间的关系（万广华，2008a，第一章）。我们发现，不平等在任何时间段（不管是短期、中期还是长期）都是有损于增长的，而且增长和不平等之间的关系是非线性的（见图 1）。例如，尽管初始年份的不平等可以促进随后几年的增长(因此头4年的虚线位于0以上),但它对当年的影响为负而且影响幅度很大,因此累计的总影响始终是负的(实线总是在X轴的下方)。大约十年之后,不平等对增长的影响会变得平坦,但仍然是负的。换句话说,如果能够减少或避免不平等对增长的负影响,由其他因素推动的我国经济便能获得更快的增长。

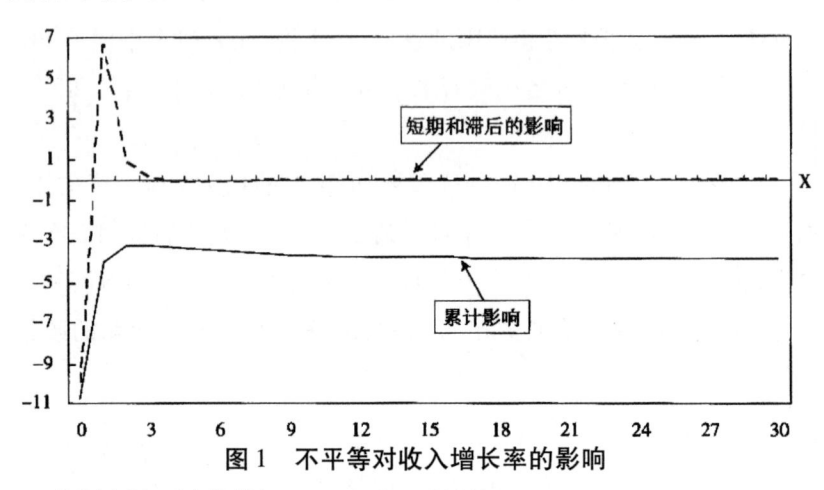

图1 不平等对收入增长率的影响

资料来源:万广华等(wan、Lu 和 Chen,2006)

与此相关的是,我们还发现,经济发展水平与不平等之间存在正向关系(万广华,2008a,第二章)。从表1中可以看到,与GDP对应的模型参数估算值全为正且非常显著(t值的绝对值较大),因而所有模型都给出了中国的不平等还将继续扩大的预测。通过数学求解,以1996年的价格为基准,农村不平等将于2012年前后在人均GDP为25000元时达到最高值。有意思的是,城乡差距从来没有缩小过。从上述结论来看,如果没有协调一致的政府政策干预,收入不平等还会随着增长进一步恶化。

表 1　收入不平等模型的估计值

自变量	城市基尼系数 模型 1	模型 2	农村基尼系数 模型 3	模型 4	城乡差距 模型 5	模型 6
GDP	1.98E-3 (10.765**)		2.39E-3 (6.273**)		6.08E-5 (3.423**)	
GDP^2	-3.52E-08 (-6.467**)		-5.67E-8 (-5.044**)		-6.71E-10 (-1.235)	
$LnGDP$		27.878 (2.174*)		85.225 (3.067**)		-1.228 (-1.053)
$(LnGDP)^2$		-0.9554 (-1.325)		-4.210 (-2.695**)		0.0914 (1.376)
常数项	13.757 (13.161**)	-144.942 (-2.543**)	16.126 (7.465**)	-393.023 (-3.182**)	2.2632 (23.39**)	6.378 (1.246)
R^2(within)	0.4829	0.5460	0.1871	0.2154	0.1181	0.1236

注:括号中的数字为 t 值。* 表示显著性水平为 5%;** 表示显著性水平为 1%。
资料来源:万广华(2008a,第 2 章)。

另外,关于增长(也即效率)和不平等对贫困的影响,万广华和张茵(2006)的研究表明,收入增长和不平等的下降能够解释 20 世纪 90 年代前半期中国农村巨大的减贫成就。然而,在 20 世纪 90 年代后半期,中国农村和城市都遭受了不平等的快速上升和收入增长放慢的双重冲击,从而导致了减贫速度的下降,甚至出现了返贫现象。

有必要提一下,贫困现象在中国内陆更为严重。根据表 2,造成这一现象的最重要因素便是省内不平等(由基尼系数代表)和省内资本投入(由资本代表)。不仅国内资本存量很重要,而且资本在欠发达地区的效率也较低。尽管金融深化促进了沿海地区的经济增长,但对于内陆省市来说,大多数金融指标在解释经济增长方面都不显著(万广华,2008a,第六章)。据此,急需出台相关的政策措施来帮助贫困地区积累物质资本并应对区域内的不平等问题。不仅如此,全球化和其他贫困决定要素通过相互作用也在影响东中西贫困的差异。因此,政府必须密切关注局部状况并确保全球化能使穷人受益。

表2　沿海和内陆地区贫困差异的分解

项目	1988~1992年 边际影响	1988~1992年 禀赋影响	1993~2001年 边际影响	1993~2001年 禀赋影响
基尼系数	-0.468	-0.266	-2.419	-0.110
贸易	0.060	0.069	-0.729	-0.084
FDI	0.659	0.096	0.761	0.067
教育	0.068	-0.080	1.135	-0.209
劳动负担率	-0.103	-0.042	-0.039	0.058
资本	-1.728	-0.044	-1.974	-0.198
城市化	-0.299	0.130	0.458	0.138
私有化	-0.308	0.080	0.219	0.022
时间趋势	-1.234	0.028	0.470	0.000
加总	-3.352	-0.029	-2.118	-0.317
其他因素	3.060		1.406	
贫困变化	-0.320		-1.027	

资料来源：万广华和张茵(2008)。

由于改革后的中国经济一直保持增长态势，所以中国的PGI三角本质上可以说成是贫困与不平等的关系。换言之，中国未来的减贫成效将主要取决于不平等趋势的走向。尽管中国的不平等程度从所有层面上说都在加剧，但区域不平等却是最为关键的。因此，只要涉及中国的PGI问题，寻找并分析区域不平等的构成及其根本决定因素便显得格外重要。

从区域不平等的构成上看，它包括两个维度：一是城乡不平等；一是东中西部不平等。我们的分解分析表明，城乡不平等在总区域不平等中占据很大且不断上升的比例（超过70%，见图2）。图2还说明，总区域不平等的波动和上升几乎全部是由城乡差距引起的，这在20世纪90年代以来表现得尤为突出。同时，东中西部之间的不平等只占总区域不平等的30%（见图3）。另外，自1991年起（1996~1998年这三年例外），东中西部之间的不平等状况一直比较稳定。

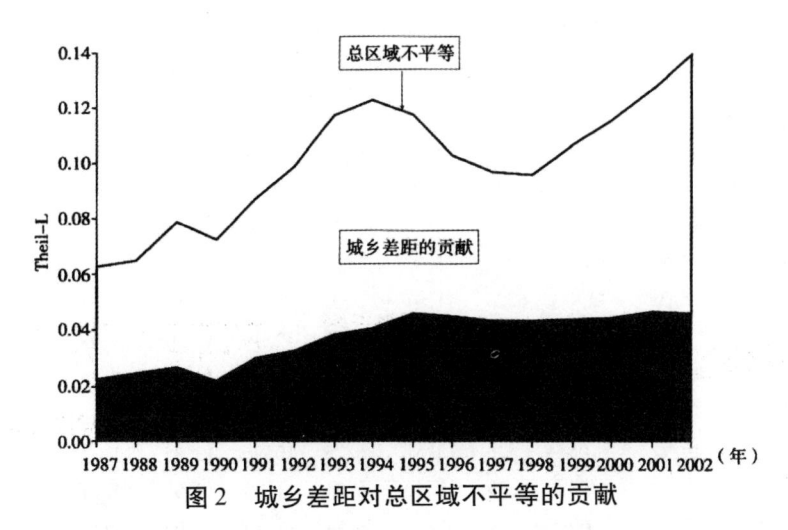

图2 城乡差距对总区域不平等的贡献

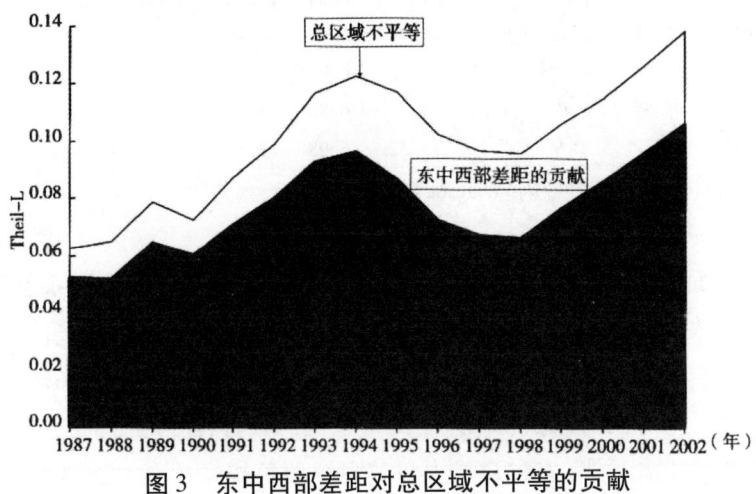

图3 东中西部差距对总区域不平等的贡献

就总区域(即省际间)不平等的根本决定因素而言,贸易和外国直接投资是导致区域不平等快速上升的最重要因子。尽管教育、地理位置、城市化以及人口负担率对总区域不平等的绝对贡献没有改变,但其相对贡献有所下降。更为有趣的是,国内资本成为总区域不平等的最大且越来越重要的贡献因素。不平等的国内资本、国外直接投资以及贸易解释了总区域不平等的一半左右(见表3)。

表3 不平等的根本决定因素对总区域不平等的贡献(%)

年份	资本	劳动负担率	教育	地方财政支持	FDI	贸易	改革力度	城市化	地理位置
1987	13.49	3.85	6.56	13.35	4.45	11.66	11.03	17.92	17.69
1988	14.16	3.73	6.47	13.06	5.08	12.11	10.38	17.36	17.63
1989	14.67	3.34	6.38	12.59	5.49	12.42	10.43	17.05	17.62
1990	14.92	3.16	7.4	11.97	5.6	12.7	10.45	16.46	17.34
1991	15.39	3.1	6.24	11.91	6.04	12.67	10.64	16.4	17.61
1992	15.9	3.29	6.25	11.44	6.32	12.19	10.91	15.97	17.74
1993	16.04	3.23	6.96	11.29	6.3	11.81	11.87	15.26	17.23
1994	16.19	3.37	5.74	12.57	6.66	11.51	13.07	13.92	16.98
1995	16.72	3.05	5.8	13.51	6.75	10.96	13.85	13.12	16.23
1996	17.18	2.93	5.39	13.59	6.71	11.33	13.98	12.75	16.13
1997	17.3	2.69	5.32	14.2	6.81	11.66	13.94	12.2	15.88
1998	17.95	2.55	5.26	14.43	7.07	11.89	12.54	12.28	16.04
1999	18.08	0.81	5.1	13.72	6.94	13.77	14.28	11.92	15.38
2000	17.82	0.49	4.38	14.37	6.85	14.17	15.27	11.44	15.2
2001	18.37	0.9	4.77	13.32	6.98	14.34	14.77	11.44	15.12

资料来源:万广华等人(Wan、Lu和Chen,2007)。

上面我们讨论了总区域不平等的构成及其根本决定因素,那么哪些因素决定城乡收入的差距呢?根据表4,城乡居民受教育程度的差异对城乡收入差距的贡献最大,且呈上升趋势(到2002年达67%),工作经历的不同对城乡收入差距的贡献位居教育程度之后,而家庭规模的贡献上升很快(农村户均人口较多导致负担率较高),至2002年接近30%,仅次于工作经历。土地资源的差别有助于缩小城乡收入差距(因为只有农村居民使用土地作为生产性投入)。

令人惊奇的是,中国的财政转移支付对缓解不平等所起的作用很小,甚至是反作用。在省际层面上,财政转移对不平等的影响甚微。而在家庭层面上,中部和西部地区的居民所能得到的种种社会福利要比东部地区的居民少。相当重要的实物福利(即1988年的食品和健康以及2002年的教育方面的补助)也与税前、转移前收入正向相关(见表5)。贫困的工作族(接近底部的收入群体)不仅收入微薄,而且也被抛弃在社会福利体系之外(万广华,2008b,第七章)。

表4 城乡收入差距的决定因素(%)

决定因素	1995年	2002年
教育程度	55.64	67.25
工作经历	27.26	30.87
家庭规模	−5.1	29.67
健康状况	0	0
土地资源	−5.96	−10.12
其他	28.16	−17.67

资料来源:万广华(2008b,第三章)。

表5 1998年和2002年城市地区税收和转移支付前的平均社会福利水平

收入百分位	总社会福利	现金转移支付	按领域划分的社会福利					税收和转移支付后的收入
			健康	教育	住房	食品	其他实物福利	
1988年
第一百分位	2478	973	197	75	807	425	1	3454
第二百分位	1875	465	163	80	709	455	3	3377
第三百分位	1811	372	161	85	726	463	4	3588
第四百分位	1849	331	167	83	752	513	3	3836
第五百分位	1887	339	177	81	769	517	3	4082
第六百分位	1904	310	179	81	811	517	5	4308
第七百分位	2008	377	192	71	815	847	5	4668
第八百分位	2059	363	200	71	854	562	9	5063
第九百分位	2183	367	217	67	966	555	11	5725
第十百分位	2721	441	245	61	1414	543	18	8468
全部	2077	434	190	75	862	510	6	4656
2002年
第一百分位	7474	5543	1573	90	251	15	2	8426
第二百分位	2886	2136	315	202	210	19	4	5306
第三百分位	1994	1409	127	236	197	22	4	5344
第四百分位	2535	1251	789	227	233	28	8	6836
第五百分位	1936	1088	327	242	234	32	13	7060

续表 5

收入百分位	总社会福利	现金转移支付	按领域划分的社会福利					税收和转移支付后的收入
			健康	教育	住房	食品	其他实物福利	
2002 年								
第六百分位	2100	1044	526	248	229	41	11	8095
第七百分位	1731	858	295	278	246	42	13	8783
第八百分位	1804	917	311	286	223	51	17	10125
第九百分位	2689	797	1045	310	452	69	16	12963
第十百分位	2272	779	636	333	344	148	32	19380
全部	2743	1583	594	245	262	47	12	9231

资料来源：万广华(2008b,第七章)根据 CHIP 数据计算而来。

二、政策建议

显然,仅靠增长是不足以实现减少或消除贫困这个终极发展目标的。如果当代中国史无前例的增长都不能消除贫困,那么在忽视不平等的前提下讨论任何其他国家的千禧年发展目标肯定是不现实的。

为了解决中国的 PGI 三角问题,至关重要的是将城乡差距而不是沿海与内陆差距作为各部门和各级决策者的首要考虑因素。假设东中西部的差距完全被消除了(这当然是不可能的),中国的区域不平等也只能降低 30% 左右;而通过消除城乡差距(这至少从长远来说是可行的,而且是不可避免的),中国的区域不平等能降低 70% 多。显然,对于中国来说,最富成效的政策走向便是瞄准西部和中部的农村地区。

值得一提的是,为了解决城乡和沿海与内陆发展不平衡问题,中国政府在 1999 年发起了一场持续至今的"西部大开发"运动,并于 2005 年提出了"建设社会主义新农村"的构想。然而,这两项历史性举措都极有可能起不到相应的效果。道理很简单：农业部门的人口占总人口的 60% 多,但产值却只占 GDP 的 10% 左右。用胡萝卜加(或)大棒(即税收或财政政策)来解决城乡差距问题显然是不明智,也是行不通的。我们认为,当今世界上没有一个国家能够将非农部门一半以上的 GDP 完全转移到农村去。更确切地说,"西部大开发"旨在解决中东西部差距,然而正如我们的研究所表明的那样,中东西部差距对解决区域差距的重要性不如城乡差距。如果城乡之间的差距未能弥合,沿海与内陆之间的差距又如何得以解决?!进一步说,由于地理或位置因素是无法移动的,因此东中西部差距永远不会消失。其他国家的经验也表明,空间差距总是存在的。

至于社会主义新农村运动,它的目标是提高农村居民的生活水平。正如前文所述,如果不让中国的农村居民进入城市,欲提高农村居民的生活水平,使之接近于城市的标准,无异于缘木求鱼。此外,新农村运动还会使农村人口滞留在农村地区。所以说,该运动也无助于解决区域差距、减轻农村贫困和三农问题。在我们看来,大规模投资农村基础设施是资源的巨大浪费,工业化初期的日本、近期开始投资基础设施的欧盟国家以及苏联的某些国家最终都产生了大量闲置的基础设施。虽然对这些经验和教训还有待更进一步地深入研究,但是我们强烈建议将新农村运动中大多数拟订的投资投向城市的教育、卫生和其他公共服务,更为重要的是,这些投资必须用在农村移民的头上。

(一) 短期解决办法

短期内,通过以下三种途径可以缓解贫困和不断上升的不平等问题:第一,建立和发展农村资本市场。正规的资本市场对促进中国农村的资本形成可以发挥重要作用。目前,中国的农村地区缺乏正规的金融市场,更糟糕的是,商业银行开始撤销或合并它们的农村分支机构,加剧了农村地区的融资困难。从某种意义上说,这是一个好的现象,说明商业银行真正开始以利润为导向,注重投资效益。但这对中国农村资本市场的发展来说是有害的。显然,通过行政手段阻止这些分支机构的撤销并不可行,应设法给商业银行提供种种激励,让它们愿意为农村提供融资。此外,应考虑设立政策性银行(这里需要充分考虑政策性银行可能带来的道德风险)。对贫困农村地区的投资应得到税收减免以及优惠贷款等方面的政策支持。特别地,为了消除对小农场主和农业活动的歧视,有必要深化金融改革。尤其是,如何使个体农民能够更容易地获得无抵押贷款需要深入的研究和谨慎的政策设计。目前有不少政府实体和金融机构正在尝试小额信贷计划。这样一种补充性的措施应适时调整以促进落后地区和贫困农户的物质资本积累,而不是简单地提供流动资金方面的帮助。

第二,财政支出和再分配应该是积极的而不是消极的。所有的转移支付都可以是带有附加条件的,这些附加条件必须着眼于促进物质资本的形成和提高青年人的教育程度。特别地,应加大对农业研发的投资力度,以进一步提高农业生产率。其中,最重要的是改革中国的税收体制。1994年的分税制改革导致富裕省份比贫穷地区能够获得更多的财政资源。税制改革必须使财政资源能够公平地分配给各级地方政府。其次,财政支出必须向相对贫困的家庭和个人倾斜,尤其要优先用于农村地区的教育。人力资本积累可以从农村流动到城市,而物质设施却不能。因此,政府应该对贫困地区的教学质量予以高度重视。

第三,积极扩大中国内陆地区的贸易和外资规模。在中国沿海逐渐取消的有关贸易和国外直接投资的优惠政策应在别的区域予以实施。不过在中国内陆地区设计和实行这类优惠政策时,应当考虑到早先实施这些政策带来的副作用。尤其要注意的是,对所有性质的投资必须一视同仁,只要投资推动了内陆地区的贸易,不管是本地企业、国内外地企业和外资企业,都应该享受优惠政策。根据我们的研究,成功地执行这三项政策建议将使中国的东中西部不平等程度至少降低50%(参见表3)。

(二)长期解决办法

对于不平等、贫困和三农问题,必然和长期的解决办法在于城市化,即帮助中国农村居民永久性地在城市定居。有必要指出的是,取消户籍制度只是解决城乡差距的一个必要而非充分条件,墨西哥、印度和其他不存在户籍制度的国家也有城乡差距,便是明显证据。

对这一提议,批评者会指出城市不可能容纳高达5.5亿的巨大农村剩余劳动人口,而考虑到就业问题,城市化的提议就更不现实。对此,笔者不能苟同。其实,这是一个非常简单的算术问题。当前,城市已吸收了大约1亿~1.2亿来自农村的移民,只不过他们还是被称作农民。而这些移民的家属主要依赖他们的收入生活。所以从就业方面看,将移民的家属们转移到城市来不是什么大问题。因为来到城市的移民大多是青壮年人(由于无法享受教育、医疗以及其他福利,他们通常把小孩和老人留在家中),这些人实质上代表了1亿多农村家庭或者说4亿多农村人口。在这4亿人中,有近1亿的劳动力可能需要在城市寻找就业机会。但是,即便找不到工作,这些新移民也可以在没有政府支持的情况下生存下来,而且他们的日子总体来说应该会比留在农村更好。更为重要的是,只要他们能在公共教育和医疗上得到与城里居民相同的待遇,那么他们的孩子乃至他们的整个家庭必将有一个更加光明的未来。

那么,这接近1亿的剩余劳动力在城市有可能找到工作吗?对此的回答是:当然可以。这不仅仅是因为中国的服务业还有巨大的发展空间,更因为解决了4亿移民在城市永久定居的问题将进一步极大促进本质上是劳动密集型的服务业部门的发展。如果有一天中国的服务业规模能够与整个国民经济发展状况相匹配,虽然具体多少工作岗位将被创出来还需要更深入的研究和分析,但其潜力是巨大的。而一旦考虑到移民流入城市后,城市的规模将是现在的2倍,这种潜力就更大。目前,服务业占GDP的比例不到40%。服务业中的就业人数为2.4亿人,只占总劳动人口的35%。这么低的两个比例都是很不正常的。如果用国外的发展标准来看,中国服务业占GDP的比例应当达到50%~60%,而就业比例应该更高(因为它比第一和第二产业更为劳动密集型)。照此推算,服务业的就业人口应该达到4亿~4.56亿,能够创造的新就业机会应该是1.6亿~2.16亿。还需要指出的是,这一初步估算还没有考虑到经济增长带来的就业机会。鉴于中国经济在中期内仍然有一个可观的增长,那么上述估计就有可能是低估而不是高估了。①

将前述的4亿人口移往城市后,仍留在农村需要转移出去的还有1.5亿人口或者说7500万剩余劳动力。而在20年的时间跨度里将这些人口转移到城市,只要每年创造出300万~400万个工作岗位就可以实现。

转移5.5亿农村人口意味着将现有城市的规模扩大一倍。这是在不创建新城市的假设下最坏的情形。即使这最坏的情况,也是可以接受的。以上海为例,2007年上海的住户(不包括移民)人口接近1400万。按照最坏的情况推算,这个数字在2030年左右将会上升至2800万。这个数字并没有那么可怕。从相对意义上讲,它只代表2%的全中国人口。不仅如此,有来自上海的经济学家提出,上海可以容纳5000万人口(不到4%的中国人口)。与此相比,纽约的2000万人口占全美人口的7%。事实上,诸如东京、伦敦以及墨西哥这些大城市的人口占其国家总人口的20%甚至更多。幅员辽阔的澳大利亚和国土面积相对较大的芬兰,其悉尼和赫尔辛基市的人口也超过总人口的20%。最新统计表明,2007年包括移民在内的上海市人口已经达到1858万。

中国在城市化发展战略问题上存在不同学派之争。一些人提倡巨型城市的开发和形成,而另一些人则强调中小城市的发展。这两种观点的差异,本质上就是在诸如日本式的集中化体制和诸如德国式的分散化体制之间进行选择的问题。赞成和反对这两种体制的理论和现实依据尚需要加以认真研究。但是,在这里应予以严肃考虑的关键问题包括城市化过程中的规模经济和聚集效应。根据理论推断,在集中化体制下,中国可以在短期内获得正的规模经济和聚集效应,但可能会在中期和长期内遭遇负规模经济。分散化体制正好相反,它需要在早期阶段对中小城市进行大规模的投资,但是从中长期来看会获得正的规模经济和聚集效应。当然,理论毕竟是理论,现实中,一个国家

---

① 参见 http://www.cnlss.com/LssReference/PaperMaterial/200803/LssReference_20080327221748_4942.html。

的城市化战略取决于其财政实力和管理能力。从根本上讲,这是一个有关最优城市规模的问题,而这个问题迄今还没有引起太多的学术关注。

为了尽量减少由大规模迁移可能带来的一些经济和社会问题,建立一个渐进的程序是必要的。根据这个程序,那些在城市拥有长期工作或者有稳定住房的移民应给予优先考虑。同样地,那些受过较好教育的移民也应当享受一些优惠条件。事实上,可以运用一个自动和计算机化的打分系统来对移民的申请做出评定,这个透明的打分系统应将主要移民申请者及其所有家庭成员的背景和特征都考虑进来。每个城市可以每年设立一个移民进入的额度,并允许排队。为了缓解财政压力,新移民在住房、教育、医疗以及其他福利方面只能享受有限度的和有限期的政府支持。但是,最重要的是,应该在城市里建立社区学院以便为临时和长期的移民及其家庭成员提供教育和培训。

参考文献

1. 万广华,2006. 经济发展与收入不均等:方法和证据[M]. 上海:上海三联书店、上海人民出版社.
2. 万广华,张茵,2006. 收入增长与不平等对我国贫困的影响[M]. 经济研究(6):112—123.
3. WAN GUANGHUA, 2008a. Inequality and Growth in Modern China[M]. New York:Oxford University Press.
4. WAN GUANGHUA, 2008b. Understanding Inequality and Poverty in China:Methods and Applications[M]. London:Palgrave Macmillan.
5. WAN GUANGHUA, ZHANG YIN, 2008. Poverty Decomposition by Factor Components:A Regression - based Approach with Application to China[J]. Review of Development Economics, 12(2):455—467.
6. WAN GUANGHUA, LU MING, CHEN ZHAO, 2007. Globalization and Regional Inequality in China[J]. Review of Income and Wealth,

53(1): 35—59.
7. WAN GUANGHUA, LU MING, CHEN ZHAO, 2006. The Inequality Growth Nexus in the Short Run and Long Run, Empirical Evidence from China[J]. Journal of Comparative Economics, 34: 654—667.

自述之六

　　这篇论文的意义是首次提出了城市化是解决我国贫困与不均等的唯一出路这个观点，这在当时算是比较超前和新颖的。论文不但把城市化与收入分配联系到一起，而且果断地使用了"唯一"二字，以强调城市化的重要性，也隐含了本人主张"跳出农字解决三农问题"以及不赞成新农村建设的思路。

　　论文没有用城镇化这个词，因为那时国内政策与学术界尚未充分认识到城市化的重要性，当然就没有官方强调的"城镇化"这个词。官方使用这个概念，是欲强调中国城市化需要继续坚持发展"小城镇"的道路。对此，我个人一直是反对的，因为这忽略了城市化的本能就是集聚，而小城镇在当今的中国是缺乏集聚经济的，至少在中短期是这样。中国近几十年的历史早已经证明，以中小市镇为主的城镇化道路走不通。遗憾的是，不少人依然"撞上南墙心不死"，甚至还有人提出就地工业化或农村城市化的口号，虽然直觉上似乎有道理，但我个人看不到其逻辑性，更不要说经济学原理的支撑。自 2011 年底开始，我也不得不在中文稿件里用城镇化替代了城市化（城镇化的英文翻译是个挑战），不然刊发就有困难。

　　记忆中，是《经济社会体制比较》编辑部跟我约的稿。之前我与他们没有打过任何交道，猜想是他们看到或听到我在联合国中文台的采访广播或网上的采访录。那次去联合国总部，是主持我在那里召开的项目成果发布会，会场上坐满了联合国的官员和各国政府代表，反映了中国贫困与收入分配问题的重要性。会议刚结束，一群人围上来问问题，就包括联合国的记者肖凡女士。她与我约定数小时后去联合国中文台接受采访。

　　采访最开始我谈了中国面临的内外困境，并强调外部环境会变得越发严峻。破解这些困境首先需要具有大智慧的中国领导人的出现，同时也强调了中印关系对中国和平崛起的重要性。遗憾的是，这些内容在播放和发表时被裁剪掉了。所以,网上能查到的完全是关于中国城市化、贫困与收入分配的关系,2008 年底才被上传到网上(见 http://www.unmultimedia.org/radio/chinese/archives/114223/),但目前似乎无法下载。后来,我在 2010 年投给社科院《国际经济评论》的一篇论文中,也提到这些观点,但一个审稿人极不赞同,差点被拒稿,所以 2011 年发表出来的论文里几乎见不到相关文字。不过,2008 年后尤其是近 3～5 年的现实与我的观点是吻合的。

《经济社会体制比较》在约稿时,没有说哪些可以写、哪些不可以写,但要求论文必须是描述性的。这对我来说是个挑战,毕竟没有写过非实证研究的文章,所以我就想到了那个联合国中文电台的采访。而这个采访里所提出的思路和观点又是从哪儿来的呢?

2006 年我在复旦大学兼职时,在给研究生上课期间,中途有几天的空隙,决定去趟昆明。感谢云南财经大学,尤其是汪戎教授(当时是校长)和伏润民教授(当时是财政与经济学院院长),他们非常热情地接待了我和郑洪亮教授,让我在昆明和大理度过了非常轻松美好的数天,都忘了回上海的当晚要在复旦大学做一场规模较大的报告。在从大理赶回上海的航班上,我抓紧思考除了讲收入分配本身以外能否添加些新内容。既然中国不断恶化的收入分配状况主要由城乡差异构成,中国当然必须首先设法减少这个差异。中央和各级政府是极其重视三农问题的,很多年(包括 2015 年的)的中央一号文件,都是针对三农的,也出台了众多政策和措施,促进农村和农业发展,使农民增收。但事实恰恰相反,中国的城乡差异直到 21 世纪的 2003～2006 年一直在攀升,根本没有降下来。突然我意识到,问题的症结在于城市的发展比农村快,只要是把眼睛盯在农字上,想再多的办法也难以改变这个趋势。换句话说,要真正解决三农问题,进而解决城乡差异和全国的不均等问题,必须跳出农字。

进一步地,中国政府的种种支持都是通过二次分配来实现的,包括对农业补贴、在农村投资和建设社会主义新农村。所有这些都是移动钱而不移动人。然而,中国的第一产业在 GDP 中的占比很低(现在为10%），这决定了农村人口的收入占比,但直到今天农村户籍人口仍然高达全国人口的65%,以常住人口计算也接近50%。这么高比例的农村人口分享这么低比例的收入,而城镇35%的户籍人口或稍高于50%的常住人口分享90%的GDP,如此巨大的城乡差异怎么可能通过税收和财政转移解决？毕竟政府收入只是GDP的20%~30%,部分还来自第一产业。这些收入必须用于国防、政府开支、文教卫生等社会或公共事业、基础设施、城市建设、对外援助等,能有多少能转移到农村？中小学生都可以通过推算得出如下结论:在目前和相当一段时间内,只要农村人口占比没有大幅度下降,中国压根无法通过二次分配来解决城乡差异问题。

既然移动钱不行,那就只能移动人,让亿万农民进城与城里人竞争分享经济增长带来的好处。而这恰恰就是城市化。特别重要的是,这些人进城,并不影响城里人的收入,因为中国农村的边际劳动产出几乎为零,而去城镇的移民可以创造与城里人几乎等同的财富和价值,但他们的工资往往低于对应的边际产值。所以说,自20世纪90年代开始的民工潮总的来说是帮助城里人创造财富的。如果没有这个庞大的移民团体,很难想象中国经济在过去几十年会以什么样的模式和速度发展。无论如何,只要移民能够挣到高于其生活成本的工资,就能既帮助减少贫困,也有利于改善收入分配。

那么是否可以通过所谓的农村现代化来解决城乡差异呢？第一产业因为依赖于不可缺失的土地要素而无法逃脱边际收益递减的规律,同时社会对农产品的需求往往缺乏弹性。这就从供给和需求两方面决定了第一产业在GDP中的占比不断下降的命运。改革开放初期,这个占比为50%,现在已经不到10%,将来还要继续下降。直到二次分配可以解决贫困与不均等的那一天,城市化就是解决这些问题的唯一出路。

城镇化与不均等：分析方法和中国案例[*]

一、引　言

　　正在兴起的中国城镇化浪潮,可以追溯到始于20世纪70年代末的农村改革,它使当时超过全国人口82%的农村居民的收入大幅度改善。农村收入的增加催生了对工业品的需求,从而为制造业和后来第三产业的改革发展提供了基础和动力。非农产业的发展导致了城镇部门对生产要素的需求,特别地,中国早期粗放型为主的扩大再生产要求大幅度增加劳动力投入。与此同时,农村改革显著提高了农业生产效率,并因此带来大量剩余劳动力,这正好满足了非农产业扩张所产生的对劳动力的需求。加上中国一方面通过种种优惠政策吸引外资,与自身丰富的劳动力资源相结合;另一方面全方位促进和支持国际贸易,把相对比较优势发挥到极致。这就使得中国工业化的进程可以突破国内市场规模的限制,而能够超常规地持续扩张,[①]并因此吸引了大量的农民工甚至农村家庭进入城镇。城镇化[②]的步伐由此一发而不可收。可以说,中国30多年经济增长的奇迹就是工业化和城镇化相互促进发展的过程。

　　由城镇化和工业化主导的中国经济增长,一方面带来全国人民生活水平的大幅度提高,包括贫困人口的减少,但另一方面又伴随着快速攀升的不均等。[③] 贫富差距在不同的维度,比如区域、城乡、家庭、行业、不同教育水平人群之间,都出现了明显上升(Wan,2008)。尽管收

---

　　[*] 本文得到国家自然科学基金重点项目"兼顾效率与公平的中国城镇化:动力机制、发展路径和政策调整"的资助(项目批准号71133004),并在华中科技大学、上海财经大学、暨南大学、华中师范大学、重庆大学、湖南师范大学以及中南财经政法大学进行过交流。作者感谢匿名审稿人的建设性意见,也感谢陆铭、蔡昉、朱翠萍和众多师生提供的评论和建议。本文发表于《经济研究》2013年第5期。

　　① 这里的持续性是指至2008年全球经济危机前30年的高速增长。对中国发展前景的讨论,参见万广华(2011)。

　　② 本文使用人口城镇化概念,城镇人口包括常住人口。

　　③ 在本文中,不均等、收入差距、分配不公、贫富差距等作为同义词使用。

入分配恶化的根本原因众说纷纭,也有待更深入的研究(Wan,2008),但它无疑与改革开放后我国一直过分追求效率而忽略公平有关。① 如果说以改革开放推动的过去30年成就了中国的经济增长,那么以城镇化推动的将来30年或更长时期中国的发展再也不能以增长为唯一目标。全社会,包括各级政府都必须优先考虑公平,至少公平与效率兼顾。否则,经济增长将无法持续,中国社会可能发生严重分割甚至危机,进而无法实现中华民族的复兴。

这就引出了一个重大的理论和现实问题:城镇化与贫富差距有本质关系吗？如果有,不可阻挡的城镇化会带来不均等的改善还是恶化？它们之间过去和现在的关系如何？将来又可能是什么状况？给定城镇化和收入分配各自的重要性,对这一系列问题的探索就非常有意义了。如果城镇化的推进还将带来收入分配的进一步恶化,中国将无法承受。政府要么减缓城镇化进程,要么必须启动比西部大开发或新农村建设更为昂贵和宏大的举措,因为以往的种种政策举措似乎没有带来不均等的显著下降。② 反过来说,如果城镇化能够带来收入分配状况的改善,而且又如城市经济学所表明的可以推动经济增长,这种"鱼"和"熊掌"兼得的结果必将有助于中国加速城镇化进程。显然,城镇化与不均等的关系影响甚至决定将来中国经济和社会的走向,迫切需要加以研究。

遗憾的是,无论是克鲁格曼的新经济地理学,还是亨德森的城镇体系理论,都是以效率最大化为理论基石和目标函数的,同时优化效率和不均等的经济学文献较为鲜见。而关于城镇化与整体收入分配状况的规范研究也不多。③ Kuznets(1955)触及了工业化(他在原文中

---

① 如何兼顾效率和公平是发展机构如世界银行、联合国、国际货币基金会,以及国内外各界一直面对但尚未解决的理论和实践难题。21世纪开始风行和倡导的包容性增长理念试图兼顾效率和公平,但至今仍停留在对概念的争议与测度阶段。

② 评估这些政策举措非常困难,最好使用近几年发展起来的效应评估(impact evaluation)方法。2006年后中国的不均等有所下降,但这究竟是属于正常波动还是代表新的下降趋势尚需要研究。

③ 以城镇化和不均等为关键词或标题的文献不少,比如世行和著名的增长委员会(growth commission)都出版过这方面的报告。但我们找不到关于二者关系的理论模型或实证框架。个别尝试如 http://wbiaus.org/7.Paperseven.pdf 严重有误。

的用词是非农化)对不均等的影响,但他清楚地说明,自己的论述既没有数据也没有完整的理论模型支撑(Kuznets,1955,第12页)。国内不少人研究了城镇化与城乡差距的关系,如陆铭、陈钊(2004)以及 Lin & Chen(2011)。另一相关文献是李扬,① 他认为随着城镇化率超过45%,中国的城乡差距将会由于生产要素在城乡间的双向流动而降下来。有必要指出,城乡差距毕竟不是全国整体收入不均等的全部。② 大众媒体对于城镇化与收入分配的报道越来越多,不少专家都在发表自己的看法,但是规范而又系统的研究成果甚为缺乏。李扬也特别提到自己的观点缺乏理论支撑或实证依据。这一方面说明了该命题的重要性,另一方面意味着进行这方面研究存在数据或方法论上的难度。

万广华(2011)特别提到城镇化对改善收入分配的重要性。他提出,为了把贫富差距控制在一定范围内,中国必须在2030年左右把城镇化率提高到80%左右,远远高于政府提出的60%出头。事实上,中国的城镇化率已经超过了51%。如果2030年城镇化率仅为60%,40%的农村居民大概只能分享8%的GDP,剩下的92%的GDP由城镇人口分享。这时,城乡收入比为7.7∶1,远远高于该比值的历史峰值。在这种情况下的二次分配意味着3个城里人帮助或负担2个农村人,可行性较小,因为这3个人的税收主要会用于国防、外交、科研和城镇发展(如高教、城建和城镇公共产品)等等方面,只有剩下的一点点能通过财政转移到农村。显然,这个收入比和负担率是政府和社会无法承受的。如果把城镇化率提高到80%,初次分配后的城乡收入比就会下降到2.9∶1,二次分配则意味着4个城里人帮助1个农村人。这时,通过二次分配解决贫富差距的可行性与力度皆大大增强。尽管这个收入比仍然高于工业化后期的日本和韩国,但与60%城镇化率情况下的7.7∶1相比,有着本质的差别。

经济学界对城镇化能够降低收入不均等具有一定的共识而政策

---

① 见 http://china.zjol.com.cn/05china/system/2010/09/09/016918004.shtml。
② 关于城乡差距的重要性,以及城镇化与不均等关系的讨论见 Wan(2007)。

界同样寄希望于城乡统筹发展(本质上也是城镇化)来缩小贫富差距。但这些基于直觉的共识和期望与现实中观察到的现象之间存在矛盾。中国一方面是城镇化的不断推进,另一方面是收入分配从20世纪80年代中期至2006年不断恶化,二者呈正相关,这个正相关在后期变得更加显著。虽然相关性不能代表因果关系,但它有可能被用于强化中国城镇化必须"稳妥"推进的保守立场,甚至国内已经有人据此反对加速城镇化。这个矛盾的存在呼唤规范的和客观的经济学研究。不解答这个矛盾,中国城镇化的速度和规模都可能受到不利影响。

本文将分别从方法论和实证两个角度,探讨中国城镇化这21世纪影响全球发展的最大事件与贫富差距这个中国面临的最大挑战之间的关系。方法探讨将基于不均等的分解(万广华,2008;Shorrocks & Wan,2005),并在现有文献基础上推导出新的研究框架,该框架具有一般性,可以用于解析任何国家或地区城镇化与不均等的关系。实证研究将基于我国国家统计局的城镇和农村住户调查数据,这些数据是以分组形式公布的。为了获得家庭层面的数据,我们将借用 Shorrocks & Wan(2009)提出的数据"还原"法,把分组数据"还原"为住户数据。

二、研究背景:中国的不均等与城镇化趋势

作为背景,我们首先考察中国的整体不均等状况。中国的贫富差距问题几乎家喻户晓,但至今没有可靠的全国整体不均等指标的时间序列,[①]尽管区域不均等和城乡差异的指标存在(万广华,1998,2004;万广华等,2005)。这些极为重要的数据缺失,阻碍了人们分析贫富差距形成和扩大的原因,从而使我国难以对症下药制定或实施有效的相关政策。另一方面,没有这个时间序列,学术界也难以开展收入分配

[①] 全国整体不均等是指基于家计调查数据计算的包括农村和城镇居民在内的收入分配指标。直至2013年1月,国家统计局只公布了少数几年我国农村收入的基尼系数。Ravallion & Chen(2007)提供了1981~2001年全国的基尼系数,但他们的估算基于现行的Povcal软件,该软件及其背后的方法论是有问题的(见后面的讨论)。国家统计局于2013年1月19日公布了2003~2012年的基尼系数,相关讨论与比较见下个脚注。

对诸如内需、犯罪、健康等影响的研究。当然,没有系统的全国不均等信息,也就难以解析城镇化与不均等之间的关系。

在2012年两会期间,包括厉以宁在内的不少人质疑国家统计局为什么不公布全国的基尼系数等收入分配指标。国家统计局的回复可以概括为缺乏特别富裕人群的收入数据。然而,这个问题不是中国所特有,在过去、现在和将来世界各国都不可避免地存在。我们认为,即便数据有问题(严格地说,GDP、CPI等指标都有理论和实证方面的问题),估算和发布收入分配指标是必要的,也是有价值的,至少它们可以被用来观察贫富差距的趋势。一般地说,这个趋势受数据里存在的系统误差影响不大,可以用来进行与不均等有关的研究。另外,经济学分析工具有时是可以处理数据质量尤其是系统误差问题的。

在全国不均等指标缺失的情况下,经济学界通过不同的途径加以弥补。第一是利用可获得的家计调查数据,如中国健康营养调查CHNS提供1989年、1991年、1993年、1997年、2000年、2004年、2006年、2009年的数据;中国印尼乡城移民调查RUMIC已经进行了四年即2008~2011年,但公开的只有2008年的数据;最为流行的是中国家庭收入项目CHIP,它提供1988年、1995年、2002年和2007年的数据。还有其他时间跨度更短的抽样调查。第二是用城乡收入比作为替代变量,如陆铭等(2005)。第三,陈宗胜(2002)等人利用分组数据进行估算。这三个途径各有利弊:CHNS、RUMIC和CHIP等家计调查涵盖的年份有限,尤其遗憾的是缺乏改革开放初期的数据;城乡收入比虽然与整个收入分配状况相关,可以用来表示后者的趋势,但它毕竟不是收入分配指数本身;第三种途径对城乡差距的处理有待商榷,且往往忽略了同一收入组内家庭或个人间的收入差别。其实,用城镇和农村各自的分组数据估算其内部的不均等指标也有技术上的挑战,长期以来国外学术界在这方面进行了大量的探索(Shorocks & Wan,2009)。基于此,我们认为国内利用分组数据的尝试是有益的,但所得结果缺乏准确性和可靠性。

Shorrocks & Wan(2009)在以往文献的基础上,创建了一种将分组数据"还原"为原始观察值的方法。这个方法在某一统计分布(如对数正态分布)的假设下,首先用分组数据估算该分布的参数(如收入变量的标准差),以便产生个体收入观察值。接着,将个体观察值按照观测到的分组数据分成若干组,对每组观察值进行调整,以保证各组的收入平均值与实际的相等,同时保证整个洛伦茨曲线是平滑和单调上升的。他们用美国 Current Population Survey(包含超过 100 多万的个人收入)的数据做了大量的蒙特卡罗试验,验证了该方法的准确性。此外,Wan & Sebastian(2011)采用这种方法计算印度的贫困发生率,其结果与世界银行后来于 2012 年用含有 13 多万个实际观察值的家计调查数据得到的结果非常接近,精确到小数点后四位(或以百分比表达的小数点后两位)。下面还会看到,采用这个方法计算的 2000 年中国整体的基尼系数为 0.423,这与国家统计局公布的 0.412 也很接近,[①]误差仅为 2.6%。世界银行在 20 世纪 90 年代后期开发了一个 Povcal 软件,发展经济学界不少人使用它,其功能就是利用分组数据逼近原始观察值。但世行的方法存在致命弱点(详情见 Shorrocks & Wan,2009),也受到哥伦比亚大学相关研究的批评(Minoiu & Reddy,2006)。本文所用的中国农村和城镇人口、人均收入以及收入分组数据均来自于《中国统计年鉴》。这些资料除了用于"还原"数据,下面的实证分析也要用到。人口数据被用于决定农村和城镇样本的体积,以保证所产生的样本中农村和城镇人口的比例与实际相一致。不知道什么原因,1979 年的分组数据缺失,我们用前后两年的平均数来替代。

图 1 给出了由泰尔指数表示的中国 1978～2010 年收入不均等的状况。该图含有四个主要发现:(1)中国的收入分配总体呈恶化的趋势,不均等指数在改革开放初有所改善,但 1983～2006 年期间一直在

[①] 见 2012 年 5 月 23 日的《中国日报》英文版:New plan to reduce income inequality。国家统计局 2013 年公布的(反斜线前)和本文估算的(反斜线后)的基尼指数相差也不大:0.479/0.481(2003),0.473/0.481(2004),0.485/0.482(2005),0.487/0.483(2006),0.484/0.473(2007),0.491/0.474(2008),0.490/0.470(2009),0.481/0.457(2010)。

波动中攀升。(2)与其他国家相反,中国城镇内部的不均等几乎总是小于农村内部的不均等。① 这个发现在一定程度上可能缘于计划经济时期的平均主义,其对城镇的影响比农村大了很多。在农村,只是在较小范围内(30~40户的生产队)实行同工同酬。而在城镇,这个范围几乎是全国。另外,平均主义在20世纪70年代末首先在农村被打破,但在城镇被打破,则是80年代后期的事情了。缘于经济发展和收入分配的路径依赖,平均主义的影响至今还没有完全消失,尽管这种滞后影响一直在减弱。第二个发现使城镇化与收入分配的关系在中国表现得与众不同。(3)全国总不均等的趋势不完全跟城乡内部不均等同步,尤其是后期整体不均等比城乡不均等的上升速度要快许多。而且,总不均等位于城镇不均等和农村不均等之上,不是二者之间。所以,它不只是一个简单的加权平均,这里还有城乡差异的贡献。在不少年份,总不均等的上升比二者快,暗含着城乡差异的急剧上升。(4)城乡各自内部的不均等从20世纪80年代早中期至21世纪初都呈增加的趋势。但90年代中后期以来城镇内部的不均等上升相对更快,进入21世纪后,取决于不均等指标的选用,城镇内部的不均等已经赶上或超过了农村内部的不均等。

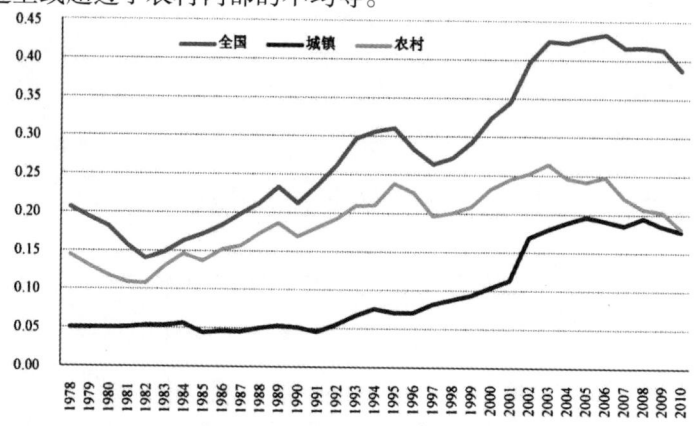

图1 中国家庭间收入不均等的泰尔指数(Y轴):1978~2010年

① 这个发现在多大程度上与城镇高收入居民回避家计调查或低报收入有关,值得研究。

对于2006年以后整体不均等的下降,是出乎意料的发现,探讨其原因超出了本文的研究范围,但考虑到政府、学术界和社会对贫富差距的关注,我们还是做点简要的评论。这个下降是否代表长期趋势的开始,需要研究。就估算结果看,这段时间城镇和农村内部的不均等都下降了,而城乡差异是先升后降,至少前几年全国不均等的下降是城乡内部各自收入分配改善的结果。2006年这个时点对应于农业税的取消,使以农业为主的家庭和个人收益有所增加,而这些人往往处于低收入阶层,所以农业税的取消和农村社会保障的实施对农村不均等的改善起了作用。同样,城镇的社会保障在不断完善,这也帮助改善了城镇内部的收入分配。

还有另外两个原因可能使我国近期的不均等下降了。首先,万广华(1998)发现,我国的贫富差距,至少在区域层面,是与经济周期呈负相关的。比如从图1看,1997年亚洲金融危机后,我国的整体不均等也出现了下降。2007年下半年始于美国的全球经济危机,2008年的粮食能源危机,2010年的欧洲债务危机都严重影响了我国经济,因而使不均等下降。其次,近几年农副产品的价格上涨较快,使城乡差距有所缩小。这些影响的客观存在具有两点含义:第一,整体不均等的下降不能全归功于二次分配如社会保障措施;第二,整体不均等的下降可能是暂时现象,因为农副产品的价格历来波动很大,同时全球和中国经济总是要恢复到正常轨道上去的。所以,我国不均等可能还会增加,至于能否回升到2006年的最高水平则难以推断。

图2描述了我国的人口城镇化率。从1978年的17.92%上升到2011年的51.27%,平均每年增长一个百分点。分时段看,1978~1995年年均增长率为0.7%,而从1995年的29%到2010年的49.68%,年均增加1.4%。特别地,2010~2011年间,城镇化率竟然提高了1.6%。所以我国城镇化近期非但没有减速,还比之前加速了。这个趋势的变化显然是由后期常住移民的增加造成的,更为客观地反映了经济发展和城镇化的规律。需要说明的是,官方统计的城镇人口中包括了数亿没有户籍的农村移民,外加2000万~2500万土地被征

用但户籍没有转换的失地农民,以及相当部分由于统计口径偏差,实为农村但被计入城镇人口的农民(陶然、徐志刚,2005)。所以,真正意义上的2011年城镇化率不到40%。这严重滞后于中国的经济发展水平,是许多重大问题的深层根源(万广华,2011)。城镇化滞后的主要原因在于直到20世纪90年代后期政府推行的,通过户籍、土地等制度严格限制大城镇,适当发展中小城镇,积极鼓励小城镇发展的政策(王小鲁,2010)。

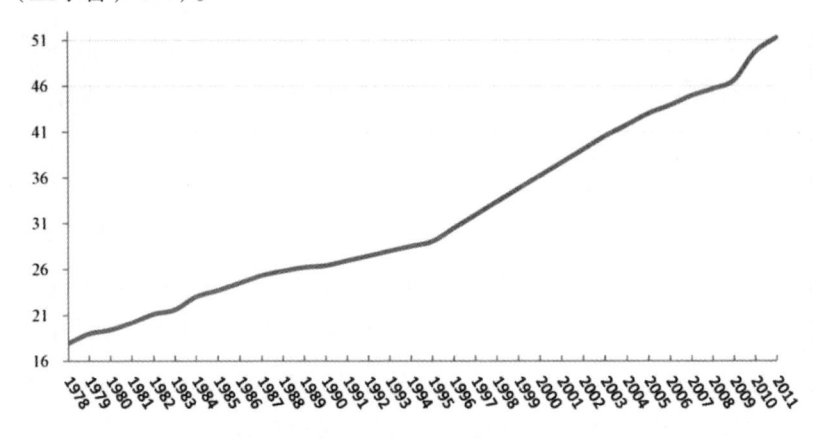

图2 中国的城镇化率:1978～2011年

可以预料,随着宏观政策的调整,尤其是户籍制度的改革和农民工市民化的推进,更因为全球化的继续和进一步的市场化,我国的城镇化在今后一段时期还有一个追赶和弥补的过程。这样来看,中国的城镇化就不是减速而是保持现有速度甚至加速的问题。其实,我国的城镇化不能与其他国家以往的经历做比较。中国的社会经济发展和增长方式与其他国家不同,而且当今的国际环境也与以往不同。中国将会在同等条件下达到更高的城镇化率,这是由中国的特殊国情所决定的:第一,中国人多地少,本来就应该比美欧澳大利亚等国更需要集聚。农业机械化和商业化将会把越来越多的劳动力推向城镇。第二,与绝大多数国家不同,中国农村"人人有地"的制度安排使得在短期内加速城镇化成为可能。农村宅基地和耕地的所有权不属于个人的事实决定了农民离开农村处置这笔财产时政府是有发言权的,但农民拥有长久使用权又意味着他们放弃这些土地时应该获得补偿。这些补偿可以用于分担城镇化的成本。在其他国家,城镇化加速可能带来贫民窟等问题主要是因为国家财政无法承担、而移民个人又不可能分摊城镇化成本。实际上,城建资金缺乏是制约城镇化速度的重大障碍。显然,中国的城镇化速度可以快于其他可比的国家。第三,有研究发现,人力资本水平是决定城镇化率的最为重要的因素之一。中国的人均教育年限相对于可比国家要高不少,而且在快速增加。第四,与其他国家相反,中国城镇内部的不均等小于农村内部的不均等(见下面的讨论),同时区域差距特别大,所以城镇化通过促进城乡、跨区域移民不但不会导致收入不平等的上升,而且可以在促进增长的同时改善收入分配。这样一来,城镇化就应该比可比国家更快。第五,中国减排的压力,交通设施的发展,80后、90后农民工占比越来越高的事实,ICT的普及、快速的老龄化进程(这将引起劳动力短缺)和全球工厂的角色(这增加了城镇劳动力需求),都将使基于国际经验预测的中国城镇化速度和程度偏低,同时将从多个方面逼迫中国加速城镇化。

结合图1和图2很容易发现,从20世纪80年代中期起,城镇化率和不均等都保持了上升的趋势,二者呈正相关,其相关系数值高达0.92(与基尼系数)或0.94(与泰尔指数)。当然,这种相关性不代表因果关系,不能说明城镇化的推进会导致收入分配的恶化。城镇化究竟是否与不均等相关?它又如何影响中国的收入分配?这些是下面两节所要回答的问题。

三、城镇化对收入不均等的影响:方法论探索

在引言中我们提到,分析城镇化对收入分配的影响将借助不均等指数的分解来实现。这比采用计量经济模型有多方面的优势。首先,不均等模型的设定缺乏经济学理论支撑,绝大部分不均等实证模型在本质上都是基于主观臆断(ad hoc)的。第二,正如增长模型一样,不均等模型在筛选自变量时几乎有无穷尽的选择,这使研究者无所适

从。更为重要的是,对应于不同的选择,模型结果往往不同。第三,缺乏理论支撑和稳健性的实证模型还会遇到模型估算的挑战,如通常的内生性、自相关和异方差性等。第四,不均等模型必须面对难以处理的时间维度问题(陆铭等,2005)。一方面不均等年度间变化很小,另一方面相关变量对它的影响在短、中、长期很可能不同。如何在模型设定和估算时处理这个时间维度问题具有相当的挑战性。

不均等指数的分解避免了上述的这些问题,但能否推导出城镇化与收入分配的关系,并定量分析城镇化对不均等的影响,前人涉及较少,需要创新。这里首先要决定的是采用哪个不均等指标。

考虑到泰尔指数的完全相加可分解性(additive decomposability)(万广华,2008),加上不同不均等指数间的高度相关性[①](Shorrocks & Wan,2005),我们决定选用泰尔指数。以 Pr 和 Pu 分别代表农村和城镇人口,全国总人口为 $P = Pr + Pu$,城镇化率用 $Pu/P = Wu$ 表示,农村人口比例则为 $Wr = 1 - Wu$。用 Tr 和 Tu 表示农村和城镇内部的泰尔指数,这时,全国不均等可以表示为:

$$T = WrTr + WuTu + WrLn(Y/Yr) + WuLn(Y/Yu) \qquad (1)$$

其中 Y、Yu 和 Yr 分别表示全国、城镇和农村的人均收入。(1)式的前二项通常被称为组内(即城镇内部和农村内部)不均等,后二项为组间(即城乡间)不均等。人们研究东中西或城乡差异对中国区域差异或整体不均等的贡献时一般使用(1)式。[②]

根据(1)式,整体不均等包含四个组成部分:城乡内部的不均等(Tr,Tu),以及城乡平均收入与全国平均收入之比(Y/Yr,Y/Yu)。这个表达式与直觉似乎不是很吻合,因为全国整体不均等应该只有三个组成部分:城镇内部的不均等、农村内部的不均等和城乡之间的不均等。用 $Y = WuYu + WrYr$ 替代(1)式中的 Y,(1)式可以表示为:

[①] 相关性不代表等价,但我国的基尼系数和泰尔指数之间高度相关,其相关系数为0.995。

[②] 国内也有人使用基尼系数做组间、组内分解,但这种分解是不完全的,留有难以解释的残差项,最好不要使用。

$$T = WrTr + WuTu + WrLn(WuYu/Yr + Wr) + WuLn(Wu + WrYr/Yu) \quad (2)$$

(2)式与直觉较为一致,其中城乡之间的不均等是由城乡平均收入比和其倒数来表示的。(1)式和(2)式表明,城镇化 Wu 与整体不均等 T 之间存在一定的关系,但这个关系不是很直观,甚至有点复杂。直观地说,农村居民移居城镇(即城镇化)时所产生的对整体不均等的影响可以分为三部分来分析:对农村内部、城镇内部以及城乡之间收入分配的作用。这既取决于该移民在农村的收入处于农村收入阶梯的哪个位置,又取决于其移居后处于城镇收入阶梯的哪个位置,还取决于移民后农村平均收入与城镇平均收入的变化。最为简单的情形是移民前后的收入分别与农村平均收入和城镇平均收入等同,这时移民不影响收入分配。相对简单的情形是获取农村平均收入的个人移居城镇,这对农村内部不均等没有影响,如果其移民后的收入低于原来的城镇平均收入,这就会拉低城镇平均收入,使城乡收入比降低,反之亦然。但该移民对城镇内部不均等的影响难以判断。就我国实际情况看,改革开放初期移民主要是通过农村青年考大学和职工子女接班实现的,他们的移入往往拉高城镇平均收入,从而增加城乡差别,但对城镇内部不均等的影响有限。后期大批教育程度较低的移民进入城镇并处于城镇收入的下层甚至底层,这就会增加城镇内部的不均等。其他情形可以以这些案例类推。①

为了严格地分离城镇化对不均等的影响,可以采用一个通行的数量经济学方法,即基于(1)式或(2)式求偏导数 $\partial T/\partial Wu$。经过简单的推算,得到:

$$\partial T/\partial Wu = (Tu - Tr) + [(Yu - Yr)/Y - Ln(Yu/Yr)] \quad (3)$$

显然,(3)式给出了城镇化对整体不均等的边际影响,它可以分为两部分:第一部分反映城镇化对组内不均等的影响,具体表示为城镇内部和农村内部的不均等之差即 $(Tu - Tr)$。第二部分反映城镇化对组间不均等的影响,具体表示为标准化了的城乡平均收入差 $(Yu - $

---

① 这部分讨论是在审稿人的建议下而添加的,没有数据支撑,只能基于构想。

$Yr)/Y$(用全国平均收入对城乡平均收入进行标准化),减去城乡收入比的对数 $Ln(Yu/Yr)$。因为整体收入差距 T 由组内和组间成分构成,城镇化对 T 的影响自然也就可以分为相应的两部分。

其实,(3)式所代表的结果与直觉或常识完全吻合:如果城镇内部比农村更不均等即 $Tu>Tr$,在其他条件不变的情况下,城镇化的推进使更多的人从相对平等的农村移居相对不均等的城镇,会导致全国不均等的上升。反之亦然。同样地,假设城乡内部各自的收入分配状况不变,城镇化对整体不均等的影响自然就仅仅取决于城乡差距。[①] 这时可以进一步分三种情况来讨论:(1)在没有城乡差异或城乡平均收入相等的情况下,城镇化不影响整体收入分配,这正好对应于(3)式右边方括号里的值为 0;(2)当城乡平均收入趋近时,城镇化对整体不均等的影响当然要逐渐减弱,这恰恰对应于方括号里的值趋向于 0;(3)当城乡平均收入发散时(我国 20 世纪 80 年代中期以后就是这样),城镇化对整个贫富差距的边际影响难以预测。比如,假设相对较低的农村平均收入不变,城镇平均收入进一步增加,这时方括号里的第二项为负,其绝对值会上升,但第一项为正,其绝对值也会上升。这时,我们无法预先判断方括号里的值的符号,只能求助于实证分析。

城镇化与收入分配之间的关系不是特别简单,有必要探讨它的重要特性,其中人们关注较多的是极值问题,即在给定其他变量的前提条件下,城镇化的推进是否使不均等上升到一个最高值然后下降(倒 U 型),或先下降到一个最低值然后上升(U 型)。这个问题可以通过求二阶导数来解答。据(3)式对 T 求 Wu 的二阶导数,得到:

$$\partial T^2 / \partial Wu^2 = -1/Y^2 < 0$$

所以,T 在其驻点存在极大值。也就是说,城镇化与不均等之间的关系呈倒 U 型。这个驻点 W^*u,即对应的城镇化率,可以通过设(3)式为 0 而求得:

$$W^*u = 1/[Ln(Yu/Yr)+(Tr-Tu)] - 1/(Yu/Yr-1) \tag{4}$$

[①] 城镇化过程中很难保持城乡内部不均等不变,但为方便叙述,在边际意义上做此假设是可以的。

很显然,这个驻点值由四个变量决定。对不同国家或同一国家不同的时期来说,因为这些变量的值往往不同,所以这个驻点会不同。另外,尽管随着城镇化的推进和城乡市场的整合,Yr 会向 Yu 逼近,但我们难以判断城镇化对 Tr 或 Tu 的影响,所以很难预测这个驻点或临界值的动态趋势。

(3)式所代表的是城镇化每提高100个百分点,泰尔指数增加或减少的绝对数,这是有量纲的,不利于横向比较,而且城镇化率增加100% 也不可能。(3)式的这个缺陷可以通过计算城镇化的不均等弹性来弥补。该弹性是不均等变化的百分比除以城镇化率变化的百分比,可以表示为:

$$dLnT/dLnWu = Wu/T \cdot dT/dWu$$
$$= (Tu - Tr)Wu/T + [(LnYr - LnYu) + (Yu - Yr)/Y]Wu/T \quad (5)$$

该弹性也由两部分组成:组内不均等弹性和城乡差异或组间不均等弹性。

本节推导的结果,包括(1)式至(5)式都是一般理论关系,对任何国家地区和时期皆适用。另外,本节得到的这个倒 U 型关系与 Kuznets 假设不完全是一回事,后者聚焦不均等与发展水平的长期关系,而非不均等与城镇化的关系。尽管发展水平与城镇化相关,但它们不等价,有关这方面的最新讨论见 ADB(2012)。事实上,在检验 Kuznets 假设的文献里尚未见到使用城镇化作为解释变量的。

四、城镇化对收入不均等的影响:中国案例

欲将上节的理论方法应用于实证研究,需要的数据不多:城乡各自的泰尔指数、城乡平均收入和城镇化率。中国的城镇化率和泰尔指数在本文的第二节已经给出,而中国的城乡平均收入(农村是净收入,城镇是可支配收入)可以从国家统计年鉴获得。因为是研究各年的不均等,所以没有必要用 CPI 对收入数据进行平减以消除通货膨胀的影响。

首先,根据(1)式来看全国整体不均等的构成。它可以分为城乡内部不均等的组内贡献和城乡差距的组间贡献(见图3)。这个分解结果可以为政府确定相关政策的优先顺序提供信息。图3表明,城乡收入差距是整体不均等的重要组成部分,它在1984年的贡献率最低,为24.1%,之后逐渐上升到20世纪90年代初的40%,最后攀升至2010年的53.6%。也就是说,在全国加总层面消除城乡差异,就可以将整体不均等减半。其实,在1984年城乡差距最低时,我国的泰尔指数仅为0.148(基尼系数为0.299),远低于2010年的0.387(基尼系数为0.457)。图3还表明,从2003年起,组内贡献下降较快,但总体不均等下降缓慢,隐含着城乡差异的继续扩大。如果说整体不均等的趋势早期主要由组内贡献左右的话,城乡差距的作用随着时间的推移越来越重要。这些发现呼唤我们应充分重视城乡差距。

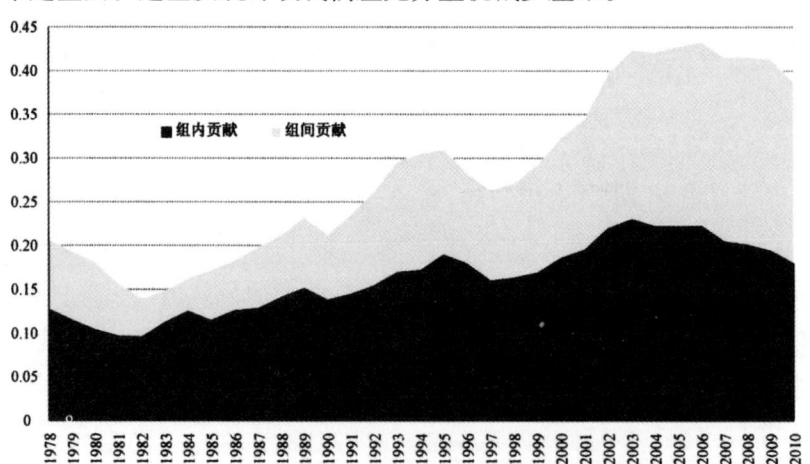

图3 中国整体收入不均等(Y轴)的分解

其次,考察城镇化与不均等的倒U型关系。前面说过,只要城镇或农村的平均收入发生变化,或城乡内部不均等的差发生变化,这个关系就会变化。就我国而言,城乡差异在改革开放初期有所缩小,但后来呈扩大的趋势。图1表明,城乡不均等的差(相关两条曲线的距离)也不断变化。所以,我国的这个倒U型关系每一年都可能不同。

图4显示依据不同年份的平均收入和不均等状况所得到的倒U型曲线。① 这个图有四个有趣的发现:(1)随着时间的推进,曲线有往上移动的倾向,说明收入分配的恶化使城镇化对改善收入分配的作用有所减弱。比如说,如果我国的贫富差距能够保持在1983年的状况,而仅仅把城镇化率提高到2010年的49.68%,这时的整体泰尔指数就会是0.137,而不是实际发生的0.387,后者是前者的2.82倍。而如果我国的收入分配能够控制在1990年的状况,2010年的泰尔指数大约为0.19,是实际水平的一半。必须指出,这里讨论的是城镇化与不均等水平(level)之间的关系。(2)越是后期的曲线似乎越为陡峭,所以城镇化对不均等的边际影响有上升的趋势。这里的边际关系与第一个发现所说的"水平"关系是两回事。举例来说,基于1982年或1983年的曲线,将城镇化率从45%提高到50%,泰尔指数就会减少0.0034或0.0043,而基于2010年的曲线,这个值为0.0068。(3)大多数倒U型曲线后部分显得更为陡峭,意味着城镇化在越过其临界值或驻点后对改善收入分配的影响越来越大。(4)驻点或峰值随时间有所移动,但整个区间似乎不是很宽。比如,使用1982年或1984年的数据,整体泰尔指数在城镇化率为34%或24%时达到最高,然后下降。但使用2010年的数据,这个倒U型曲线向上和向右发生移动,其驻点右移为39%,该驻点值是新中国历史上最高的。

上述发现验证了李扬的猜想,即城镇化达到一定程度后,将引起不均等的下降,但是这个关键的临界值不是他设想的45%,而是不断变化的,至今一直保持在39%以下。这个临界值取决于其他四个变量,表1的第2栏列出了对应于每一年数据的临界值。可以推测,只要我国能够控制城乡差别,这个临界点就可以保持在40%以下。

根据图4,当城镇化率达到60%和80%时,如果当初能把城乡差异和城乡内部不均等控制在1982年的较低水平,泰尔指数就可以分别下降到0.127和0.096。但如果保持2010年的收入分配状况,泰尔

---

① 这些曲线是依据(1)式把其他变量固定在不同年份,而仅仅改变城镇化率得到。

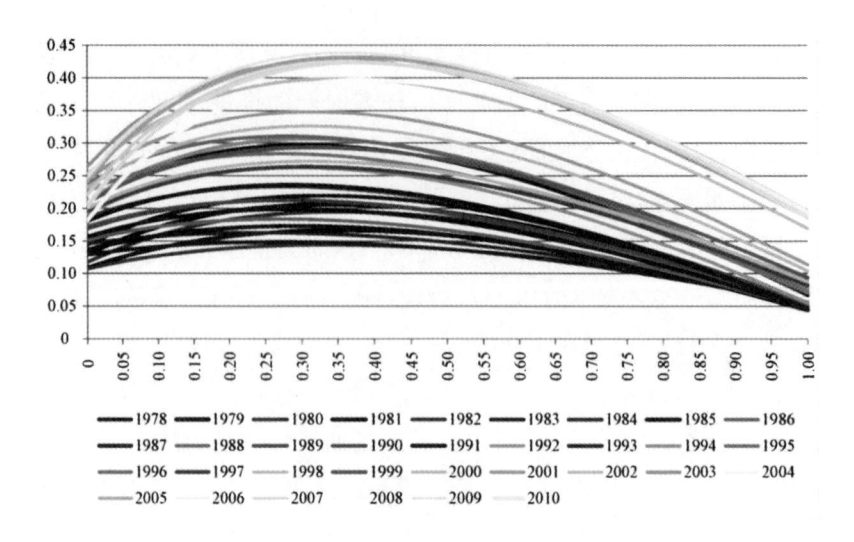

图 4　中国城镇化（X 轴）与收入不均等（Y 轴）的关系

指数也能减少为 0.364 和 0.286。这两种情形的差别主要来源于城乡收入比的变化。

经计算发现，驻点值与城乡收入比的相关系数高达 0.80，所以城乡差距的增加会使整个倒 U 型曲线右移。反过来说，随着城乡收入的趋同，这个曲线及其相应的驻点会向左移动。据此，可以下结论说，在努力缩小城乡差距的同时，推进城镇化将会带来整体不均等的大幅度下降。另一方面，城乡内部不均等之差与驻点值也呈正相关，所以随着这个差从 -0.094 逼近 0，驻点也在往左移动。

表 1　中国城镇化的驻点和不均等弹性

年份	驻点	弹性	组内弹性	组间弹性
1978	0.326365	0.162633	-0.08177	0.244401
1979	0.338549	0.174222	-0.07806	0.252284
1980	0.34999	0.18955	-0.07167	0.261225
1981	0.350237	0.163165	-0.07431	0.23748
1982	0.335862	0.112958	-0.08207	0.195026
1983	0.270213	0.039044	-0.11086	0.149905
1984	0.243637	0.009689	-0.12731	0.136999
1985	0.291949	0.056524	-0.12768	0.184204
1986	0.270749	0.02524	-0.14216	0.167401

续表1

年份	驻点	弹性	组内弹性	组间弹性
1987	0.28389	0.034362	−0.14267	0.177034
1988	0.271957	0.014972	−0.14959	0.164561
1989	0.2752	0.014966	−0.14988	0.164844
1990	0.281132	0.019286	−0.14686	0.166146
1991	0.283017	0.017259	−0.1546	0.17186
1992	0.294415	0.02656	−0.14383	0.170387
1993	0.301205	0.029824	−0.13478	0.164608
1994	0.309291	0.034413	−0.12552	0.159932
1995	0.279352	−0.01454	−0.1566	0.142053
1996	0.27278	−0.04043	−0.16782	0.127396
1997	0.30719	−0.01581	−0.13852	0.12271
1998	0.310751	−0.03105	−0.13862	0.10757
1999	0.315722	−0.04674	−0.13744	0.09069
2000	0.311957	−0.07558	−0.14353	0.06795
2001	0.313733	−0.09761	−0.14337	0.045765
2002	0.348481	−0.06555	−0.08157	0.016027
2003	0.34791	−0.09193	−0.08056	−0.01137
2004	0.362717	−0.09039	−0.05664	−0.03375
2005	0.368483	−0.1035	−0.0456	−0.0579
2006	0.361882	−0.14201	−0.05812	−0.08388
2007	0.37288	−0.15777	−0.03912	−0.11865
2008	0.3847	−0.15853	−0.01332	−0.14521
2009	0.379818	−0.20276	−0.02154	−0.18122
2010	0.38995	−0.22026	−0.00491	−0.21535

但城乡内部泰尔指数的趋同在2010年基本实现,其差第一次掉到小数点后三位数,如果精确到小数点后两位,就没有差别了。所以,如何控制城镇内部不均等上升的势头极为重要。

再次,基于(3)式,分析城镇化对整体不均等的边际影响,它由两部分组成:第一部分是城镇化对城乡内部不均等之差的影响,即 $Tu - Tr$。因为中国农村内部的泰尔指数一直大于城镇内部的,所以在其他条件不变的情况下,中国的城镇化会使组内差距下降。换言之,如果没有城镇化,中国的贫富差距比实际发生的还要严重。进一步地,城乡内部的不均等在上升中趋于接近,这意味着城镇化带来的对组内差距的积极作用在消失,将来可能变成增加不均等的因素。第二部分是城镇化对组间即城乡差距的影响。因为城乡平均收入自20世纪80年代中期以来一直呈发散趋势,所以$Ln(Yu/Yr)$与$(Yu - Yr)/Y$的绝对值都在增加,但它们相减后的符号往往难以确定。

图5表明,城镇化在早期其实是增加组间或城乡差异的,并因此使总不均等上升。该影响在1978年最大,1978~1984年间直线下降,1984~1994年间有所回升,之后就一直持直线下降的趋势。这个消极的作用虽然与本文作者的预期完全相反,也与直觉不一致,但与前面的理论推断却是吻合的。给定方法论部分得到的倒U型关系,当城镇化对组内不均等的影响始终为负时(参见上节的讨论和图1),城镇化对城乡差距的作用必须是先正后负。令人惊喜的是,这个始于2003年的积极作用,在短短八年时间从0变为-0.17。图5还表明,城镇化对组内差异的影响始终为负(总是在横轴的下方),是一直有益于收入分配的,其作用在1982~1995年间不断上升,但之后趋向于0。除了1994~2004年这个时段,城镇化对整体不均等的影响主要由其对城乡差异的作用决定。

最后,按照(5)式估算弹性(见表1的第3栏)。根据弹性的符号,1978~1994年期间,城镇化的推进使整体不均等增加,但弹性值大致呈下降趋势,从1978年的0.16到1982年的0.11,而且自1983年起,该值就再也没有超过0.06。在1995年城镇化弹性首次变为负值,接着就一直为负,其绝对值不断增加:从1995年的0.01到1999年的0.05和2005年的0.09,之后就直线上升到2007年的0.16和2010年的0.22。

表1的第4栏和第5栏列出了城镇化对组内差异和组间差异的弹性,前者一直为负,其绝对值近年趋向于0。后者从1978年起基本上保持着下降的趋势,并在2003年开始从正值变为负值,其绝对值在很短时间内急剧上升。据此推断,城镇化改善收入分配的效应在将来的一段时期内主要会通过影响城乡差异来实现。

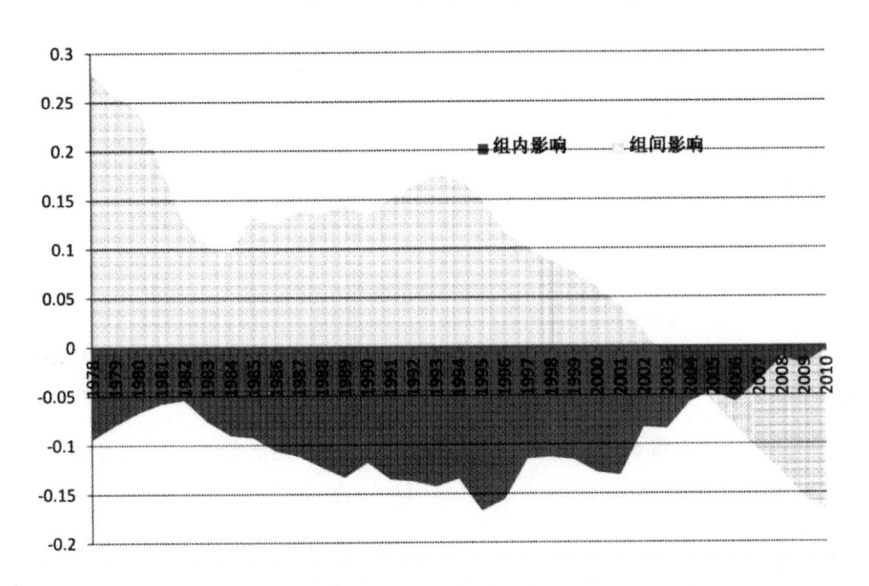

图5 城镇化对收入不均等(Y轴)的边际影响分解

至此,我们分析了以往城镇化对不均等的影响。同等甚至更为重要的是探讨将来的城镇化进程中不均等的水平和趋势。这显然需要对相关变量做假设。考虑城镇化率从2010年的50%上升到85%的同时:(A)收入分配保持现状,将来20~30年城乡收入比和城乡内部不均等保持在2010年的水平;(B)比较乐观的情形,城乡内部不均等保持在2010年的水平,但城乡收入比从2010年的3.79逐步下降到2.0;(C)最为糟糕的情形,城乡收入比居高不下固定为3.79,而城乡内部泰尔指数依据其1982~2010年期间年均速度的一半上升;(D)最为乐观的情形,城乡收入比从2010年的3.79下降逐步下降到2.0,同时城乡内部泰尔指数依据其2006~2010年期间年均速度的一半下降;(E)较为客观的情形,城乡收入比从3.79下降到2.0,而城乡内部泰尔指数依据其1982~2010年期间年均速度的一半上升。这些模拟的结果见图6。

这个简单的模拟提供了颇为有趣的发现:(1)除了最为糟糕也是可能性较小的C,所有曲线都预示我国的不均等随着城镇化的推进将有所下降。即便是对应于C的曲线,整体不均等基本保持在2010年的水平。(2)对应于D的状况最好,这条线充分显示了改善城乡内部

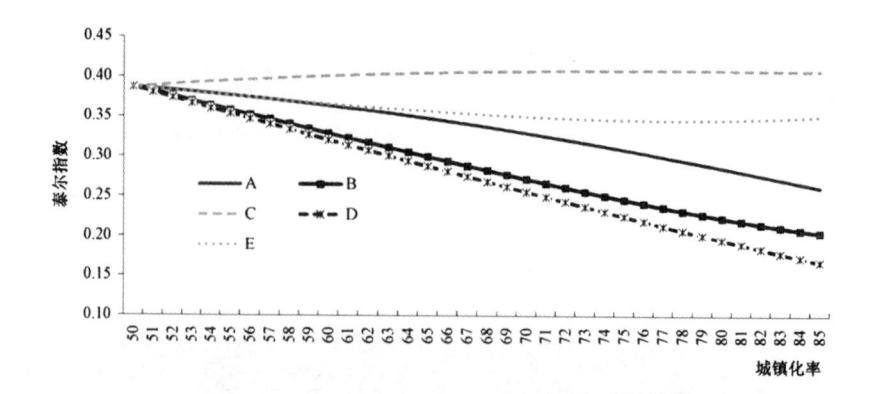

图6 中国城镇化与收入不均等：模拟结果

收入分配的重要性。但城乡内部不均等不断下降的概率甚微，所以D并不现实。(3)跟D不相上下的是B，这条线可以用来说明降低城乡收入比的重要性，它所代表的情况是可能实现的，因为城镇化对城乡差距的边际影响已经为负（见图5），还会继续降下去。但要使B成为现实，必须把城乡内部的不均等控制在现有水平上。(4)在中短期城乡内部不均等还会上升，所以相当一段时间内，对应于E的可能性最大。但在城镇化率达到65%以前，A与E没有显著差别。另一方面，城乡内部不均等不可能持续增加，所以，我国将来的不均等越往后越趋向于B。我国的不均等走势预计是在A和B之间波动。

根据上面的讨论，当我国的城镇化率达到60%左右时，整体泰尔指数仍然会在0.35的水平（相当于基尼系数0.44[①]），但当达到80%时，整体泰尔指数将会下降到0.24（相当于基尼系数0.37），这与20世纪90年代后期的收入分配状况相近。那时可以通过二次分配把城乡内部的不均等降到比2010年还低的水平，这样泰尔指数就可能只有0.20（相当于基尼系数0.33）左右，相当于改革开放初期的状况。

[①] 本文的分析基于泰尔指数，若用基尼系数似乎无法建立城镇化与不均等的理论关系。但不同不均等指标高度相关(Shorrocks & Wan, 2005)，基于本文的数据，这两个指标间的相关系数高达0.995。为方便读者，可以建立一个模型，用来把泰尔指数值换算为对应的基尼系数值（括号内为 t 值）：$Gini = 0.159 + 1.069t - 0.756t^2$，$R^2 = 0.998$ (30.82) (28.07) (-11.62)。

五、小　结

城镇化与贫富差距是我国政府、广大民众和学术界已经面对,并在相当时期内都要继续面对的重大问题。本文基于常用的泰尔指数,构建了城镇化与不均等之间的理论关系。这个关系呈倒 U 型,但其驻点或峰值取决于四个变量:城乡内部各自的不均等和城乡各自的平均收入。所以,不同国家或地区,甚至同一地区不同时期的这个倒 U 型关系是不同的。在给定城乡平均收入的情况下,当城镇内部不均等小于农村内部不均等时,城镇化可以改善收入分配,反之亦然。但在给定城乡内部不均等的情况下,城镇化对整体贫富差距的影响则取决于城镇化水平,它早期使不均等上升,但后期帮助改善收入分配。显然,城镇化与贫富差距之间是一个动态关系,必须动态地去考虑和解析。城镇化不会无条件地带来收入分配的改善或恶化。

本文的实证分析基于国家统计局的住户调查数据,研究发现,城镇化在 1978～1994 年期间使整体不均等上升,但 1995 年以后一直帮助减缓贫富差距的扩大,其效应呈不断强化的趋势。尤其是 2003 年后,城镇化主要通过缩小城乡差距使我国的贫富差距有所下降。遗憾的是,这个城镇化效应不足以抵消缘于其他变量引起的不均等的上升,所以,我国整体收入分配状况在 1982～2006 年间基本上呈恶化的趋势。如果没有城镇化,1995 年后我国的贫富差距会更大。其他主要发现可以概括如下:

第一,尽管我国的倒 U 型曲线在各年不尽相同,其峰值所对应的城镇化率在 24% 和 39% 之间波动。考虑到户籍制度的改革和向农村转移支付的增加,这个临界值在将来估计会保持在 40% 以内。也就是说,我国的城镇化早已成为改善收入分配的重要力量。1995 年后整体不均等的上升是由城镇化以外的其他因素造成的。

第二,与国外的情况恰恰相反,基于泰尔指数度量的中国城镇内部的不均等一直小于农村的,但城乡内部不均等皆呈上升的趋势,而且前者上升更快,它们之间的趋同在 2010 年已经基本实现。所以,我国今后的城镇化进程中,必须注重控制城镇内部不均等的上升势头。

第三,城乡收入差距对整体不均等的贡献率在 1984 年最低,为 24.1%,之后逐渐上升到 20 世纪 90 年代初的 40%,最后攀升至 2010 年的 53.6%。也就是说只要使城乡人均收入达到同等水平,哪怕保留城乡内部各自的不均等,就可以将整体不均等减半。其实,在 1984 年城乡差距最低时,我国的泰尔指数仅为 0.148(基尼系数为 0.299),远低于 2010 年的 0.387(基尼系数为 0.457)。所以 2003 年后城镇化改善收入分配的积极作用,主要是通过缩小城乡差距来实现的。

本文的研究成果具有两大政策含义:一是中国应该加快城镇化步伐,它能帮助改善分配状况。假定城镇化对增长的积极作用,快速城镇化就是鱼和熊掌兼得的好事。我国不能因为城镇化过程中遇到挫折、阻力或困难而退缩。毕竟城镇化浪潮不可阻挡,退缩的代价是牺牲公平甚至增长,换来的也只是问题的堆积和恶化。当然,这里所说的是真正意义上以农民工市民化为前提,而非依靠行政手段以建成区面积扩张为标志的城镇化。二是欲保持或增强城镇化对贫富差距的积极作用,关键是控制城镇内部不均等的上升,或使其下降。因为农民工在城市有相对较低的工资待遇,同时遭受种种歧视,包括劳动力市场上的排斥,也不能享受城镇居民相对较高的社会福利,农民工市民化完全可能帮助控制城镇内部不均等的上升,或使其下降。所以说,如何让农民工和他们的家属在城镇安居乐业是城镇化的核心,也是解决收入不均等的核心。

参考文献

1. 陈宗胜,2002. 关于收入差别总体基尼系数测算的方法的一个建议[J]. 经济研究(5).
2. 陆铭,陈钊,2004. 城镇化、城镇倾向的经济政策与城乡收入差距[J]. 经济研究(6).

3. 陆铭，陈钊，万广华，2005．中国的收入差距、投资、教育和增长的相互影响[J]．经济研究(12)．

4. 陶然，徐志刚，2005．城镇化、农地制度与迁移人口社会保障——一个转轨中发展的大国视角与政策选择[J]．经济研究(12)．

5. 万广华，陆铭，陈钊，2005．全球化与地区间收入差距：来自中国的证据[J]．中国社会科学(3)．

6. 万广华，1998．中国农村区域间居民收入差异及其变化的实证分析[J]．经济研究(5)．

7. 万广华，2004．解释中国农村区域间的收入不平等：一种基于回归方程的分解方法[J]．经济研究(8)．

8. 万广华，2008．不平等的度量与分解[J]．经济学(季刊)，8(1)．

9. 万广华，2011．2030年：中国城镇化率达到80%[J]．国际经济评论(6)．

10. 王小鲁，2010．中国城镇化路径与城镇规模的经济学分析[J]．经济研究(10)．

11. ADB, 2012. Key Indicators for Asia and the Pacific[Z] Manila, Philippines.

12. KUZNETS SIMON, 1955. Economic Growth and Income Inequality[J]. American Economic Review, 45：1—28.

13. LIN JUSTIN YIFU, BINKAI CHEN, 2011. Urbanization and Urban-Rural Inequality in China：A New Perspective from the Government's Development Strategy[Z]. Frontiers of Economics in China, 6：1—21.

14. MINOIU C, S G REDDY, 2006. The Estimation of Poverty and Inequality from Grouped Data Using Parametric Curve Fitting：An Evaluation of POVCAL[Z]. Mimeo, Columbia University.

15. RAVALLION MARTIN, SHAOHUA CHEN, 2007. China's(uneven) Progress against Poverty[Z]. Journal of Development Economics, 82：1—42.

16. SHORROCKS ANTHONY, GUANGHUA WAN, 2005. Spatial Decomposition of Inequality[J]. Journal of Economic Geography, 5(1): 59—82.
17. SHORROCKS ANTHONY, GUANGHUA WAN, 2009. Ungrouping Income Distributions: Synthesising Samples for Inequality and Poverty Analysis[M]//Kaushik Basu, Kanbur Ravi, et al. Arguments for a Better World: Essays in Honor of Amartya Sen, New York: Oxford University Press, 414—434.
18. WAN GUANGHUA, 2007. Understanding Regional Poverty and Inequality Trends in China: Methodological and Empirical Issues[J]. Review of Income and Wealth, 53(1): 25—34.
19. WAN GUANGHUA, 2008. Inequality and Growth in Modern China, New York: Oxford University Press.
20. WAN GUANGHUA, IVA SEBASTIAN, 2011. Poverty in Asia and the Pacific: An Update[Z]. ADB Economics Working Paper Series, No. 267. Manila, Philippines.

自述之七

本篇论文从理论方法和实证方面探讨了城镇化与收入分配的关系,理论方法方面的贡献具有开拓性,在国内外尚属首次;也有一般性,可以运用于研究任何国家任何时期的城市化与不均等的关系。后部分的实证分析得出了诸多有意义、有些甚至是意料之外的发现,比如论文结果推翻了本人长期坚持的一个观点:城市化总是帮助缩小城乡差别的。这些研究成果对中国城镇化战略和政策的制定与调整,以及通过推进城镇化来解决收入分配问题提供了科学客观的依据和信息。

关于城镇化与不均等的关系,我在2006年曾提出一个观点,即人口城市化是解决中国贫困与收入差异的唯一出路。但那是依据直观的逻辑推断得出的,没有经过严格的理论或实证分析。就绝对贫困而言,城市化的积极作用基本上不需要验证,贫困的农民移居城镇只要找到工作,工资就会高于其在农村的微薄收入,而绝大部分失业移民往往选择返乡(如果长期失业,他们无法在城镇生存),所以农民工的失业率比较低。所以说,中国的城市化几乎肯定与贫困负相关。

但城市化对不均等的影响就很难判断了。如果贫困人口收入上升的幅度小于非贫困人口的,城市化就会与不均等正相关,否则负相关。当然,二者也可能没有显著的相关关系。严格地说,总体不均等可以分为三个组成成分:城市内部的不均等、农村内部的不均等和城乡差异。任何一个变量对不均等的影响是其对这三个成分的影响之和。从根本上说,乡城移民对不均等的影响取决于农民工移居前后的收入状况(可以合理地假设移民前的城镇平均收入高于农村平均收入),详细情形见下表:

移居前(乡村)	移居后(城镇)	影响			总影响
		农村不均等	城镇不均等	城乡差异	
高于农村平均收入	高于城镇平均收入	减少	增加	增加	不确定
	等于城镇平均收入	减少	无	增加	不确定
	低于城镇平均收入	减少	增加	不确定	不确定
等于农村平均收入	高于城镇平均收入	无	增加	增加	增加
	等于城镇平均收入	无	无	无	无
	低于城镇平均收入	无	增加	减少	不确定
低于农村平均收入	高于城镇平均收入	减少	增加	不确定	不确定
	等于城镇平均收入	减少	无	减少	不确定
	低于城镇平均收入	减少	增加	不确定	不确定

根据最后一栏可以看出,过去我个人基于直觉的推断很可能出错,没有一个情形是肯定移民能够减少不均等的。所以说,直觉常常不一定可靠,相对可靠的结论或发现需要基于规范的经济学分析。

是否还有其他方法可以用于研究城镇化与不均等的关系?答案是肯定的。比如,我们可以设法估算上表中9个组合(前2栏)或27个结果(后3~5栏)的概率与平均影响,这样可以得到移民对总体不均等的影响。在更为加总的层面,还可以进一步简化:用0、1表示移居前后,y表示移民收入,Y表示全国平均收入,移民对收入分配的影响取决于移民前后其收入与全国平均收入的绝对值的差。用D代表这个差,我们有移居前收入差:$D_0 = |y_0 - Y_0|/Y_0$,以及移居后收入差:$D_1 = |y_1 - Y_1|/Y_1$。如果$D_0 < D_1$,移民导致不均等的减少;反之亦然。这些思路都可以探索,权当作后续研究建议。

估计不少人会试图去建立计量经济模型,以不均等为因变量,城镇化为自变量,并控制其他变量。我没有使用这个方法,部分的是因为很难找到长时间序列的省级不均等指标,用城乡差异作为替代变量也不合适,因为长期以来中国越为发达的地区,城乡差异越小,但其不均等并非越低。有初步研究表明,省级不均等与人均GDP的关系为非线性的,我所排斥的Kuznets曲线也是倒U型的。所以,使用城乡收入比代表不均等在省这一级是值得商榷的,尽管我自己以前也这样做过。但是在全国层面,总不均等的70%~80%由城乡差异构成,所以后者可以勉强被用作前者的替代变量。

我没有使用计量经济模型的另一个原因是,在缺乏微观数据的情况下,城镇化对不均等的影响是无法通过回归模型估算出来的。事实上,在加总层面估算任何变量对不均等的影响都有问题。比如,假设有 3 年 3 个人的微观数据,收入或消费 Y 由 2 个因素 g 和 x 决定,同时假设收入 $Y = 0.3g + 0.7x$,可以获得如下表格:

年份	g	x	Y
1	1.5	0.5	0.8
	1.5	1	1.15
	1.5	1.5	1.5
2	1	1	1
	2	2	2
	3	3	3
3	2.2	1.5	1.71
	2.2	3	2.76
	2.2	4.5	3.81

这时可以求得 Y 的基尼系数和自变量的平均值:

年份	Gini	g 的均值	x 的均值
1	0.135	1.5	1
2	0.222	2	2
3	0.169	2.2	3

如果使用回归方程来度量 g 和 x 对基尼的影响,我们可以得到不包含常数项的实证模型为(括号内为 t 值):

$$Gini = 0.126g - 0.031x$$
$$(2.37) \quad (-0.664)$$

也就是说,g 使不均等上升,x 使不均等下降。顺便提一下,以不均等指标为因变量的模型不宜包含常数项,因为当所有自变量为零时,除非有变量可以取负值,这时的不均等必须为零。

上述计量结果可靠吗?基于微观数据,我们可以通过基尼系数的分解来求得各变量对基尼系数的真实的贡献,见下表:

年份	绝对贡献		相对贡献(%)	
	g	x	g	x
1	0	0.135	0	100
2	0.067	0.156	30	70
3	0	0.169	0%	100

显然不均等主要是由 x 引起的,但回归方程给出的结论恰恰相反,是错误的。这个简单的例子也说明所有的关于 Kuznets 假说检验的文献都可能有误。

城市化水平的决定因素：跨国回归模型及分析*

一、引言

全球正在经历人类历史上最大规模的城市化进程。据联合国（UN,2011）预测，从 2010 年到 2030 年，世界城市人口将再增加 14 亿，其中 11 亿将发生在亚洲。到时，中国将会拥有 221 个超过 100 万人口的城市，而目前欧洲只有 35 个这样规模的城市。此外，城市化的速度也是空前的，用一个城市从 100 万人口增长到 800 万人口所需要的时间来说明：伦敦花了 130 年，曼谷花了 45 年，首尔只花了 25 年。

史无前例的城市化规模和速度无疑对各国政府提出了严峻挑战，包括应对整个社会和经济体系的急剧变革。尤其是，如何分配、规划和提供城乡基础设施、环境、教育和医疗等公共服务都需要对城市化水平进行前瞻性研究。比如说，低估了城市化速度就会造成城市投资不足而农村建设形成浪费，并带来或加重城市病，如贫民窟、交通拥挤、污染等。而要对城市化水平进行预测，就必须深入理解城市化水平的决定因素。其实，识别左右城市化水平的因素，无论对国家制定科学发展战略，还是对企业和个人的理性决策，以及国际组织决定援助资源流向，都是非常重要的。

探讨城市化水平的决定因素对中国而言格外重要，这首先是因为中国具有数以亿计的乡城移民，一个百分点的城市化率差别意味着 1300 万~1500 万人是在农村还是城镇成长、工作或生活。更为重要的是，中国的城市化进程长期被严重扭曲，所以究竟与国际经验相吻合

---

* 本文受到国家自然科学基金重点项目"兼顾效率与公平的中国城镇化：动力机制、发展路径与政策调整"（71133004）、云南省"百人计划"项目、国家自然科学基金优秀青年基金和面上项目（71322307、71273154、70973065）、教育部新世纪人才支持计划（NCET－12－0313）和清华大学自主科研计划资助，特此致谢。感谢徐杨菲对本文研究的协助。感谢匿名审稿专家的意见，文责自负。本文发表于《世界经济文汇》2014 年第 4 期。

的中国城市化率是多少,或中国城市化滞后究竟多么严重,这一直都是备受关注的问题。

与城市化有关的文献首先是关于城市为什么会形成和发展的。这些文献的理论基础可以追溯到 Marshall(1890)和 Jacobs(1969),是他们提出了外部规模经济(externalities of scale)的概念。外部规模经济可以分为地方化经济(localization economies,产业内外部性)和城市化经济(urbanization economies,产业间外部性或集聚经济)。外部规模经济的微观机制与劳动力池、原材料共享和知识溢出紧密相关(见 Rosenthal and Strange,2001)。在一个国家从以农业为主向以制造业和服务业为主的结构转型过程中,后者所具有的外部规模经济,会吸引企业和劳动力向城市转移(Henderson,1974;Quigley,1998;Duranton and Puga,2001;Henderson,2003)。

当然,研究劳动力转移的经典文献当属二元经济模型(Harrris and Todaro,1970;Renaud,1981)。在这类模型中,农村和城市的生产率差异被看作是外生的,而移民决策则受到迁移成本、最低工资和城乡差异的影响。此外,著名的中心—外围模型描述了在怎样的条件下,制造业和人口会集中在一个区域,而不是分散在许多区域。还有,齐夫法则常常被用于检验不同规模城市的分布规律(Loannides and Overman,2003)。后两部分文献主要是解释在给定总城市人口的前提下,城市人口如何在空间上分布,不过它们没有解释到底是哪些因素决定了一个国家中城市人口的规模(即城市化水平)。

关于城市化率的决定因素,较早的实证研究是 Pandey(1977)。基于印度邦级截面数据,他发现工业化水平具有正向影响,农作物种植密度有负向影响,以平均工资代表的经济发展水平的影响不显著。但由于采用的是 OLS 估算方法,他的模型只识别了相关性,而非真正的因果关系。Chang and Brada(2006)关于中国城市化率的研究也存在同样的问题。Moomaw and Shatter(1996)考虑了较多的自变量,包括人均 GDP、工业化水平、出口导向、外国援助和政治因素等,并讨论这些变量与城市化率和城市集中度(100 万人之上城市人口占总城市人口的比重)的关系。由于他们使用的跨国数据平均到每个国家只有3个观测值,所以只能采用含有区域和时间虚拟变量的混合截面数据回归,其结果很可能受到内生性问题的困扰。

本文利用联合国 WUP(World Urbanization Prospects)数据库和最新 WDI(World Development Indicators)数据库,以全世界 229 个国家 1950~2010 年间城市化和经济增长等相关数据为基础,对影响城市化水平的决定因素展开实证研究。我们的工具变量模型结果显示,经济增长、非农化(第二、第三产业占 GDP 比重)和人力资本水平(成年人均受教育年限)是决定城市化水平的关键因素。在这个模型的基础上,我们加入贸易开放度指标,去除特别高收入国家的观测值,并用得到的模型推测中国的城市化水平,发现基于国际经验的中国 2010 年城市化率为 53.56%,这高于以常住人口定义的中国城市化率,也远远高于按户籍人口定义的中国城市化率。这个发现意味着以"农民工市民化"为核心的"新型城镇化"迫在眉睫。进一步地,"市民化"还不足以解决中国城镇化滞后的问题,中国城市化需要加速,否则城市化进程的进一步滞后可能使效率和公平兼失。

二、数据和模型

(一)数据来源

本文的数据来自多个渠道,主要是联合国"世界城市化展望"的 2011 年修订本(UN,2011),它包含了世界 229 个国家在 1950~2010 年间每隔 5 年的城市化率。有必要指出,各国对"城市"的定义可能不同,有些按照人口多少,比如人口大于 5000 或 10000 的地区,也有些按照非农就业比重、行政区划甚至历史传统定义城市。尽管联合国在采集数据时尽量保持统计口径的一致性,在定义发生改变时也会进行调整,但仍然不能消除该定义在不同国家之间的差异。好在国家固定效应模型可以部分地解决这个问题。

本研究所使用的变量见表 1。

表1 基本变量及其定义

变量	定义
urban	城市化率
pcGDP	人均GDP(通过购买力平价转换的美元,2000年不变价)
pcGDPgrowth	人均GDP增长率
education	成年人口的平均受教育年限
indus	非农化率,用GDP中的非农业份额来衡量
popdensity	人口密度(每平方公里国土上的人口数量)
popgrowth	人口增长率
trade	贸易开放度(出口额与进口额总和占GDP的份额)
primacy	城市首位度,最大城市人口占全部城市人口的比重
sys	国家体制,取值10(完全民主)与 –10之间(完全集权)
instability	不稳定性哑元变量,基于Polity Ⅳ项目数据库中的体制不稳定系数"polity2"(从 –10 到 +10 的指数,越大说明国家体制越稳定)构建,当polity2变化超过3时本变量取值为1,否则取0
roaddensity	道路密度(每平方公里国土上道路的公里数)

人口增长和人口密度数据来自《联合国世界人口展望》(UN World Population Prospects)2010年修订本。人力资本水平指25岁以上人口的平均受教育年限,该数据来自Barro and Lee(2013)。GDP及其构成、贸易份额和城市首位度等数据均来自《世界发展指标》(World Development Indicators)2011或2012年修订本。体制和不稳定性变量基于Polity Ⅳ项目数据库。道路密度取自国际道路协会数据库。GDP增长率是基于GDP水平计算的5年增长率的均值。

本文研究重点为仍处于城市化进程中的国家,而不是那些城市化进程已经基本结束的国家,所以我们剔除了城市化率高于80%的国家。这使得不少发达国家的样本点被删除,但它们在城市化率达到80%前的数据(也就是它们的城市化进程中的年份)得以保留。另外,例如新加坡、摩纳哥等国家也被排除在外。我们还要求样本国家的人口大于100万,这是由于存在着大量的小国(例如法罗群岛和美属萨摩亚),如果不被排除,它们会影响方程回归结果(在全部229个国家中,人口少于100万的高达73个)。

(二)回归模型的设定

本研究的目的是识别城市化率的决定因素。先来考察表1中的变量是否与城市化率具有相关性。这可以通过建立和估算一个 OLS 模型来进行,其设定与变量选择都参照了前面提到的相关文献:

$$urban_{it} = \alpha + \mu_i + \lambda_t + \beta_1 pcGDPgrowth_{it} + \beta_2 education_{it} + \beta_3 indus_{it} + \beta_4 \ln pcGDP_{it}$$
$$+ \beta_5 popdensity_{it} + \beta_6 popgrowth_{it} + \beta_7 trade_{it} + \beta_8 indus \cdot trade_{it}$$
$$+ \beta_9 primacy_{it} + \beta_{10} sys_{it} + \beta_{11} instability_{it} + \beta_{12} roaddensity_{it} + \varepsilon_{it} \qquad (1)$$

其中,i 代表国家,t 代表年份,μ_i 是国家固定效应,用于控制各个国家特有的因素,例如地理条件、社会和文化特征、城市定义的不同等;λ_t 是时间固定效应,用以控制不同年份特有的因素。ln 代表对数。其他变量的定义如表 1 所示。

人均 GDP 取对数而不是绝对值,这是因为数据表明 GDP 与城市化率之间似乎存在非线性关系。Moomaw and Shatter(1996)的研究表明,经济增长可以从两个渠道推动城市化进程:首先,经济增长带来市场规模的扩大,从而导致劳动力专业化分工。专业化水平的提高使交易成本变得更为重要,因为这时企业更多地依赖于从外部获取原材料,其产品市场也变得更为广阔。这样一来,经济活动需要集聚在城市以最小化交易成本。其次,经济增长通常引发需求结构的变化,推动经济结构从以农业为主转向以工业和服务业为主。由于地方化经济和城市化经济都能够使第二、第三产业的生产成本降低,且这一效应强于农产品生产成本的节约,因此结构转型也会推动城市化。

上述两个渠道可以相互独立地发挥作用:即使经济结构保持不变,劳动力在不同部门内专业化程度的提高也会带来更高的城市化水平。类似地,工业化的推进(产业结构的调整)也并非一定依赖于人均产出的提高。为了分别衡量这两种影响渠道,我们将经济发展和非农化水平(GDP 中非农业部门所占份额)这两个变量同时放进模型。

人力资本(受教育程度)对城市化的作用主要与知识溢出效应有关。集聚经济的一个主要机制在于产业内的溢出效应,尤其是当技术复杂程度较高的时候。高科技行业的发展意味着对人力资本的更大需求。因此,人力资本水平和技术复杂性在推动城市化方面可能是互相促进的。更加一般地说,知识溢出提高了人力资本的回报,企业为了在劳动力市场上竞争得到高质量劳动力,就需要支付更高的工资。

例如,Rauch(1993)对美国城市的研究表明,控制个体受教育水平,平均受教育水平越高的城市,个人收入也越高。从劳动力池的角度还有一个相关解释——劳动力的技能和专业性越强,劳动力池的规模经济效益可能就越大。最后,人力资本自身还有一个能够推动城市化的原因,即高素质人口对于多元化的城市生活和社会环境有更大的偏好。值得一提的是,Black and Henderson(1999)关于城市中知识积累的研究发现,城市的人口规模与人力资本水平(用劳动力中大学及以上学历的比重度量)呈正相关。

在关注人均GDP增长率、非农化程度以及人力资本的同时,我们也需要控制贸易开放度。贸易至少从两个途径影响城市化水平:首先,贸易提高了交通枢纽的重要性,而交通枢纽通常位于城市;第二,与自给自足的经济相比,贸易关系的建立、维持和发展需要更高水平的市场和金融服务。二者都意味着贸易可以提高城市的经济份额。然而,Elizondo and Krugman(1996)认为,贸易对城市化的作用在发展中国家应该是负向的。他们的观点是,在封闭经济体中,贸易壁垒使得企业只能面向国内市场,而需求和投入品在大都市的集聚使得新的企业只能集聚在大都市。这一过程有自我强化的特点,从而导致过强的城市集聚(或者城市化)。而随着贸易自由化的启动和推进,这些巨大都市区将可能缩小。由于上述两种可能性,模型中的贸易开放度系数符号是不确定的。

方程(1)中还包含了两个非经济因素——体制(democracy)以及衡量政权不稳定程度(instability)的指标。尽管以前的研究认为两者对城市首位度(primacy)的影响要强于对城市化率的影响,但它们对城市化的影响还是直观的。在集权国家,权力高度集中,政府决策受少数富有或精英阶层影响较大,而相对较少考虑更大空间范围内的居民,尤其是农村往往被忽略。因此,政府分配公共资源时常常倾向于城市居民。这种城乡差异既影响公共品的消费(如医疗卫生和教育的消费),也影响到投资和经济增长(农村地区获得的基础设施投资较少,从而影响私人资本流入,阻碍农村经济增长)。这样一来,人们迁往城市的意愿更加强烈。相反地,民主政体对空间上较为分散的农村人口的政治权益有更高的保障,可能削弱向城市移民的动机。但另一个现象是,在苏联等社会主义国家中,政府在政策层面上对农村给予了相当的关注。尽管Davis and Henderson(2003)发现民主对城市集中度的影响显著为正,但体制与城市化水平之间的关系实际上没有非常一致的结论。

当然,政权不稳定性也会影响城市化。在一个政府寻求执政根基的过程中,城市地区有组织的人口比空间上分散的农村人口对于政权稳定性更具影响。因此,为了维护政权,政府更倾向于通过消费补贴、免除高额税收等方式向城市人口分配更多的资源。在发生政治冲突的时候,城市地区的人口也可能比农村地区享受更多的保护。所有这些都能提高城市的吸引力。

前人的研究广泛认可城市集中度的重要性。城市集中度通常用首位度(一个国家中最大城市人口占城市总人口的份额)来衡量。在我们的回归方程中,控制了城市首位度(primacy),从而可以检验更高的首位度与更高的城市化率是否相关。一些国家的国土面积相对于人口而言比较小,这会导致城市集聚程度看起来较高,因此在回归方程中放入人口密度(popdensity)加以控制。人口增长既可以直接推动城市化(如果城市人口增长率超过农村地区),也可以通过移民来推动城市化,因此我们加入人口增长的变量(popgrowth)。例如,对于产出仅够维持温饱的农业地区而言,过高的人口增长率使得家庭人数超过了农场所能支持的家庭规模,就会使得部分成年人迁往城市。

最后,良好的基础设施可以降低交通成本,使得经济活动无须过分集中在拥堵严重、地价高昂的城市中心区。相反地,在基础设施不完善的地区,农场也必须靠近原材料和消费者所在地,从而导致较高的集聚程度。中心—边缘理论就强调基础设施的作用,该理论沿用Krugman(1991)的思路,考察技术进步对城市集中度的影响,其中技术进步通常等价为交通成本的降低。因此,我们在模型中加入了每平方公里国土上道路公里数(roaddensity),来反映基础设施状况。

三、OLS、IV 及一次差分方程回归结果

（一）OLS 回归结果

利用 OLS 方法对方程（1）进行回归，结果如表 2 所示。

表 2　OLS 回归结果：被解释变量 = 城市化率

自变量	(1)	(2)	(3)	(4)	(5)
人均 GDP 增长率	-11.23* (6.064)	-11.57* (5.987)	-13.85** (6.377)	-52.93*** (17.37)	-23.00*** (5.975)
人力资本水平（成年人受教育年限）	1.650** (0.773)	1.647** (0.781)	1.472* (0.818)	1.183** (0.592)	2.360*** (0.481)
非农化率	0.0883* (0.0495)	0.145** (0.0644)	0.247*** (0.0810)	0.490*** (0.120)	0.316*** (0.0870)
ln(人均 GDP)	1.569 (1.485)	2.023 (1.476)	1.634 (1.766)	7.835*** (1.227)	2.505* (1.406)
人口密度		-0.00742 (0.0125)	-0.00731 (0.0191)	-0.0224*** (0.00729)	0.000457 (0.0168)
人口增长率		-0.498 (0.417)	-0.673* (0.400)	-0.647 (0.793)	-0.567 (0.427)
贸易开放度		0.103 (0.0709)	0.179* (0.0929)	0.206 (0.159)	0.232** (0.0974)
非农化率×贸易开放度		-0.00125 (0.000919)	-0.0228* (0.00126)	-0.00304 (0.00188)	-0.00283** (0.00130)
城市首位度			-0.188 (0.141)	-0.0635 (0.0690)	-0.0560 (0.136)
体制哑元变量			0.139* (0.0743)	-0.149 (0.127)	0.195** (0.0821)
不稳定性哑元变量			-0.146 (0.398)	2.361* (1.262)	-0.396 (0.468)
道路密度			-0.350** (0.170)	-0.946** (0.398)	-0.205 (0.160)
常数项	10.98 (10.88)	4.821 (10.97)	7.354 (15.39)	-53.03*** (9.026)	-6.354 (12.46)
国家固定效应	YES	YES	YES	NO	YES
时间固定效应	YES	YES	YES	YES	NO

续表2

自变量	(1)	(2)	(3)	(4)	(5)
残差聚类(国家层面)	YES	YES	YES	YES	YES
样本量	806	797	571	571	571
国家数量	118	118	115	115	115
R^2(within)	0.717	0.723	0.722		0.687
R^2(full)	0.975	0.975	0.981	0.773	0.979

注:括号中为异方差稳健性标准差,"*""**""***"分别表示该系数在10%、5%和1%的水平下显著。

表2括号中的值为异方差稳健性标准差,我们让残差在国家群组上进行聚类(standard errors clustered by country),以处理残差在国家层面上并不独立的问题。表2中除了模型(5),所有模型都包含了时间效应λ_t,这是由于F检验结果拒绝了不存在时间固定效应的零假设$[F(9,114)=3.84, P=0.00]$。F检验也说明需要包含国家固定效应$\mu_i(F=6418, P=0.00)$,这意味着国家之间的差异在解释城市化率时十分重要[只有模型(4)不包含这一项]。考虑到国家和时间固定效应的重要性,我们下面重点关注模型(1)至模型(3)的结果。

在进行模型估算时,我们首先选用最基本的几个变量,然后逐渐加入更多的控制变量。值得强调的是,在所有模型中,人均GDP增长率、受教育水平以及非农化率对城市化水平的影响保持一致的方向,系数的大小也基本稳定。此外,无论放入或去除哪些控制变量,这三个变量的系数都是显著的。相反地,尽管人均GDP对城市化率的影响在数值上很大,但是只要在方程中放入受教育水平或者非农化率,该系数就变得不显著。事实上,在表2的所有模型中,人均GDP与城市化率之间都不存在显著的关系(唯一的例外发生在没有控制国家固定效应的时候)。尽管我们不能据此得出严格的因果关系的推断,但是这一结果或许说明城市化率与收入水平之间的联系要远小于它与经济结构和人力资本发展等因素间的联系。

人均GDP增长率、受教育程度以及非农化率前的系数告诉我们，人均GDP增长率与城市化率之间存在一个较为稳定的负相关关系。从第3列中可以看到，人均GDP增长率每增加1%，城市化水平平均降低大约0.14个百分点（需注意人均GDP增长率是以小数来衡量的，而城市化率则是以百分点来衡量的）。这一结果并不出人意料——最近数十年内有着较高增长率的国家通常都是发展中或中等收入国家，而这些国家的城市化率比较低，同时增长率较低的发达国家具有较高的城市化率，所以出现城市化率—增长率负相关的结果。这个例子充分说明了方程所示的相关关系与因果关系之间有巨大的差别。这个负相关关系不代表因果关系。为了识别后者，我们需要采用工具变量方法（见下节）。

表2中，受教育程度的系数较为稳定地围绕1.6波动，这表明成年人口平均受教育年限每增加1年，城市化率大约会增加1.6个百分点。类似地，非农化率（在所有变量中有着最强的显著性）每增加1个百分点，城市化率大约增加0.25个百分点。这两个变量的估计结果说明，一个国家的城市化是其总体发展的一部分，它与经济、社会和人口的发展相辅相成。另外一些变量，例如人口密度、贸易开放度、道路密度等，也会在一些情况下表现出显著性，但是并不稳定。

在上述回归方程中，有些变量并不是外生的，部分自变量与因变量之间存在双向因果关系，也有部分自变量与因变量可能同时受到遗漏变量的影响，这些都使得OLS回归结果不一定能反映真正的因果关系。例如，城市化率和受教育水平之间的正相关关系可能是由于以下原因引起的：第一，受教育水平较高的人口前往城市就业从而提高城市化率；第二，城市地区的教育条件更好，所以我们看到城市化率越高，人口的平均受教育程度也就越高；第三，其他的原因（例如工业化）同时推动了城市化进程和教育水平的提高，这是因为较高的工业化创造了更多高技能的就业岗位，从而将劳动力吸引到城市中来，同时提高了教育回报。类似的情况在其他变量上同样可能出现。为了解决内生性问题,文章的下节将考虑工具变量模型。

另外,上述回归中包含了不平稳的变量。GDP、非农化率、进出口份额、受教育程度、人口密度、城市首位度、民主程度以及基础设施情况都可能是一阶单整的时间序列变量。不过,我们的样本包含107~118个国家,每个国家只有6个观测值,也就是说,样本截面宽度远远大于时间跨度。正是由于时间跨度相对很短,因此可以假定这些变量是平稳的。进一步地,由于以国家为单位将残差进行了聚类,用来控制国家内部的序列相关性,这可以进一步缓解潜在的不平稳性问题。最后,本文下面还进行了一次差分回归估计,用以考察上述解释变量的变化对城市化变化率的影响。

(二) Ⅳ估计结果

为了解决OLS回归中的内生性问题,我们采取工具变量的方法。对于经济增长而言,我们沿用Henderson(2003)的做法,用滞后项作为工具变量。例如,用$pcGDP_{(t-2)}$作为人均GDP增长率的工具变量(因为$pcGDP_{(t-1)}$进入了第t期人均GDP增长率的计算,因此不能作为工具变量)。第一阶段回归结果显示,人均GDP的滞后项对于当前的经济增长率有很强的解释力。对于受教育程度和非农化率这两个变量,我们均采用二阶滞后项作为工具变量。另外,受教育程度的三阶滞后项在解释非农化率时非常显著,因此也作为工具变量加入。我们没有采用人均GDP或者非农化率的三阶滞后项,这是因为它们的解释力很弱。

这些变量的滞后项能够解释它们当前的数值,所以是有效的工具变量。但它们是否满足不与残差项相关的条件呢?例如,在给定当前非农化率的前提下,过去较高的非农化率不一定意味着当今更高的城市化水平。这可能有悖直觉,因为滞后的受教育水平和非农化率本身,就可能对城市化水平产生直接影响,所以应该与它们的当年值一起被包含在模型中。但是有两点值得注意:第一,我们的数据每5年有一个观测值,这就意味着我们是用10年之前的观测值作为当前值的工具变量。第二,我们已经控制了国家固定效应,这意味着实际被解释变量是 $urban_{it} - urban_t$,其中 $urban_t$ 为第 i 个国家城市化率在样本期的均值。因此,我们实际上是在解释一个国家城市化率偏离其均值的原因。这样一来,这个问题就变成了,十年之前对非农化率或教育水平的一个冲击或许会使城市化率在当时偏离其原有的趋势,但是否会在十年之后仍然延续这样的影响呢?我们用数据来回答这个问题。在检验过度识别问题时,我们将 2SLS 中 IV 回归的残差对所有工具变量进行回归,得到 Sargan 统计值为 $0.539(p=0.46)$,因此不能拒绝零假设(工具变量与残差项无关)。一个可能的解释是,城市化进程对当前经济环境的变化相当敏感,而过去冲击的影响随时间而减弱,并在十年内逐步消失。我们利用工具变量方法估计如下简化模型:

$$urban_{it} = \alpha + \mu_i + \lambda_t + \beta_1 pcGDPgrowth_{it} + \beta_2 education_{it} + \beta_3 indus_{it} + \varepsilon_{it} \quad (2)$$

我们将关注的重点放在这三个关键变量上,因为其他控制变量也可能是内生的,如果加入它们,就需要寻找合适的工具变量,但这是很困难的。工具变量在 2SLS 的第一阶段中解释力度很强。滞后二阶的 GDP 和非农化率对人均 GDP 增长率有很强的预测能力,但受教育程度滞后项的预测能力不强。人均 GDP 增长率和受教育程度都有明显的时间趋势。滞后三阶(而非滞后二阶)的受教育水平和滞后二阶的非农化率对当前非农化率有很好的解释能力。对第一阶段中工具变量的联合显著性检验结果显示,$F_g(4,106) = 12.01, F_e(4,106) = 49.24, F_i(4,106) = 17.58$。尽管第一阶段的解释力很强,但仍然可能存在识别不足的问题。为此我们检验了 $E[Z'X]$ 矩阵是否满秩。结果显示,LM 统计量为 $13.13(p=0.001)$,这表明满足矩阵满秩条件。

表 3 中的第 2 至第 5 栏报告了工具变量回归的结果。第 3 栏是两阶段最小二乘法 2SLS 模型,它考虑了异方差性,并在国家层面上对模型误差项进行聚类。第 4 栏和第 5 栏分别报告了最大似然估计(LIML)和矩估计(GMM)的结果,最大似然估计要比 2SLS 估计有更小的样本偏误和置信区间。

表3 工具变量估计结果

自变量	(1) OLS	(2) 2SLS	(3) LIML	(4) GMM
人均GDP增长率	−8.184 (5.370)	90.88** (45.50)	94.31** (47.20)	80.68* (43.32)
人力资本 (成年人受教育年限)	1.814** (0.809)	2.224** (1.118)	2.233** (1.125)	1.978* (1.067)
非农化率	0.121** (0.0540)	0.405*** (0.142)	0.409*** (0.144)	0.412*** (0.142)
国家固定效应	YES	YES	YES	YES
时间固定效应	YES	YES	YES	YES
残差聚类(国家层面)	YES	YES	YES	YES
样本量	806	607	607	607
国家数量	118	107	107	107
R^2 (within)	0.715	0.440	0.425	0.471

注1：括号中为异方差稳健性标准差，"*"、"**"和"***"分别表示该回归系数在10%、5%和1%的水平下显著。

注2：在2SLS、LIML和GMM中用到的工具变量为：滞后二阶GDP，滞后二阶受教育水平，滞后三阶受教育水平，滞后二阶非农化率。

根据2SLS的结果，我们可以推断上述三个核心解释变量(人均GDP增长率、受教育程度、非农化率)与城市化率之间具有正向的因果关系。准确地说，人均GDP增长率每增加1个百分点，城市化率大约会增加0.9个百分点。这一结果与OLS估计结果恰恰相反。OLS结果似乎与直觉相符，即处于发展阶段的国家，人均GDP增长率较高，而城市化率较低。但这只是OLS回归给出的相关性。从根本上讲，较高的经济发展速度可以带来城市化率的提高，这是我们在IV回归中发现的因果关系。受教育程度的系数在OLS和2SLS的两个模型中比较相近，都在2左右，即国民的受教育年限增加1年，城市化率平均提高2个百分点。而非农化率的系数约为0.4，是OLS估计结果的3倍。

(三) 一次差分方程

最后，我们还对城市化率方程中所有变量的变化值之间的关系进行分析。将城市化率、受教育水平、非农化率等变量分别取一次差分，而已经是增长率的变量则保持不变,例如人均 GDP 增长率、人口增长率。另外,用以描述国家不稳定性的哑元变量也保持不变。为了简化方程,我们去掉了人口密度、体制这两个指标,它们的变化率已经通过人口增长率和国家不稳定性得到了体现。一次差分方程如下所示:

$$\Delta urban_{it} = \alpha + \mu_i + \lambda_t + \beta_1 pcGDPgrowth_{it} + \beta_2 \Delta education_{it} + \beta_3 \Delta indus_{it} \\ + \beta_4 \Delta popgrowth_{it} + \beta_5 \Delta trade_{it} + \beta_6 \Delta indus \cdot trade_{it} + \beta_7 \Delta primacy_{it} \\ + \beta_8 instability_{it} + \beta_9 \Delta roaddensity_{it} + \varepsilon_{it} \quad (3)$$

估算一次差分方程主要有两个目的:首先,它可以从另一个角度来分析城市化水平。前面方程中的国家固定效应意味着我们所分析的被解释变量实际上是一个国家城市化率偏离其平均水平的程度,而一次差分方程则解释了当期城市化率与上一期相比发生变化的原因。其次,差分方程能够解决变量的非平稳问题——模型中的变量经过差分之后,都是平稳的。当然,我们仍然在国家层面对误差项进行聚类以控制序列自相关。

先讨论 OLS 模型(见表 4 中的第 2 栏)。变量系数的显著性水平与非差分方程有着显著的差别,同时,人均 GDP 增长率与城市化率的变化之间呈正相关关系,这与表 2 中 OLS 的结果相反。在差分方程中,国家不稳定性与城市化率增长之间存在显著的正相关关系,也就是说,当政府必须努力维持自己的执政权时,就会对城市地区倾斜资源,这与上文的判断一致。

表 4　一次差分方程回归结果(被解释变量:Δ 城市化率)

自变量	(1) OLS	(2) OLS	(3) 2SLS	(4) LIML	(5) GMM
人均 GDP 增长率	7.352*** (2.203)	7.612*** (2.357)	-11.29 (10.37)	-14.41 (12.31)	-10.93 (10.37)
Δ 人力资本水平	0.125 (0.243)	0.107 (0.233)	0.462 (2.028)	0.570 (2.268)	0.819 (2.013)
Δ 非农化率	-0.0128 (0.0295)	0.0135 (0.0115)	0.00658 (0.0859)	0.0115 (0.0949)	0.0208 (0.0853)
人口增长率	0.255 (0.221)				

续表 4

自变量	(1)OLS	(2)OLS	(3)2SLS	(4)LIML	(5)GMM
Δ贸易开放度	−0.0296 (0.0243)				
Δ非农化率× 贸易开放度	0.000291 (0.000299)				
Δ城市首位度	−0.109* (0.0617)				
政权稳定性 哑元变量	0.729*** (0.235)				
Δ道路密度	0.0891*** (0.0295)				
国家固定效应	YES	YES	YES	YES	YES
时间固定效应	YES	YES	YES	YES	YES
残差聚类 （国家层面）	YES	YES	YES	YES	YES
样本量	443	752	606	606	606
国家数量	109	116	107	107	107
R^2(within)	0.201	0.075	−0.048	−0.090	−0.61

注 1：括号中为异方差稳健性标准差，"*"、"**"和"***"分别表示该回归系数在 10%、5% 和 1% 的水平下显著。

注 2：在 2SLS、LIML 和 GMM 中用到的工具变量为：滞后二阶 GDP，滞后二阶受教育水平，滞后三阶受教育水平，滞后二阶非农化率。

表 4 的第 2 栏至第 5 栏报告了采用工具变量方法进行估计的结果，当然解释变量仅限于一些关键变量。与上文类似，我们用 GDP 的二阶滞后、受教育水平的二阶和三阶滞后、非农化率的二阶滞后作为人均 GDP 增长率、$\Delta education$ 以及 $\Delta indus$ 的工具变量。在 IV 方法的第一步中，GDP 和非农化率的二阶滞后对人均 GDP 增长率有着较强的解释力度，二阶滞后的受教育水平很好地解释了 $\Delta education$，非农化率的二阶滞后也很好地解释了 $\Delta indus$。F 检验值分别为 12.08、14.05、13.95。LM 检验值为 16.01，Sargan 统计量取值 2.04（p 值分别为 0.00

和0.15)。这意味着模型既不存在过度识别,也不存在识别不足。

遗憾的是,差分方程的工具变量估计结果并不理想,所有变量都不显著,而人均GDP增长率的系数也变成了负数。一个可能的原因是差分使我们损失了过多的信息,差分后变量的变动幅度不够大,影响了系数估计。这从直觉上也能够理解:一个国家城市化率偏离其在50年内(我们的研究期为1960~2010年)均值的程度会大于某一年城市化率相对于上一年的短期偏离。

差分方程中同样包含国家固定效应。也就是说,我们认为各个国家在样本期间的平均城市化水平存在差异。实际上,即便不加入这些国家固定效应,估计结果也没有明显的差异——所有变量的系数总是不显著的。由于不考虑国家固定效应可能会导致识别不足的问题,因此这里不做详细讨论。

(四)稳健性检验

这里只针对表3的结果进行稳健性检验。所有的IV估计都包含同样的三个自变量。实际上,即便去掉一个自变量,剩余两个自变量的系数仍然是稳健的。例如,如果将表3第3栏中的人均GDP增长率删去,则受教育水平的系数变成1.99(在10%置信度下显著),非农化率的系数变成0.35(在1%置信度下显著),与原结果十分相近。

稳健性检验发现,即便放松人口限制(包含人口小于100万的国家),估计结果也是稳健的。我们采用全部国家的样本进行回归估计时,关键变量前的系数分别为:人均GDP增长率=83.5(在5%置信度下显著),受教育水平=2.50(在5%置信度下显著),非农化率=0.44(在1%置信度下显著),这表明我们的结果对样本国家的筛选是稳健的。不过,如果样本中包含那些城市化率超过80%的国家,则人均GDP增长率的系数下降为41.88,且不显著。这一结果并不出人意料,因为那些国家已经达到了城市化较为稳定的阶段,但经济发展水平仍在上升。受教育水平和非农化率的系数分别为2.02(在5%置信度下显著)和0.38(在1%置信度下显著),也比较稳健。

我们还删除了1970年以前的样本来进行进一步检验,这样使得低收入国家和高收入国家在观测值数量上较为平衡。这时,受教育水平和非农化率的结果仍然是稳健的,系数分别为2.83(在10%置信度下显著)和0.58(在5%置信度下显著),而人均GDP增长率的系数下降为41.69(样本数为494个),这一结果表明我们最初对人均GDP增长率的系数估计很可能更多地受到发达国家早期经历的影响。

为了检验线性模型形式是否合理,我们对因变量进行了Box-Cox转换:将城市化率方程中的$urban_{it}$作为y,做如下转换:$(y^\theta-1)/\theta$,并进行最常见的参数检验$\theta=0$、$\theta=1$以及$\theta=-1$,发现该参数取1时似然函数值最大,这验证了线性模型设定的合理性。

(五)中国城市化率预测

跨国回归模型反映的是国际经验,那么根据这个模型预测的中国2010年城市化率是多少?在进行预测之前,我们先对工具变量模型进行修正。首先,我们把工具变量直接放进模型,而不是使用2SLS的估计方法。从技术层面上讲,这种方法与2SLS方法没有本质差别,但更符合直觉——2SLS模型里的人均GDP增长率是个流量,而城市化率是个存量,用流量预测存量,很可能得到城市化率随时间下降的结果,这在现实中虽然并非绝不可能,但起码是不正常的。而所有的工具变量都是存量,所以将工具变量直接放入模型能够避免这个问题。其次,我们删除了人均GDP超过20000美元的观测值,以2000年价格计算,2010年中国的人均GDP只有2426美金,到2030年估计也就是在10000美元左右。20000美元相当于现在的30000美元左右,显然用不含有这些观测值的模型推测中国或发展中国家的城市化进程更为合适。第三,我们加入贸易开放度(滞后三阶,因为滞后二阶不显著),因为贸易开放度对中国城市化的影响是肯定的,否则深圳和东莞不会如此迅速发展。第四,考虑到是为了考察中国能够从城市化的国际经验中学到哪些规律,从数据中去除中国样本,这样得到的才是完全的"国际经验"。表5报告了四个模型:含有与不含有中国样本,以及是否加入时间固定效应。不难发现，带有时间固定效应模型的总体 R^2 更高。另外，去除中国样本对斜率系数的估算结果没有实质性影响，但这样就无法知道中国的国家固定效应。所以，我们的预测将基于含有中国样本的时间固定效应模型。

表5　修正后的城市化率模型

不含时间固定效应

	方程系数		系数比较	
	(1) 包含中国的模型	(2) 不包含中国的模型	(2)−(1)	(2)/(1)−1
人均GDP二阶滞后	0.00190	0.00189	−1.51E−05	−0.793
(人均GDP)² 二阶滞后	−9.88E−08	−9.75E−08	1.3E−09	−1.316
人力资本(成年人平均受教育年限)二阶滞后	2.936	2.901	−0.0344	−1.171
非农化率二阶滞后	0.145	0.143	−0.00226	−1.560
贸易开放度三阶滞后	0.0332	0.0325	−0.000681	−2.050
常数项	16.339	16.795	0.456	2.794
国家固定效应	YES	YES		
R^2(within)	0.6955	0.6905		

包含时间固定效应

	方程系数		系数比较	
	(3) 包含中国的模型	(4) 不包含中国的模型	(4)−(3)	(4)/(3)−1
人均GDP二阶滞后	0.00193	0.00190	−2.85E−05	−1.476
(人均GDP)² 二阶滞后	−1.06E−07	−1.04E−07	2.00E−09	−1.887
人力资本(成年人平均受教育年限)二阶滞后	1.843	1.771	−0.0721	−3.915
非农化率二阶滞后	0.100	0.096	−0.00436	−4.350
贸易开放度三阶滞后	0.0217	0.0205	−0.00122	−5.630
常数项	20.954	21.620	0.667	3.182
时间固定效应				
1980年	1.534	1.589	0.0548	3.575

续表5

1985年	2.513	2.691	0.178	7.093
1990年	4.596	4.773	0.177	3.854
1995年	4.158	4.378	0.220	5.299
2000年	4.974	5.187	0.214	4.296
2005年	6.048	6.261	0.212	3.511
2010年	6.413	6.639	0.226	3.531
国家固定效应	YES	YES		
R^2(within)	0.7292	0.7275		

代入1995年和2000年相关变量值,我们得到2010年中国城市化率为53.56%(计算结果见表6)。这个基于国际经验的估算值与实际的49.68%相比,高了3.88%,证实了中国城市化进程滞后的说法。如果按照国内部分经济学家的建议,将来的城市化速度被控制在年均0.8%,意味着中国城市化滞后了近5年。

表6 2010年中国城市化率预测(采用表5中包含中国样本和时间固定效应模型,即列第3栏)

项目	方程系数	该变量的中国取值	系数×中国取值
人均GDP二阶滞后	0.00193	949.178	1.82
(人均GDP)² 二阶滞后	−1.06E−07	900938.88	−0.0955
人力资本(成年人平均受教育年限)二阶滞后	1.843	6.600	12.163
非农化率二阶滞后	0.100	84.937	8.494
贸易开放度三阶滞后	0.0217	38.80758	0.842
常数项	20.954	1	20.954
2010年时间固定效应	6.413	1	6.413
中国国家固定效应	2.934	1	2.934
2010年城市化率预测值			53.536

有必要指出,城镇化的滞后不只导致效率损失,比如信息和机会的缺失使庞大的农民工难以进行有效的人力或社会资本积累,使贫困代际相传(郑思齐等,2011)。更为重要的是,农民工在自己的国土上受制度、政府和社会的歧视,与城市主流社会间的隔阂和矛盾很可能激发社会冲突,并造成灾难性的后果(陈钊和陆铭,2008)。

四、结论与政策建议

这篇文章证实了经济发展、人力资本以及非农化会在相当程度上决定一个国家的城市化进程。与之前的许多研究不同,本文并未细致讨论给定城市化率的前提下,城市人口在不同规模城市之间的分布,而是从动态的视角分析集聚和城市化的决定因素。特别地,我们使用工具变量估计方法,揭示了决定因素与城市化水平的因果关系,避免了仅仅识别相关性。定量来看,我们发现经济增长每提高1个百分点,城市化率就会增加0.9个百分点。但是,这个估计值在不同的方程设定下并不十分稳定。人口受教育年限每增加1年,城市化率大约提高2个百分点,这个系数相当稳定。同时,我们还发现非农化率每提高1个百分点,城市化率大约提高0.4个百分点。

根据这个跨国模型,我们模拟了中国的城市化水平,发现2010年的估计值接近54%,比2010年第六次人口普查给出的常住人口城市化率高出差不多4%,远远高于户籍人口城市化率(34%)。这些差异反映了中国"伪城市化"问题的严重程度。我们的发现意味着,对现存2亿多农民工实施"市民化"仍然不足以改变中国城镇化滞后的问题,中国的城镇化步伐需要加快。这与万广华等(2010)的观点是一致的。

毋庸置疑,本文存在不少局限之处,可以在后续研究中加以考虑。首先,工具变量方法估计的结果取决于所选择的"工具"是否有效。遗憾的是,至今尚没有检验可以完全确保这个有效性。其次,经济增长、人力资本和非农化对不同国家城市化进程的影响存有异质性(取决于各国经济发展水平、制度以及其他一些因素)。本文的线性模型只能估计出一个平均的影响效应,而这些影响因素对城市化率的影响在一些国家或一些阶段可能是非线性的。最后,本文的结果当然也会受到一些常见数据问题的影响,比如城市化率在各个国家的定义有所差别,等等。

参考文献

1. 陈钊,陆铭,2008. 从分割到融合:城乡经济增长与社会和谐的政治经济学[J]. 经济研究(1):21—32.
2. 郑思齐,廖俊平,任荣荣,曹洋,2011. 农民工住房政策与经济增长:一个劳动力市场和住房市场的理论模型[J]. 经济研究(2):73—86.
3. 万广华,朱翠萍,2010. 中国城市化面临的问题与思考:文献综述[J]. 世界经济文汇(6):106—116.
4. BARRO R J, J W LEE, 2013. International Measures of Schooling Years and Schooling Quality[J]. Economic Reform and Growth, 86(2):218—332.
5. BLACK D, J V HENDERSON, 1999. A Theory of Urban Growth[J]. Journal of Political Economy, 107(2):252—284.
6. CHANG G H, J C BRADA, 2006. The Paradox of China's Growing Under-Urbanization[J]. Economic Systems, 30:24—40.
7. DAVIS J C, J V HENDERSON, 2003. Evidence on the Political Economy of the Urbanization Process[J]. Journal of Urban Economics, 53(1):98—125.
8. DURANTON G, D PUGA, 2001. Nursery Cities: Urban Diversity, Process Innovation, and the Life Cycle of Products[J]. American Economic Review, 91(5):1454—1477.
9. ELIZONDO R L, P KRUGMAN, 1996. Trade Policy and the Third World Metropolis[J]. Journal of Development Economics, 49(1):137—150.
10. HARRIS J R, M P TODARO, 1970. Migration, Unemployment and Development: A Two Sector Analysis[J]. American Economic Review, 60(1):126—142.
11. HENDERSON J V, 1974. The Sizes and Types of Cities[J]. Ameri-

can Economic Review, 64(4): 640—656.
12. HENDERSON J V, 2003. The Urbanization Process and Economic Growth: The So – What Question[J]. Journal of Economic Growth, 8(1): 47—71.
13. INTERNATIONAL ROAD FEDERATION, 2010. World Road Statistics Compilation of Data 1963 – 2008[Z]. Washington.
14. LOANNIDES Y M, H G OVERMAN, 2003. Zipf's Law for Cities: An Empirical Examination[J]. Regional Science and Urban Economics, 33(2): 127—137.
15. JACOBS J, L969. Economy of Cities[M]. New York: Vintage.
16. KRUGMAN P, 1991. Increasing Returns and Economic Geography[J]. Journal of Political Economy, 99(3): 483—499.
17. MARSHALL A, 1890. Principles of Economics[M]. London: MacMillan.
18. MOOMAW R, A M SHATTER, 1996. Urbanization and Economic Development: A Bias toward Large Cities[J]. Journal of Urban Economics, 40(1): 13—37.
19. PANDEY S, 1977. Nature and Determinants of Urbanization in a Developing Economy: The Case of India[J]. Economic Development and Cultural Change, 25(2): 265—278.
20. QUIGLEY J M, 1998. Urban Diversity and Economic Growth[J]. Journal of Economic Perspectives, 12(2): 127—138.
21. RAUCH J E, 1993. Productivity Gains from Geographic Concentration of Human Capital: Evidence from the Cities[J]. Journal of Urban Economics, 34(2): 380—400.
22. RENAUD B, 1981. National Urbanization Policy in Developing Countries[M]. New York: Oxford University Press.
23. ROSENTHAL S S, W C STRANGE, 2001. The Determinants of Agglomeration[J]. Journal of Urban Economics, 50(2): 191—229.

自述之八

就像增长一样,人们对城镇化的决定因素把握得不是很好。华盛顿共识的失败与当前仍在发酵的全球经济危机证明了经济学,尤其是发展经济学的局限性。对经济学人来说,这显然是个挑战,也是机遇。

但与增长不同,关于城镇化决定因素的研究相当缺乏,而增长理论和相关实证研究不知道是牛毛的多少倍。这个缺失与城市经济学巨头 Vern Henderson 不无关系,是他在 2005 年呼吁,城市经济学要优先重视城镇化以外的论题。他的呼吁显然是站在发达国家的角度的,因为这些国家差不多完成了城市化。2003 年我曾与他在 Skype 上视频交流讨论,让他推荐研究亚洲城市化的专家。他的回答是这些人还没有出现,主要是因为长期以来,国际学术界忽略了城市化研究。

但是,对所有发展中国家来说,城市化的浪潮早晚要到来,尤其是亚洲的城市化可以说是汹涌澎湃,而且会持续几十年。这个浪潮既带来无穷的机遇,也带来很多的问题,需要政府和每个公民去应对。所有这些问题和机遇的起点,都与城市化的速度或水平有关。显然,探讨城市化水平的决定因素对中国而言格外重要,这首先是因为中国具有数以亿计的乡城移民,一个百分点的城市化率差别意味着1300 万 ~ 1500 万人是在农村还是城镇成长、工作或生活。更为重要的是,中国的城市化进程因户籍和政府干预长期被严重扭曲,究竟与国际经验相吻合的中国城市化率是多少,或中国城市化滞后究竟多么严重,这都是备受关注的问题。

我个人认为,关于城镇化,至少有 3 个基本问题需要研究。一是城镇化的速度,这与城镇化水平是一个硬币的两面;二是城市体系,即大中小城市之间的数量关系,常常通过 Zipf 法则来探讨;三是这些城市在空间上的分布。我们的这篇论文是关于城市化水平或速度的,初稿由伦敦经济学院的 Hoffman 博士起草。Hoffman 是德国人,特别有主见,所以合作得没有预期的那么顺利。她在亚行待的时间本来就比较短,而且又没有集中全部精力做这个研究。清华大学郑思齐教授的加盟使论文得到完善,并作为亚洲开发银行的工作论文得以非正式发表,最后以中文在《世界经济文汇》刊出。这篇论文是产生了一定社会影响的,惜字如金的英国杂志《Economist》花了不少篇幅讨论或引用该文。国内的《参考消息》也进行了报道。不少朋友是通过《参考消息》知道我在做这方面研究的。

论文的主要贡献是指出了 Henderson 的误导,并用全球数据估算城市化水平的决定因素,据此推断了中国的城镇化率。结果发现,经济增长每提高 1 个百分点,城市化率会增加 0.9 个百分点(该估计值在不同方程设定下不是十分稳定)。非农化率每提高 1 个百分点,城市化率大约提高 0.4 个百分点。一个特别有趣的发现是,教育水平是城镇化的一个显著决定因素,人均受教育年限每增加 1 年,城市化率大约提高 2 个百分点,这个系数相当稳定。我们知道,中国人是尤其重视教育的,常常把教育本身当作个人的奋斗目标,对此,西方人大多不理解。从这个视角看,在同等条件下,中国的城镇化程度应该比其他国家高。在这个模型的基础上推测中国的城市化水平,发现基于国际经验的中国 2010 年城市化率为 53.56%,远远高于按户籍人口定义的中国城镇化率(34%),也高于以常住人口定义的中国城镇化率。

我和王小鲁教授在 2012 年合作进行有关城镇化数据的整理。出乎意料的是,我们发现,不同数据来源的城乡人口和就业统计有相当不一致或互相冲突的地方。我们通过比较人口普查数据和其他调查数据间的差异,分析了导致差异的原因,对中国城乡人口和就业的分布及城市化水平进行重新估计。结果发现,与官方数据相比,2012 年城镇就业人数增加了 4700 万人左右,乡村就业人数减少 3100 万人以上,而 2012 年的城市化率已超过 55%。有意思的是,这个估算与上述基于国际经验的预测比较一致。

记得上个五年计划制订之前,我参与了一次发改委组织的咨询会议,提出中国城镇化的速度会达到 1.2% 左右,这比发改委和国务院发展研究中心的 0.8% 高了 0.4 个百分点。后来在 2013 年 12 月由中国社会科学院组织的一次研讨会上,我碰到了国务院发展研究中心的有关官员,问这0.8%是怎么来的。回答是基于国际检验,但不能告诉我具体研究方法和数据。事后我收集了全球1950年后各国的城市化率数据,初步分析发现,基于全球的数据,在我国这个发展阶段的城市化速度不到0.6%,而如果用日本和韩国的数据,恰好等于0.8%。问题在于,韩国起步比日本晚,而有研究表明,越是起步晚的国家或地区,城市化的速度越快,比如韩国的速度就比日本快。如果仅仅依据韩国的轨迹,中国的城镇化率在2030年就可能达到75%以上。这与我在《国际经济评论》论文里所做的推断基本吻合。这儿还没有考虑我提出的移民存量的问题,即户籍制度就像一个闸门,把众多儿童、老人甚至另一半给挡在了城镇外。假如市民化能到位,这个存量会与通常的移民流量一起进入城镇,从而推高城镇化速度或水平。

国际贸易与发展中国家的城市化:来自亚洲的证据[*]

一、引言

自从 2007 年全球城市人口首次超过农村人口以来,发展经济学界就开始把研究的重心转向城市。2009 年,世界银行的《世界发展报告》聚焦于城市化,增长与发展委员会同年推出题为《城市化和增长》的报告。联合国系统的世界发展经济学研究院,在 2008 年也启动了一系列与城市化和工业化有关的研究项目。拉美开发银行和亚洲开发银行等国际机构,相继增加了对城市部门的援助力度,并于 2012 年开始合作展开城市化问题的比较研究。可以预见,城市化将成为发展经济学的重要研究领域。

众所周知,城市化包含的内容非常广泛,诸如人口迁移、城市空间分布、建筑设计、环境污染等,但研究城市化的出发点之一无疑是城市化水平或城市化率。无论是地理学或城市规划学界,还是发展经济学或区域经济学界,在探讨城市化问题时往往无法回避城市化水平。然而遗憾的是,国外大多数城市经济学家不太重视对发展中国家城市化水平的研究。Henderson 曾指出,城市化是个暂时现象,[①]言下之意是没有必要关注城市化水平,应更多地研究城市首位度和集中度问题。这对欧美发达国家来说未尝不可,因为它们的城市化水平在近几十年

---

[*] 本文得到了复旦大学"985 工程"第三期整体推进社会科学研究项目(第二期)青年项目、国家自然科学基金重点项目"兼顾效率与公平的中国城镇化:动力机制、发展路径与政策调整"(71133004)和国家社会科学基金重大项目"城乡统筹发展背景下户籍制度改革与城镇化问题研究"(11&ZD037)、"新型城市化视角下的经济发展的转变研究"(11&ZD003)以及云南省"百人计划"的支持。感谢罗知、张平、肖光恩、范子英、陈硕、吴建峰、沈可以及亚洲开发银行研究部职员的评论和建议。感谢匿名审稿专家的宝贵意见。本文发表于《中国社会科学》2013 年第 11 期。

① V. Henderson, "Urbanization and Growth," in P. Aghion and S. Durlauf, eds., Handbook of Economic Growth, vol. 1B, Amsterdam: Elsevier, 2005, pp. 1543—1591.

里变化很小,但对发展中国家而言显然不合适。后者的城市化水平在过去几十年里一直快速上升,这一趋势还将持续几十年,而它们的城市首位度和集中度并没有显著变化。因此,研究发展中国家城市化的水平和速度不但可行,而且具有相当重要的现实意义。特别地,城市化成功与否几乎决定了亚洲能否真正崛起。事实上,它正在成为大多数亚洲国家政府、民众和学界不得不面对的问题,其中就包括对城市化水平决定因素的关注。识别这些因素并探讨它们对城市化水平的影响,能够为政府和企业进行相关决策提供依据。

本文试图聚焦国际贸易和粮食供求与城市化水平之间的关系。这是因为,伴随发展中国家快速城市化的另一个重要现象,是全球经济一体化,但是至今很少有人专门探讨国际贸易与发展中国家城市化水平之间的关系。Krugman 等曾呼吁,经济学家应该把国际贸易与城市经济学结合起来展开研究。[1] 虽然他们只探讨了国际贸易与城市集中度的关系,但这启发了我们去思考国际贸易和城市化水平之间的关系。另外,我们的思考还与一些经典事实相关:如果没有全球化或国际贸易,像深圳或迪拜等城市就不会如此快地发展起来,广州或班加罗尔的人口也难以增加到今天这样的规模。

粮食进出口与农民生产的余粮息息相关,而余粮是城市化的前提和必要条件。马克思在《资本论》第 3 卷讨论剩余劳动时就已进行了分析:"因为食物的生产是直接生产者的生存和一切生产的首要的条件,所以在这种生产中使用的劳动,即经济学上最广义的农业劳动,必须有足够的生产率,使可供支配的劳动时间不致全被直接生产者的食物生产占去,也就是使农业剩余劳动,从而农业剩余产品成为可能。进一步说,社会上的一部分人用在农业上的全部劳动——必要劳动和剩余劳动——必须足以为整个社会,从而也为非农业劳动者生产必要的食物。"[2] 经济史以及发展经济学文献也为探讨粮食供求关系对城

---

[1] P. Krugman and R. Elizondo, "Trade Policy and the Third World Metropolis," Journal of Development Economics, vol. 49, no. 1, 1996, pp. 137—150.

[2] 《资本论》第 3 卷,北京:人民出版社,2004 年,第 715—716 页。

市化水平的影响,提供了重要启示。对于一个封闭经济而言,养活全部人口所需要的粮食只能靠本国农民生产。这时,农民养活自己家庭之后的余粮,就直接决定了一个国家所能够承载的城市人口数量,封闭经济的余粮率基本上等于它的城市化水平。而对于开放经济,粮食贸易会改变上述均衡关系并进而影响城市化水平。据此可以推断,一个发展中国家的余粮率以及粮食贸易所带来的余粮率的变动,将会影响其城市化水平。

因此,本文从余粮率的视角出发,首先建立理论模型,研究国际贸易特别是粮食贸易对发展中国家城市化水平的影响;然后,基于亚洲发展中国家1993~2010年的面板数据,展开实证分析。

本文余下部分的结构安排如下:第二节为简要的文献综述;第三节建立理论模型,分析封闭经济条件下余粮率和城市化水平之间的关系,以及开放经济条件下粮食国际贸易通过影响余粮率来影响城市化水平的机制;第四节利用亚洲发展中国家1993~2010年的面板数据对本文提出的理论假说进行检验;第五节以印度和中国的比较分析为例,进行补充讨论;第六节总结全文,并讨论政策含义。

二、文献综述

在城市经济学中,城市化或城市发展的内涵包括城市首位度、城市集中度和城市化水平三个维度。[1] 我们先简要综述城市集中度和首位度的文献。这方面比较有影响的研究有 Williamson 的著作,他提出的"威廉姆森效应"认为,城市集中度会随着经济的发展先上升后下降。[2]

---

[1] R. Moomaw and A. Shatter, "Urbanization and Economic Development: A Bias toward Large Cities?" Journal of Urban Economics, vol. 40, no. 1, 1996, pp. 13—37.

[2] J. Williamson, "Regional Inequality and the Process of National Development," Economic Development and Cultural Change, vol. 13, no. 4, 1965, pp. 3—84.

这个效应的存在得到一些经验研究的证实。① Ades 和 Glaeser 强调政府和政治对城市集中度的影响，认为讨好最大城市市民的政策有利于政府的生存，这意味着集权的政治体制或国家不稳定都会增加城市集中度。他们还发现，一个国家的城市集中度与总人口和非农劳动力的比例正相关。② 还有研究表明，投资于地区间的基础设施、提高民主化程度、强化财政分权等都会降低城市集中度。③

特别值得注意的是 Krugman 和 Elizondo 的研究，他们建立了一个理论模型，探索发展中国家的国际贸易与城市集中度之间的关系，得出封闭经济导致特大城市出现的结论。一个实施进口替代工业化战略的发展中国家，制造业只为狭小的国内市场服务，这会产生紧密的前后向产业关联，企业会在消费者和中间品集中的地方选址，因而形成特大城市。而贸易自由化政策则会削弱产业的前后向关联，企业集中到大城市的动机也会减弱，特大城市将萎缩。④ 类似地，有研究发现，高关税、高国内贸易成本和低水平的国际贸易，会促使人口向单个大城市集中。⑤ 还有实证结果显示，更高的出口导向会显著降低城市集中度和城市首位度。⑥ 这些结果都与 Krugman 的理论推断一致。与此相反，一个传统的观点则认为，对外开放对那些作为连接点和被外国贸易伙伴所关注的大城市有利，从而会提高这些城市的集中度或首

---

① W. Wheaton and H. Shishido, "Urban Concentration, Agglomeration Economies and the Level of Economic Development," Economic Development and Cultural Change, vol. 30, no. 1, 1981, pp. 17—30; K. Rosen and M. Resnick, "The Size Distribution of Cities: An Examination of the Pareto Law and Primacy." Journal of Urban Economics, vol. 8, no. 2, 1980, pp. 165—186.

② A. Ades and E. Glaeser, "Trade and Circuses: Explaining Urban Giants," The Quarterly Journal of Economics, vol. 110, no. 1, 1995, pp. 195—227.

③ J. Davis and J. Henderson, "Evidence on the Political Economy of the Urbanization Process," Journal of Urban Economics, vol. 53, no. 1, 2003, pp. 98—125.

④ P. Krugman and R. Elizondo, "Trade Policy and the Third World Metropolis," pp. 137—150.

⑤ A. Ades and E. Glaeser, "Trade and Circuses: Explaining Urban Giants," pp. 195—227.

⑥ R. Moomaw and A. Shatter, "Urbanization and Economic Development: A Bias toward Large Cities?" pp. 13—37.

位度。① 还有研究分离出 19 世纪美国城市积淀的共同因素,发现南北战争前的商业活动,包括地区间的贸易特别是地区内的贸易,都是催生城市化的重要动力。②

与城市化水平有关的文献至少可以追溯到二元经济模型,这些模型探讨了农村剩余劳动力向城市部门迁移、城市工资水平、城乡两部门发展和城市失业率的决定机制等。有的研究通过建立可计算一般均衡模型,对第三世界的城市增长进行了模拟与预测,并实证分析城市化水平的决定因素,发现均衡情况下的城市规模依赖于三个关键变量——城乡收入之比、交通成本与城市收入之比、农业地租与城市收入之比。③ 亚洲的过度城市化问题引起学者的关注,这是因为很多亚洲国家的人口增长过快,人地比上升的压力推动农村劳动力过多地进入城市。④

还有一些文献对城市化水平和速度展开实证分析。有学者发现,前工业化国家和发展中国家的城市化速度与人均 GDP 之间成 S 型关系,随着人均 GDP 的上升,城市化速度在初期缓慢上升,然后加速,最

---

① B. Berry, "City Size Distributions and Economic Development," Economic Development and Cultural Change, vol. 9, no. 4, 1961, pp. 573—587; A. Linsky, "Some Generalizations Concerning Primate Cities," Annuals of the Association of American Geographers, vol. 55, no. 3, 1965, pp. 506—513.

② R. Riefler, "Nineteenth – Century Urbanization Patterns in The United States," the Journal of Economic History, vol. 39, no. 4, 1979, pp. 961—974.

③ A. Kelley and J. Williamson, What Drives Third World City Growth? Princeton, NJ: Princeton University Press, 1984; C. Becker, E. Mills and J. Williamson, "Modeling Indian Migration and City Growth, 1960—2000," Economic Development and Cultural Change, vol. 35, no. 1, 1986, pp. 1—33; J. Brueckner, "Analyzing Third World Urbanization: A Model with Empirical Evidence," Economic Development and Cultural Change, vol. 38, no. 3, 1990, pp. 587—610.

④ K. Davis and H. Golden, "Urbanization and the Development of Pre – Industrial Areas," Economic Development and Cultural Change, vol. 3, no. 1, 1954, pp. 6—26; P. Bairoch, Cities and Economic Development, Chicago, IL: University of Chicago Press, 1988; S. Pandey, "Nature and Determinants of Urbanization in a Developing Economy: The Case of India," Economic Development and Cultural Change, vol. 25, no. 2, 1977, pp. 265—278.

后则逐步下降。① 还有研究指出,政府政策(例如价格控制以及产业保护)会影响城市化进程,但只是间接地通过影响产业结构来发挥作用。② 有人甚至认为,发展中国家的城市化进程与发达国家以往的经历没有本质区别。他们使用跨国面板数据的研究发现,城市化随着人均GDP、工业化以及出口导向的上升而提高。③ 基于印度的邦级面板数据,Pandey考察了人口密度、工业化、粮食种植密度(作为农业发展程度的代理变量)、工人平均收入、文盲率和人口增长对城市化水平的影响,发现工业化有显著正的影响,粮食种植密度有显著负的影响,而工人平均收入则没有显著影响。④ 但是,最新研究发现,国际贸易变量在所有的城市化水平实证模型中都不显著。⑤ 上述关于城市化水平的文献,大多忽视了农村劳动力迁移后的生存约束及劳动力迁移对粮食供求关系的影响。这方面的研究主要是由人文学家、经济史学家以及发展经济学家进行的,他们曾先后论证过,封闭经济的余粮率基本上等于它的城市化水平,⑥美国著名农业经济学家Johnson也提出过类似的思想。⑦ 另外,还有研究发现,由于土豆的单位产出与欧洲大陆原有主要农作物相比,能够提供更多的卡路里、营养和维生素,因而土豆被

---

① K. Davis and H. Golden, "Urbanization and the Development of Pre-Industrial Areas," pp. 6—26;P. Graves and R. Sexton, "Overurbanization and Its Relation to Economic Growth for Less Developed Countries," Economic Forum, vol. 10, no. 1, 1979, pp. 95—100.

② K. Davis and H. Golden, "Urbanization and the Development of Pre-Industrial Areas," pp. 6—26.

③ R. Moomaw and A. Shatter, "Urbanization and Economic Development: A Bias toward Large Cities?" pp. 13—37.

④ S. Pandey, "Nature and Determinants of Urbanization in a Developing Economy: The Case of India," pp. 265—278.

⑤ A. Hofmann and G. Wan, "Determinants of Urbanization," Asian Development Bank Working Paper, Philippine, 2013.

⑥ G. Skinner, ed., The City in Late Imperial China, Stanford, CA: Stanford University Press, 1977;赵冈:《论中国历史上的市镇》,《中国社会经济史研究》1992年第2期;张培刚:《新发展经济学》,郑州:河南人民出版社,1992年。

⑦ D. Johnson, "Agriculture and the Wealth of Nations," The American Economic Review, vol. 87, no. 2, 1997, pp. 1—12;D. Johnson, "Agricultural Adjustment in China: Problems and Prospects," Population and Development Review, vol. 26, no. 2, 2000, pp. 319—334.

引进欧洲大陆后,推动了欧洲人口和城市的快速增长。[1] 与之相关的定量分析表明:土豆的引入至少能够解释1700～1900年间欧洲大陆总人口和城市人口上升的1/4。[2] 显然,研究发展中国家的城市化水平不能忽视余粮率的影响。

以上文献综述显示:首先,聚焦国际贸易与城市化水平的实证研究比较鲜见,对粮食供给制约城市化水平的研究更为少见。其次,既有的城市化水平可能反过来影响粮食贸易,更高的城市化水平往往需要进口更多的粮食,二者之间可能具有双向因果关系,这就需要在研究中采取适当的方法加以处理。最后,至今仍缺乏关于国际贸易不同成分与发展中国家城市化水平之间关系的详细研究。

三、余粮率与发展中国家的城市化水平

如前所述,一个国家的余粮率会对其城市化水平产生重要的约束作用。这就引出本文最关心的问题:国际贸易可以被分为粮食进出口与非粮食进出口,它们对城市化水平的影响是否会有所不同?[3] 进一步地,粮食净进口和粮食净出口的影响是否不同?为了方便叙述,我们以封闭经济为起点考察余粮率与城市化水平之间的关系,然后再拓展到开放经济。

(一)余粮率与城市化水平:封闭经济

对于一个封闭经济而言,养活国民的粮食只能由本国农民提供,

---

[1] R. Moomaw and A. Shatter, "Urbanization and Economic Development: A Bias toward Large Cities?" pp. 13—37; R. Salaman, The History and Social Influence of the Potato, Cambridge, MA: Cambridge University Press, 1949; Christoph von Fürer‑Haimendorf, The Sherpas of Nepal: Buddhist Highlanders, Berkeley, CA: University of California Press, 1964.

[2] N. Nunn and N. Qian, "The Potato's Contribution to Population and Urbanization: Evidence from a Historical Experiment," The Quarterly Journal of Economics, vol. 126, no. 2, 2011, pp. 593—650.

[3] 首先,本文只关注国际贸易中的粮食进出口与非粮食进出口对于发展中国家的城市化水平(用城市人口比重来度量)的影响。而不关注它们对于城市集中度和城市首位度的影响。其次,粮食的统计口径比较宽泛而复杂,谷物的数据相对容易统计和获得,因此用谷物贸易作为粮食贸易的代理变量。

农业生产余粮率的提高,通过两个效应来提高城市化水平。第一个是直接效应,养活更多不生产粮食的城市人口;第二个是间接效应,即在人口总量和粮食需求一定的情况下,余粮的增加会降低粮食价格和农民收入,扩大城乡收入差距,从而推动更多农民迁移进入城市。[①]

基于上述机制,一个封闭经济的余粮率与城市化水平之间会形成一种均衡状态:余粮数量提高,则城市化水平提高;余粮数量下降,则城市化水平下降。据此,可以建立一个理论模型,刻画余粮率与城市化水平之间的关系。

以 U 表示用总人口标准化后的城市人口或城市化水平,R 表示农村人口或农村人口比率,我们有:

$$U + R = 1 \tag{1}$$

假设农业部门只生产粮食,其生产函数也即粮食供给函数为:

$$F_S = R^\alpha \cdot K_R^\beta \cdot D^{1-\alpha-\beta} \tag{2}$$

其中,K_R 表示农业生产的资本投入,D 表示耕地面积,α、β 为 0~1 之间的参数。

不失一般性,设城乡居民每人每年消耗 1 单位粮食,可得粮食需求函数:

$$F_D = 1 \cdot (U + R) \tag{3}$$

定义余粮率为农民自身消费后的余粮占粮食总产量的比重:

$$\begin{aligned} S &= 1 - \frac{R}{R^\alpha \cdot K_R^\beta \cdot D^{1-\alpha-\beta}} \\ &= 1 - \frac{R^{1-\alpha}}{K_R^\beta \cdot D^{1-\alpha-\beta}} \end{aligned} \tag{4}$$

设城市部门的工业品生产函数为:

$$F_U = U^\lambda \cdot K_U^{1-\lambda} \tag{5}$$

其中,K_U 表示城市部门的资本投入,参数 λ 在 0~1 之间。

[①] 推动城市化率上升的净效果还要取决于粮食供给的价格弹性,以及农民生产粮食的积极性对于价格变动的反应。下文没将粮食价格内生化,因而无法通过理论模型来刻画间接效应。

城乡劳动力的工资水平分别由其边际劳动生产率决定：①

$$W_R = \alpha \cdot R^{\alpha-1} \cdot K_R^{\beta} \cdot D^{1-\alpha-\beta} \qquad (6)$$

$$W_U = \lambda \cdot K_U^{1-\lambda} \cdot U^{\lambda-1} \qquad (7)$$

任何一个劳动力可以在农村从事粮食生产，也可以在城市进行工业品生产。②借鉴经典的二元经济模型，劳动力在城乡两部门之间的迁移达到均衡时，他们在城乡劳动力市场上所获得的工资相同。这时的城市化水平由下式决定：

$$\lambda \cdot K_U^{1-\lambda} \cdot U^{\lambda-1} = \alpha \cdot R^{\alpha-1} \cdot K_R^{\beta} \cdot D^{1-\alpha-\beta} \qquad (8)$$

对于一个封闭经济而言，由于没有粮食进出口，农民的粮食供给必须等于所有居民的粮食需求，即农民的余粮必须能够养活全部城市人口。因此，粮食的供求均衡由公式(2)和公式(3)决定：

$$R^{\alpha} \cdot K_R^{\beta} \cdot D^{1-\alpha-\beta} = U + R = 1 \qquad (9)$$

当然，仅有劳动力迁移的均衡还不够，还必须给粮食分配施加另一个约束条件，即城市部门劳动力的工资必须能够买到足够的粮食养活自己。设粮食价格为1，③这个约束条件可以表示为：

$$\lambda \cdot K_U^{1-\lambda} \cdot U^{\lambda-1} = U \qquad (10)④$$

当一国的粮食供求均衡、劳动力迁移均衡和粮食分配约束条件同时实现时，其均衡的城市化水平由公式(8)、公式(9)、公式(10)共同决定。将公式(9)、公式(10)代入公式(8)可得：

$$U \cdot R = \alpha \qquad (11)$$

将公式(11)代入余粮率的定义公式(4)：

---

① 这里的工资决定方程暗含着新古典经济学的假设，我们也可以采用刘易斯模型中关于农业劳动力的工资由平均农产品决定的假设，但采用后一假设并不会改变本文的结论。

② 这里不考虑 Harris – Todaro 模型中关于城市中存在失业的假设。该模型认为，城市失业是一种常态，但没有考虑一国的粮食供求平衡对失业和城市居民生存的约束，即本文的公式(9)和公式(10)。但即便采用他们的假设，也不会改变本文的机制和结论。

③ 这里为了简化模型而将价格外生化，后文在论述开放经济时，也只能假设它是外生给定的。

④ 在现实中，城市劳动力的工资可能大于购买粮食的支出，但是为了简化模型，我们假设二者相等。这里也可以假设购买粮食的支出是其工资的一个固定部分，这些假设不改变本文的结论。

$$S = 1 - \frac{(\alpha \cdot U^{-1})^{1-\alpha}}{K_R^\beta \cdot D^{1-\alpha-\beta}} \tag{12}$$

整理(12)式我们得到：

$$U = (1-S)^{\frac{1}{\alpha-1}} \cdot \alpha \cdot K_R^{\frac{\beta}{\alpha-1}} \cdot D^{\frac{1-\alpha-\beta}{\alpha-1}} \tag{13}$$

然后求偏导得到：

$$\frac{\partial U}{\partial S} = \frac{-1}{\alpha-1} \cdot S^{\frac{2-\alpha}{\alpha-1}} \cdot \alpha \cdot K_R^{\frac{\beta}{\alpha-1}} \cdot D^{\frac{1-\alpha-\beta}{\alpha-1}} \tag{14}$$

由于 $0 < \alpha < 1$，所以 $\frac{\partial U}{\partial S} > 0$ 成立，即封闭经济条件下，一个经济体均衡的城市化水平与余粮率呈正相关关系。

(二) 余粮率与城市化水平：开放经济

对于开放经济而言，粮食贸易会改变国内余粮数量，从而改变封闭经济条件下余粮率对城市化水平的约束。首先，如果一国的余粮数量过低，本国农民生产不出足够的粮食养活城市人口，对外开放则提供了进口粮食的可能性，放松了城市化所面临的粮食约束。其次，发展中国家往往拥有充裕的劳动力及劳动力成本低的比较优势，国际贸易带来了广阔的海外市场，并促进外商直接投资，以利用廉价劳动力，这会吸引农村劳动力进入制造业，增加城市部门的产出、出口和外汇收入，从而提高进口粮食的能力，[①]并可能提高余粮率和城市化水平。当然，通过国际市场改变余粮率或促进城市化必须考虑本国的粮食安全问题。

下面建立开放经济模型。为了简化分析，假设国内外粮食价格相同，且外生给定，劳动力和资本不能跨国流动。用 I 表示粮食净进口数量，I 小于 1，[②]其他条件与封闭经济一致，新的粮食供求均衡为：

$$R^\alpha \cdot K_R^\beta \cdot D^{1-\alpha-\beta} + I = 1 \tag{15}$$

[①] 这里所论述的是保持其他条件不变的含义，即假设对外开放之后，发展中国家有能力通过出口来增加外汇收入，不考虑现实中一些发展中国家由于贸易条件恶化，出现大规模的逆差或者外债，从而不能通过进口粮食增加城市化水平的可能性。对于这一约束的考虑，我们将在另一篇文章中加以研究。

[②] 一般地说，人们在满足了基本的粮食需求后，就不会再增加消费。在总人口和粮食价格都被标准化为 1 的情况下，I 必定小于 1。

这时的粮食供求均衡、劳动力迁移均衡和粮食分配约束条件同时决定城市化水平和余粮率,即由公式(8)、公式(15)、公式(10)共同决定。

将公式(10)、公式(15)代入公式(8)可得:

$$U \cdot R = \alpha \cdot (1 - I) \qquad (16)$$

将公式(16)代入公式(4)有:

$$S = 1 - \frac{[\alpha \cdot (1 - I) \cdot U^{-1}]^{1-\alpha}}{K_R^\beta \cdot D^{1-\alpha-\beta}} \qquad (17)$$

根据公式(17)求偏导数:

$$\frac{\partial S}{\partial I} = \frac{(1-\alpha) \cdot I^{-\alpha} \cdot \alpha^{1-\alpha} \cdot U^{\alpha-1}}{K_R^\beta \cdot D^{1-\alpha-\beta}} \qquad (18)$$

显然 $\frac{\partial S}{\partial I} > 0$,所以开放经济条件下,进口粮食越多,该经济体的余粮率越高。根据公式(15)还可看出,在保持粮食生产投入不变的条件下,该开放经济体达到粮食供求均衡所需要的农民数量 R 也就越少。

基于公式(17)还可求得:

$$\frac{\partial U}{\partial S} = \frac{-1}{\alpha-1} \cdot S^{\frac{2-\alpha}{\alpha-1}} \cdot \alpha \cdot (1-I) \cdot K_R^{\frac{\beta}{\alpha-1}} \cdot D^{\frac{1-\alpha-\beta}{\alpha-1}} \qquad (19)$$

如果 $I > 0$,$\frac{\partial U}{\partial S} > 0$ 成立。

$\frac{\partial S}{\partial I} > 0$ 和 $\frac{\partial U}{\partial S} > 0$ 表明:在开放经济条件下,进口粮食可以提高该经济体的余粮率,并为城市化水平的上升提供前提条件。

同样的逻辑,如果公式(19)中 $I < 0$,则表明粮食为净出口,根据前面的推导可知,净出口粮食会降低该开放经济体的余粮率,并可能影响城市化水平。

(三)关于余粮率与城市化水平不均衡的扩展讨论

上述理论分析对现实中的各种因素进行了简化,但在现实中,不同国家可能面临不同的具体情况,下面我们就三种情形进行扩展讨论。

第一,对于一个封闭经济而言,余粮率的提高是城市化水平提高的必要条件,但未必是充分条件,即余粮率不可能长期低于城市化水平,但有可能在一定时期内高于城市化水平。但是,如果劳动力能够在城乡间自由流动,并且粮食价格由市场供求决定,那么余粮率高于城市化水平就不会是一种长期的稳态。这是因为:一方面,消费者对粮食的消费需求满足之后,就不需要再继续消费;另一方面,粮食不能长期储存,储存成本也很高。"谷贱伤农"的规律会降低农民收入,提高城市对于农村劳动力的吸引力,于是更多的农民会迁移进入城市,这会降低余粮率和提高城市化水平,并促使二者趋向均衡。

第二,如果一国在对外开放之前就是一个产粮大国,它在开放前就会拥有相对高的余粮率。对外开放以后,由于面临来自国际粮食市场的新需求,该国可以扩大粮食生产和粮食出口以发挥其比较优势。这会提高农民收入,缩小城乡收入差距,并减缓城市化进程。反之,如果对外开放以后,该国违背其农业生产的比较优势,不扩大粮食生产和粮食出口,则上述机制不会产生作用。

实际上,我们还可以从产业或部门的国际分工角度,理解国际贸易影响城市化水平的机制。当由封闭转为开放时,所有产业都可能面临更大的国际市场,此时市场上的供求变化会直接影响城市化水平。假设农民只生产粮食,城市居民只生产工业品,简单地看,一国若净进口粮食,就相当于让外国农民养活本国部分居民;若净出口粮食,就相当于本国农民养活外国部分居民。若净进口工业品,就相当于外国城市居民为本国消费者制造工业品,从而降低本国的城市化水平;若净出口工业品,就相当于本国城市居民为外国消费者制造工业品,从而提高本国的城市化水平。

若一国净进口粮食,更多的农民可以进城从事工业品生产,从而提高本国的城市化水平;反之则反。当然,在上述机制中,国家粮食安全和进出口预算平衡必须得到充分的考虑。

第三,中国的情形与其他发展中国家有较大区别。改革开放之前,中国农村已存在大量剩余劳动力,并且有户籍制度、农民工歧视等因素限制劳动力自由流动。如果没有这些限制,那么劳动力进城首先会直接提高城市化水平。农村大量剩余劳动力的存在,使得农业生产的边际产出非常低,但粮食总产量并不会因为农民工进城而明显降低,不会形成对于城市化的约束。改革开放以来,劳动力流动的限制逐步放松,外商直接投资的进入增加了对劳动力的需求,这推动了农村劳动力进城和国际贸易的快速上升,从而促进了城市化。

四、基于亚洲发展中国家面板数据的检验

基于上述分析,我们提出如下两个假说,并使用亚洲40个发展中国家1993年至2010年的面板数据进行检验。[①]

假说1:发展中国家的谷物贸易与非谷物贸易对城市化的影响方向不同。假说2:发展中国家的谷物净进口会提高其城市化水平。

表1列出了实证模型所使用变量的定义,其中"*urbanization*"是所有回归方程的被解释变量,它用城市人口占全部人口的比重来度量。现有文献大多用进出口之和占GDP的比重,度量国际贸易或者对外开放程度。由于本文注重国际贸易结构对发展中国家城市化水平的影响,因而对贸易变量做了分类:进出口之和占GDP的比重、谷物进出口之和占GDP的比重、非谷物进出口之和占GDP的比重、谷物进口占GDP的比重、谷物出口占GDP的比重、谷物净进口占GDP的比重等。

表1 变量定义

变量	变量定义
urbanization	城市人口占比(百分点)
trabe	进出口占GDP的比重(百分点)
trade_cereals	谷物进出口占GDP的比重(百分点)
trade_other	非谷物进出口占GDP的比重(百分点)
impt_cereals	谷物进口占GDP的比重(百分点)
expt_cereals	谷物出口占GDP的比重(百分点)
netimp_c	谷物净进口占GDP的比重(百分点)

---

① 谷物总产出及进出口额的数据来自联合国粮食及农业组织,国土面积来自World Statistics Pocketbook,其他所有变量来自世界银行的WDI – 2001。

续表1

变量	变量定义
avgdp	人均 GDP（美元；对数）
avcereasl	人均谷物产出（美元；对数）
totpop	人口总量（个；对数）
surface	国土面积（平方公里；对数）
gdp1_share	第一产业占 GDP 的比重（百分点）
gdp2_share	第二产业占 GDP 的比重（百分点）
timetrend	时间趋势
neighbor_trade	邻国的平均对外开放程度（百分点）
top5cereals	美国、加拿大、法国、俄罗斯、巴西五国谷物总产量（千克；对数）

表 1 中还列出了其他控制变量，包括人均 GDP、第一产业占 GDP 的比重、第二产业占 GDP 的比重、人均谷物产出、人口总量、国土面积、时间趋势等变量。① 表 1 的最后两个变量是本文估计 2SLS 模型时，将使用的工具变量。

借鉴现有文献，本文的模型设定为：

$$urbanization_{i,t} = \beta_0 + \beta_1 trade_{i,t} + \sum \beta_2 X_{i,t} + \beta_3 m_i + \beta_4 n_t + v_{i,t} \qquad (20)$$

其中，下标 i 代表国家，t 代表年份，$trade_{i,t}$ 代表国际贸易及其不同成分，m_i 和 n_t 表示非时变和时变的国家特征，$X_{i,t}$ 表示其他自变量（包括人均 GDP、人口总量、国土面积、人均谷物产出和时间趋势等变量）。根据现有文献的做法，第一产业、第二产业占 GDP 的比重可以用来度量一国的产业结构，而后者还可以度量工业化程度。最后，$v_{i,t}$ 代表随机扰动项。用 OLS 估算公式（20）时，该模型能够通过单方程模型的设置检验，所以模型的设定是恰当的。

表 2 首先报告了 OLS 模型的回归结果。从表 2 中可以看出：② 进出口之和占 GDP 的比重"trade"的回归系数，在所有模型中都显著为

---

① 为了节省篇幅，我们没有报告所有变量的统计描述，感兴趣的读者可以向作者索取。

② 无论是随机效应模型，还是固定效应模型，本文所关心的关键变量的回归系数的符号和大小没有显著差异，因而表 2 和表 3 中只报告了随机效应模型结果。

负,这一结果与 Krugman 的理论预测一致,即发展中国家的国际贸易与城市化存在负向关系。同时,人均谷物产出的回归系数为正,表明国内农民提供的谷物产出越高,这个国家的城市化水平越高,这一结果也符合前文的理论推断。

表2　国际贸易对城市化水平的影响

产量	1	2	3	4
trade	-0.0299*** (0.0079)	-0.0299*** (0.0079)	-0.0286*** (0.0079)	-0.0282*** (0.0080)
avgdp	0.318 (0.555)	0.318 (0.555)	0.507 (0.570)	0.511 (0.571)
avcereals	0.291 (0.290)	0.291 (0.290)	0.209 (0.296)	0.216 (0.297)
totalpop	18.90*** (3.448)	18.90*** (3.448)	18.05*** (3.496)	18.05*** (3.501)
surface		-33.01*** (6.156)	-31.47*** (6.244)	-31.40*** (6.258)
gdp1_share			0.0442 (0.0314)	0.0427 (0.0319)
gdp2_share				-0.00904 (0.0315)
timetrend	0.193** (0.0839)	0.193** (0.0839)	0.223*** (0.0864)	0.224*** (0.0866)
常数项	-701.0*** (114.1)	-281.4 (177.8)	-348.4* (183.8)	-350.9* (184.3)
国家固定效应	控制	控制	控制	控制
观察值	343	343	343	343

注:括号中的数字为标准误差;*、**、*** 分别表示在10%、5%、1%的程度上显著。下同。

表2还表明,人均 GDP 的回归系数为正,即经济发展水平与城市化水平正相关;总人口数量和国土面积的回归系数分别为正和负,表明人口总量越大的国家,其城市化水平越高,国土面积越大的国家,人口集聚到城市的比例越低,这些都符合理论预期。第一产业占 GDP 的比重和第二产业占 GDP 的比重的回归系数分别为正和负,这一结

果与预期相反,其原因可能在于变量的内生性。

下面进一步检验谷物贸易与非谷物贸易对城市化水平是否会产生不同的影响。表3报告了OLS回归结果。第一,谷物贸易占GDP的比重在所有模型中都显著为正,而非谷物贸易占GDP的比重在所有模型中都显著为负,这些结果与本文的理论预测一致。这还表明,Krugman关于国际贸易与城市发展负相关的理论预测结果,主要是由国际贸易中的非谷物贸易所决定的。第二,进一步控制谷物进口和出口占GDP的比重后,模型2和模型5的结果显示,谷物进口占GDP比重的系数显著为正,表明谷物进口对城市化水平有显著的促进作用。第三,在模型3和模型6中,我们控制了谷物净进口,它的回归系数都显著为正,表明谷物净进口越多,城市化水平就越高,这与本文的理论预测保持一致。另外,除了第一产业占GDP的比重及谷物出口的回归系数不符合预期外,其他控制变量的回归系数符号都符合预期。

表3 国际贸易的不同成分对城市化水平的影响

变量	1	2	3	4	5	6
trade_cereals	0.435** (0.195)			0.464** (0.190)		
trade_other	−0.0307*** (0.0080)	−0.0308*** (0.0081)	−0.0309*** (0.0081)	−0.0317*** (0.0078)	−0.0319*** (0.0079)	−0.0323*** (0.0079)
impt_cereals		0.446** (0.206)			0.480** (0.201)	
expt_cereals		0.360 (0.489)			0.359 (0.486)	
netimpt_c			0.309* (0.185)			0.343* (0.181)
avgdp	0.503 (0.567)	0.497 (0.569)	0.456 (0.569)	0.374 (0.550)	0.369 (0.552)	0.308 (0.551)
avcereals	0.190 (0.295)	0.177 (0.305)	0.115 (0.303)	0.247 (0.288)	0.229 (0.299)	0.163 (0.297)
totpop	14.71*** (3.748)	14.65*** (3.770)	15.75*** (3.704)	15.08*** (3.718)	14.99*** (3.743)	16.14*** (3.677)
surface	−25.54*** (6.681)	−25.37*** (6.774)	−26.81*** (6.716)	−26.19*** (6.637)	−25.93*** (6.738)	−27.51*** (6.676)

续表3

变量	1	2	3	4	5	6
$gdp1\_share$	0.0315 (0.0320)	0.0311 (0.0322)	0.0336 (0.0322)			
$gdp2\_share$	0.00227 (0.0316)	0.00211 (0.0317)	-0.00373 (0.0315)			
$timetrend$	0.280*** (0.0892)	0.282*** (0.0900)	0.270*** (0.0898)	0.264*** (0.0875)	0.267*** (0.0885)	0.252*** (0.0882)
常数项	-478.6** (190.6)	-483.4** (193.1)	-459.3** (192.8)	-442.0** (186.6)	-449.3** (189.5)	-419.6** (188.9)
国家固定效应	控制	控制	控制	控制	控制	控制
观察值	342	342	342	342	342	342

表3的模型同样可能受内生性问题的困扰。一方面,城市化水平会影响一国的谷物贸易,即城市化水平高的国家可能需要进口更多的粮食;另一方面,谷物的进出口可能与模型中的残差项相关。下面我们通过工具变量识别其中的因果关系。[1]

由于很难为非谷物贸易、谷物进出口等变量分别找到合适的工具变量,我们只识别谷物净进口对于城市化水平的因果效应。这里的逻辑在于,居民的粮食消费偏好一般不会在短期内发生变动,因而净进口粮食会提高国内的余粮率,放松国内余粮率对城市化水平的约束,进而有利于城市化水平的提高。

本文的工具变量是两个变量的交互项,一个是邻国的对外开放程度,用邻国的进出口之和占GDP比重的平均值度量,另一个为美国、加拿大、法国、俄罗斯、巴西等五国的谷物总产量。使用它们的理由如下。

首先,一个国家的贸易开放度会受到邻国的影响。[2] 因为它们之间国土自然连接在一起,如果邻国的开放程度很高,那么这个国家就

---

[1] 本文没有采用Granger因果关系检验方法,主要是因为用工具变量方法也可以识别因果关系,而且能够直接量化相关自变量对城市化水平的边际效应。后者是Granger检验做不到的。

[2] 对于大陆国家,确定邻国的原则为是否与本国接壤;对于岛屿国家,本文选择距离该国地理位置最近的3~4个国家作为其邻国。

很难对邻国保持封闭。① 这样一来,邻国的对外开放就会直接影响本国的对外开放。为进一步增强该工具变量的外生性,我们还将它滞后十年。可以推断,邻国的对外开放会直接影响本国的贸易,因而可以预期这个变量对本国的粮食贸易产生正向影响。

其次,美国、加拿大、法国、俄罗斯、巴西是世界上最大的五个产粮国,也是主要的粮食出口国,它们的谷物总产量会直接影响世界粮食市场上的供求关系和价格,而亚洲发展中国家在进出口谷物时,会与这五大国形成竞争关系(如果出口谷物)或者贸易关系(如果从这五大国进口谷物)。换言之,亚洲发展中国家的谷物贸易会受到这五大国谷物总产量的直接影响,后者的谷物总产量由这五国的农业生产条件、技术水平和气候等因素决定,与亚洲发展中国家的社会经济变量不相关。

最后,之所以用这两个变量的交互项作为工具变量,是因为对外开放如同一个国家的"大门",而五大国的谷物总产量则代表了国际谷物市场上的"供给冲击"。如果一个亚洲发展中国家不对外开放,即"大门"关闭,那么无论五大产粮国的谷物总产量如何变动,都不可能影响本国的谷物贸易和城市化水平,反之亦然。

表4　谷物贸易对城市化水平的影响(2SLS 模型)

变量	1	2	3	4	5
$netimp\_c$	3.612*** (1.355)	3.836*** (1.443)	4.014*** (1.484)	4.012*** (1.484)	4.242*** (1.303)
$avgdp$	1.852*** (0.631)	2.037*** (0.628)	2.678*** (0.766)	2.678*** (0.766)	2.513*** (0.912)
$totpop$	4.015 (6.558)	3.655 (6.902)	5.146 (6.664)	5.155 (6.665)	
$surface$	−1.713 (13.33)	−0.495 (14.09)	−2.722 (13.77)		

---

① R. Rajan and L. Zingales, "The Great Reversals: The Politics of Financial Development in the Twentieth Century," Journal of Financial Economics, vol. 69, no. 1, 2003, pp. 5—50; B. Baltagi, P. Demetriades and S. Law, "Financial Development and Openness: Evidence from Panel Data," Journal of Development Economics, vol. 89, no. 2, 2009, pp. 285—296.

续表 4

变量	1	2	3	4	5
$gdp1$	0.0149 (0.0411)	0.00572 (0.0420)			
$gdp2$	0.0268 (0.0354)				
$timetrend$	0.286** (0.128)	0.289** (0.134)	0.238* (0.123)	0.237* (0.123)	0.327*** (0.0499)
常数项	-604.8** (299.5)	-619.2** (314.8)	-517.8* (294.7)	-552.2*** 140.8	-636.9*** 97.03
国家固定效应	控制	控制	控制	控制	控制
一阶段 回归结果					
交互项工具 变量	0.00035*** (0.00012)	0.00033*** (0.00011)	0.00033*** (0.00011)	0.00033*** (0.00011)	0.00039*** (0.00011)
观察值	516	516	550	550	550

  表 4 报告了 2SLS 模型的回归结果。表底部的一阶段回归结果表明,工具变量的回归系数高度显著,符号也符合预期。根据表 4 的 2SLS 回归结果可以得出如下结论。第一,我们关心的自变量"netimpt_c"在所有模型中都显著为正,说明谷物净进口确实能够提高亚洲发展中国家的城市化水平。它的回归系数比 OLS 模型中的增大了 7 倍左右,说明 OLS 模型的内生性问题使得谷物净进口的效应被低估了。第二,在所有模型中,人均 GDP 的回归系数都显著为正,这与理论预期及前面模型中的结果保持一致。第三,人口总量显著为正,这表明人口越多的国家,其城市化水平越高。第四,国土面积的回归系数为负,说明疆域越大的国家,在其他条件相同的情况下,其城市化水平越低。第五,第二产业占 GDP 的比重的回归系数符号与理论预期一致,即工业产出占比越高,城市化水平越高。但是,第一产业占 GDP 的比重的回归系数符号与预期不一致,这可能是缘于它的内生性。但它不是本文关心的自变量,而且从表 4 中可以看出,控制或不控制它,都不影响我们关心的自变量的回归系数符号和显著程度。

我们还做了如下稳健性检验:第一,在模型中控制自变量的多个不同组合;第二,将谷物净进口占 GDP 的比重改为谷物净进口的人均值;第三,进一步控制本国人均谷物产出、FDI 占 GDP 的比重以及政府支出占 GDP 的比重;第四,去掉中国样本;第五,只利用邻国的开放程度作为工具变量;第六,用邻国的开放程度和五大国谷物总产量同时作为工具变量。结果发现,本文的结论依然是稳健的。

五、中国和印度案例的比较分析

我们首先基于中国的粮食贸易与城市化水平等统计数据,进行案例分析。据 2011 年《中国统计年鉴》提供的数据,2010 年中国农村居民人均出售的粮食为 460 千克。假设城镇居民每人每年消耗 400~500 千克粮食,[①]2010 年中国的一个农民正好可以养活一个城市居民。参照余粮率与城市化水平的均衡关系,这时理论上的城市化水平应该为 50%。而按照官方统计,2010 年中国的常住人口城市化率恰为 49.95%。

表5 中国的城市化水平、谷物总产量及人均产量

年份	1971	1981	1991	2001	2006	2007	2008	2009	2010
人口总量(亿)	8.52	10.01	11.58	12.76	13.14	13.21	13.28	13.35	13.41
城市化水平(%)	17.26	20.16	26.94	37.66	44.34	45.89	46.99	48.34	49.95
谷物总产量(百万吨)	207.86	272.81	395.66	396.48	450.99	456.32	478.47	481.56	496.37
人均谷物产量(克)	668.40	746.68	936.10	851.29	940.33	946.40	987.11	988.27	1014.11

注:人均谷物产量为谷物总产量除以人口总量及 365 天,这里没有考虑谷物的净出口和国家库存的变动。

资料来源 相关年份的中华人民共和国国家统计局编:《中国统计年鉴》(北京:中国统计出版社)及国家统计局农村社会经济调查司编:《中国农村统计年鉴》(北京:中国统计出版社)。

表5 报告了 1971 年以来中国的人口总量、城市化水平和谷物总

[①] 现有国内文献基本上都用每人每年粮食占有量 400~500 千克,作为衡量粮食安全的标准。

产量，从中可以看出：在过去的40年里，中国的人口总量增长了0.57倍，但是谷物总产量却增长了将近1.4倍，在此时期内，中国的城市化水平从1971年的17.26%，快速上升到2010年的近50%。如果没有谷物产量更为快速的增加并推动余粮率的提高，中国的城市化水平不可能有如此显著的提高。

近年来，中国粮食进口总量的上升引起了国内对于粮食安全问题的关注。表6报告了中国近年来谷物和谷物粉的进出口数量。从中可以看出：在过去11年里，中国的谷物贸易有7年是净出口，近3年转变为净进口，但净进口总量维持在400万~500万吨。假设每人每年消耗400~500千克粮食，这些净进口的谷物可以养活大约1000万人，即中国依靠净进口粮食养活的国民还不到总人口的1%。因而中国的粮食自给自足率依然非常高，并没有形成对于粮食净进口的明显依赖。

表6　中国近年来谷物和谷物粉进出口总量　　　　　　单位：万吨

年份	2000	2001	2002	2003	2004	2005	2006	2007	2008	2009	2010	2011
出口	1378	876	199	262	473	1014	605	986	181	132	120	116
进口	305	344	285	208	974	627	358	155	154	315	571	545
净出口	1073	532	-86	54	-501	387	247	831	27	-183	-451	-429

资料来源　历年中华人民共和国国家统计局编：《中国统计年鉴》。

与中国的情形相反，印度的城市化水平和谷物总产量的变动趋势呈完全不同的图景。表7报告了印度的城市化水平与谷物产量等数据。首先，1971~2010年，印度的人口总量增长了1.15倍，但是谷物总产量只增长了1.11倍，谷物总产量上升的速度低于人口总量上升的速度。尽管印度的GDP也保持着较高速度的增长，但是其城市化水平仅从1971年的20.1%，缓慢上升到2010年的30.1%。其次，1971~2010年，印度每天人均谷物占有量反而从417.6克下降到401.7克，如此低的粮食占有量与印度存在的严重营养不良问题高度相关。例如,22%的印度人营养摄入不足,①全世界发展中国家的营养不良儿童和发育不良儿童,分别有42%和32%分布在印度。② 有印度经济学家的研究指出,这一结果与印度农业生产率低下密切相关。基于2005~2006年的NFHS3(National Family Health Survey-3)数据,该研究考察了农业产出与20个邦的5岁以下儿童和15~49岁人口的营养状况的关系,发现提高农业生产率能够强有力地改善他们的营养不良状况。③ 第三,虽然印度人均谷物占有量非常低,甚至有略微下降,但是从1971年到2010年,印度绝大多数年份的谷物出口大于进口。如果在2008~2010年间,印度能将其谷物净出口改为供国内消费,则人均每天可以分别增加34.22克、16.87克和10.86克,并使这三年的每天人均谷物占有量达到或略微超过1971年的417.6克。也就是说,印度最近十多年的谷物净出口是以人均占有量的下降为代价的。

表7 印度的城市化水平、谷物总产量及人均占有量

年份	1971	1981	1991	2001	2006	2007	2008	2009	2010
人口总量(亿)	5.51	6.89	8.52	10.33	11.20	11.37	11.53	11.69	11.86
城市化水平(%)	20.10	23.34	25.72	27.9	28.98	29.26	29.54	29.80	30.10
谷物总产量(百万吨)	84.5	104.1	141.9	162.5	170.8	177.7	197.2	192.4	178.0
谷物净出口(百万吨)	-2.0	0.5	0.6	4.5	3.8	7.0	14.4	7.2	4.7
人均谷物产量(克)	471.6	417.3	468.5	386.2	412.4	407.4	394.2	407.0	401.7

资料来源 城市化水平的数据来自世界银行WDI-2010及中华人民共和国国家统计局编:《国家统计年鉴2011》(北京:中国统计出版社);其他数据来自印度2012~2013年度经济调查数据,参见http://indiabudget.nic.in/es2012-13/estat1.pdf。

对比中国和印度1971~2010年间的人口总量、谷物总产量和人均谷物占有量,可以看出完全不同的图景。首先,虽然两个国家的人

---

① 参见FAO网站:http://www.fao.org/economic/ess/ess-fs/fs-data/ess-fadata/en/.
② 参见UNICEF,The State of the World's Children 2009,New York:UNICEF,2009.
③ Ashok Gulati et al.,"Agriculture and Malnutrition in India," Food and Nutrition Bulletin,vol. 33,no. 1,2012,pp. 74—86.

口总量都曾快速增长，但是中国的人口增长速度比印度慢，而中国谷物总产量的增长速度则比印度快得多，因此中国的人均谷物占有量显著上升，而印度却有所下降。其次，中国近年来减少了谷物出口并适度增加谷物进口，谷物贸易保持逆差状态，这增加了国内的粮食供给，但是印度近年来的谷物贸易却保持顺差状态，减少了国内粮食供给，因而其人均谷物占有量显著低于中国，并且存在严重的营养不良问题。该问题在中国目前几乎不存在。由于上述两方面的显著差异，尽管两个国家在此期间的 GDP 增长速度都非常高，但是印度的城市化水平仅仅上升了 10 个百分点，而中国的城市化水平却上升了 32.76 个百分点，其绝对水平和上升速度都远远高于印度。上述对比从侧面再次验证了粮食生产率、谷物总产量以及谷物贸易在城市化进程中的重要作用。①

六、结论与政策含义

在过去的半个多世纪里，发展中国家的城市化水平快速上升，同时它们也积极参与全球化进程，但是现有文献往往忽视了二者之间的关系，关于发展中国家城市化水平决定因素的实证研究颇为缺乏。同时，二元经济模型、发展中国家城市化水平决定的可计算一般均衡模型、过度城市化理论等，都忽略了余粮率以及粮食贸易对于发展中国

---

① 20 世纪 60 年代初，中国的发展也曾遭遇粮食生产对城市化的约束。1958～1960 年"大跃进"期间，工矿企业从农村大量招工，城镇人口猛增，全国粮食产量却呈逐年下降趋势，因而遭遇对城镇人口粮食供给的瓶颈。为了解决这一问题，1961 年夏，《中央工作会议关于减少城镇人口和压缩城镇粮食销量的九条办法》规定，"在 1960 年底 1.29 亿城镇人口的基数上，三年内减少城镇人口 2000 万以上"。1962 年 5 月，《中共中央、国务院关于进一步精减职工和减少城镇人口的决定》，要求"1958 年以来来自农村的职工……一般的应当精减回乡。1957 年底以前来自农村的职工，凡能够回乡的，也应动员回乡"。自 20 世纪 60 年代以来，国内关于粮食生产与城市化（以及工业化）关系问题的研究，逐步明确了中国的工业化必须以农业为基础，尤其要重视粮食生产，以保障城市居民的口粮需求以及农村剩余劳动力向城镇的有效转移。（以上所引详见中共中央文献研究室编：《建国以来重要文献选编》第 14 册，北京：中央文献出版社，1997 年，第 412 页；中共中央文献研究室编：《建国以来重要文献选编》第 15 册，北京：中央文献出版社，1997 年，第 462—467 页）

家城市化水平的约束作用。本文从余粮率的视角出发,首先建立了理论模型,论证余粮率和谷物贸易对发展中国家城市化水平的影响机制,然后基于亚洲发展中国家 1993~2010 年的面板数据,展开实证分析,并利用工具变量,识别谷物净进口对亚洲发展中国家城市化水平的因果效应。

  本文的理论研究发现,在封闭经济条件下,国内的余粮率会对发展中国家城市化水平的提高形成约束,而在开放经济条件下,粮食贸易可以通过改变余粮率影响城市化水平。本文的实证研究发现,国际贸易结构的不同成分与发展中国家城市化水平的关系不同,谷物贸易与城市化水平正相关,而非谷物贸易与城市化水平负相关。特别地,使用工具变量方法,本文证实了谷物净进口能够显著提高城市化水平,其机制在于,粮食进口降低了余粮率对于城市化水平的约束。关于中国和印度的比较研究发现,两国在粮食可获得性和谷物贸易方面的显著差异,与它们城市化进程的差异密切相关,这为本文的理论假说提供了进一步支持。

  本文发现,国际贸易与城市化水平呈负向关系,为 Krugman 关于国际贸易理论与城市经济学这两个看似分离的学科实际上具有内在联系的论断补充了证据,同时也为发展经济学中关于农业是国民经济基础的观点提供了新的证据。农业的发展不仅能够为城市和工业部门提供原材料和市场,而且能够放松粮食约束以促进城市化。对于中国这样的发展中大国,虽然可以借助国际市场调节国内粮食供给,但粮食安全是基本国策,政府可以通过保护耕地、增加投资、提高农业生产率等途径进一步提高余粮率,从而健康有序地推进中国的城镇化。

自述之九

本文的灵感来自诺贝尔经济学奖得主 Paul Krugman 的建议,他在 1996 年呼吁把贸易引进城市经济学,因为长期以来,城市研究没有考虑贸易。尽管 Krugman 本人试图填补这个空白,但他只分析了总贸易对城市集中度而非城市化的影响。我们在这篇论文里则把贸易及其不同组成成分,尤其是粮食贸易,作为城镇化率的决定因素进行研究。论文首先通过建立理论模型,论证了封闭经济条件下余粮率对城市化水平提高的约束作用。简单地说,如果农民生产的粮食除自己消费外够养 x 个人,城镇人口就不可能多于 x 个人。接着,我们把理论模型扩展到开放经济的情形下,这时可以通过粮食贸易影响余粮率,进而影响城市化水平。实证方面,我们的论文发现国际贸易总体上与城市化水平负相关,但是谷物贸易和非谷物贸易与城市化水平的关系不同,前者正相关,而后者负相关。更为重要的是,谷物净进口能够显著促进城市化。这就导出了政策含义,即政府可以通过支持粮食生产或在保证粮食安全的前提下,适当进口粮食以放松余粮率这个约束条件,从而促进城市化水平的提高。比如说,印度低下的粮食单产决定了其低下的城市化水平,除非将来粮食生产效率大幅度提高,印度城市化的推进将给全球粮食贸易带来巨大冲击。到那个时候,布朗先生破灭的预言——"China will starve the World"——将很可能变成"印度饿死全世界"。

尽管这篇论文构思于 2011~2012 年,但在这之前我就意识到开放和国际贸易对城市化的影响,并在 2010 年 11 月由上海发展研究基金会组织的一个研讨会上提出了这个观点,当时是为了说明中国的城市化会加速,因为中国的贸易开放度(常常用进口+出口在 GDP 中的比例度量)在全球算是比较高的,而在大国中是最高的(只有德国能与之相比)。可以说,没有开放,就没有中国的深圳,也没有印度 Bangalore 或中东迪拜的繁荣。基于这几个例子,我意识到了开放和贸易对城镇化的决定性作用。

贸易对城镇化率的影响是比较直观的。贸易强化分工,使效率提高,促进经济发展,而发展与城市化是正相关的。另一方面,工业品和服务产品贸易直接带来非农部门的扩张,必然导致城镇人口的增加。当然,有些贸易欠发达的国家,其城镇化水平也比较高,这里应该有其他变量(比如移民文献里常说的推出因素 push factors)的影响。

尽管意识到了城市化与贸易的内在联系,我却没有时间坐下来去构思一篇论文,直到加州大学洛杉矶分校的 Matthew Khan 教授提醒我。Matthew 是我 2011 年初通过邮件结识的,找他是因为我在主持亚洲开发银行的旗舰型报告《Key Indicators》的撰写,主题是亚洲绿色城市化,而他是这方面的国际顶尖经济学家。是他建议我查看 Krugman 的论文,并展开贸易与城市化问题的研究。他可能也跟哈佛大学的 Edward Glaeser 教授提到这个命题。最近网上有人转发 Edward 在 2013 年 12 月推出的一篇相关的 NBER 论文,该论文于 2014 年 9 月发表在《Journal of European Economic Association》上。但这篇论文在视角和分析框架上都与我们的不同。

我要感谢复旦大学的章元教授,他多年来一直从各方面支持我。章元是 2005 年 9 月开始访问联合国发展经济学研究院的,我与他第一次见面可能是在 2005 年上半年。真没有想到我们都合作 10 年了,前前后后一起出了不少成果。我和章元合作的这篇稿件投给《中国社会科学》后,先是收到三位审稿人不同的意见(经济学者意见相左是出了名的),修改数稿后,又收到额外两位审稿人(共 5 个)的进一步修改意见,当然还有编辑部的意见。我已经忘了总共修改多少次了,大多是章元应对的。可以说,当今在《中国社会科学》《经济研究》等中文期刊发文章比在国外的很多 SSCI 杂志上发要困难很多。

我也要感谢 Matthew Khan 教授,不只是因为他提醒我去作这篇论文,而且是他促成了我与清华大学郑思齐博士及其团队的合作。我和 Matthew 第一次见面是在 2011 年 7 月,他当时来中国给北京大学和清华大学的研究生上课,我正好回国参加国家自然科学基金重点项目的答辩。我们约好在清华大学见面,但我到清华校园后找不到他所在的教室,只能给他提供的手机号码打电话。接电话的正是中国城市经济学界冉冉上升的新星郑思齐博士(她2014年破格升教授了)。这促成了后来我与思齐的合作和交流。

最后谈谈中国的18亿亩耕地红线,这条红线的划定就是为了避免依靠粮食贸易支撑城镇人口。不少人基于这根红线反对快速推进城镇化,他们的担心主要基于两个方面的考虑,一是大量农民进城,可能无人种粮,尤其是青壮年劳动力离开农村了。二是城镇的扩张需要使用土地,可能占用粮田。其实,这些担心是多余的。经与相关权威人士核实,中国农村的人均宅基地大大多于城镇人均用地,前者是后者的数倍。所以,移民或城镇化可以腾出更多耕地,而不是减少耕地。何况,中国城镇人口密度一直在减少,只要稍作政策调整,将来10~20年的城镇化可以不用增加多少城镇用地。至于农村劳动力的流失,恰恰是因为农村人均耕地太少,青壮年劳动力无法依靠几亩耕地生存。如果城镇化可以使农村劳均耕地增加到50~100亩,相信不少种田能手会返回农村。这就是为什么我一直坚持说,城市化有助于中国的粮食安全。

中国和印度的贸易扩张:威胁还是机遇[*]

一、引 言

近年来,中国和印度经历了前所未有的发展。在过去的十年中,中国的经济以年均 10% 的速度增长,印度的增长速度也达到年均 6%。中国占世界贸易的份额从 20 世纪 90 年代初的不到 1% 增加到 2004 年的 6%,印度则在同期从 0.5% 增长到 1%。尽管目前中印在全球总产出和贸易中所占的份额仍然落后于它们占世界人口的份额,但这种局面在未来极可能会发生逆转(Wilson and Purushothaman, 2003;Ahya et al,2004 等)。按市场汇率计算,2003 年中国已经成为世界第六大经济体、第四大贸易国,并且成为海外直接投资的主要吸纳国(Blazquez – Lidoy et al,2004)。

中印这两个东方大国的崛起,使人们越来越关注它们的增长和贸易前景,尤其关注它们的发展对世界其他国家的影响。[①] 据 IMF(2004)的报告,中国在世界总产出和贸易份额中的增长已经对其他国家产生了显著影响。Eichengreen et al(2004)的研究表明,中国的出口对其他亚洲国家的出口有挤出作用,但受影响的主要是欠发达亚洲国家生产的消费品,不一定是较发达亚洲国家生产的资本品。他们的研

---

[*] 感谢樊潇彦的帮助,也感谢匿名审稿人的诸多意见,但因缺少更为详细的分类数据,我们没有专门考虑中国的加工贸易。另外,有关第三方市场的分析比较简短,同时文章基本未涉及动态分析。这些都可以作为后续研究的主题。本文发表于《经济研究》2008 年第 4 期。

[①] 贸易有三个方面的直接影响:(1)互补效应,即由于中印需求增加而带来的世界其他国家出口的增长;(2)竞争效应,是指中印对其他国家产生的向第三方国家出口的竞争压力;(3)国内竞争效应,是指中印在各自的国内市场上竞争的加剧(Jenkins and Edwards, 2005)。另外还有一些非直接效应,例如中印的进口所引起的出口乘数效应。IMF(2004)认为经济和技术的"外溢效应"可以使周边国家和贸易伙伴长期受益,从而有利于全球经济增长。

究还发现中国对资本品进口需求的收入弹性最高,所以,专门从事资本品生产的国家将从中国的快速增长中获益。Lall 和 Albaladejo(2004)研究了中国对东亚国家的竞争威胁,发现中国在低科技产品领域是强有力的竞争者。但随着进口超过出口,中国已成为周边国家出口增长的引擎。Blazquez – Lidoy et al(2004)分析了中国的贸易对拉丁美洲的影响,发现除墨西哥外中国对大多数拉美国家并不构成挑战。墨西哥在第三方市场面临来自中国的有力竞争。BBVA(2003)支持这些发现,并表明中国将给大多数拉美国家(如阿根廷)带来增长的机会。Jenkins 和 Edwards(2005)分析了中印经济增长和贸易一体化对撒哈拉以南非洲各国的影响,发现莱索托面临中印在纺织品和服装出口方面的威胁,其他国家则没有受到显著挑战。

  本文着重探讨中印贸易结构的系统性变化,并分析中印贸易扩张对彼此,以及对非洲、亚洲、欧洲、拉丁美洲和北美主要贸易伙伴的影响。与现有文献不同,我们不仅仅局限于对某一特定地区的影响,而是就中印对世界各国的贸易挑战展开全面评价。除关注贸易的"竞争"性外,我们还分析贸易的"互补"性,并测度了因中印发展所导致的对其他国家出口需求的增长潜力。另外,此前的文献大都使用加总数据和可计算一般均衡(CGE)模型。由于数据在部门和国家层面的高度汇总,以及在校准计算时对一些关键参数需做各种假设,这些研究的可靠性常常受到质疑[1],因此在本文中我们采用了最新的《标准国际贸易分类(SITC)》3 位数和 4 位数标准的贸易数据[2],这也是对现有文献的一个重要补充。最后,我们利用 Lall 和 Weiss(2004)提出的出口品科技分类方法,分别研究了低、中、高科技层次产业的贸易关系。

  文章的结构如下:第二节介绍中印近年来的经济表现;第三节考

---

[1] Morrison(2001)为基于 CGE 分析框架研究中国贸易对其他国家影响的文献做了一个综述。Shafaeddin(2004)详细讨论了用 CGE 方法研究中国贸易自由化时存在的问题和缺陷。

[2] 3 位数标准贸易数据包含 52 个国家的样本,而 4 位数标准贸易数据只包含 44 个国家的样本。但这些国家皆为主要贸易国,它们合计占到全球商品贸易的 90% 左右。

察中印的显示比较优势(revealed comparative advantage)及过去十年中贸易结构的变化;第四节探讨中印之间贸易的竞争性和互补性;第五节分析中印贸易给世界其他地区,包括第三方市场带来的机遇和挑战;第六节概括本文的主要发现和结论。

二、中国和印度:亚洲的新生猛虎

中印两国自20世纪90年代以来的经济绩效是引人瞩目的。从1990年到2005年,中国人均真实GDP的年平均增长率超过了10%,印度人均真实GDP的年平均增长率超过了6%。尽管直到90年代早期,两个国家的人均GDP仍处于相当低的水平,但今天中国的人均GDP已经是印度的2.2倍(按购买力平价计算)。印度的经济增长在过去的几年中比较显著,大大超过了多数同收入组的国家。中印两国的宏观经济取得的成绩仍将继续,预计在短期和中期内,中国的GDP增长率将超过10%,印度则将超过6%(IMF,2007a)。

中印两国的经济自由化改革对它们的高增长发挥了重要的作用。这是因为贸易的开放给进口品的输入、新科技的引进、市场的扩大提供了机会和途径,从而促进了经济增长(Harrison,1996;Frankel and Romer,1999)。中国的贸易占GDP的比重从1990年的32%上升到了2000年的49%,进而又上升到了2005年的70%。印度的贸易自由化进展要缓和一些,其进出口占GDP的比重在1990年为16%,2000年增长到29%,2005年更增长到了44%。印度的对外贸易净额在20世纪90年代皆为负,而中国从90年代初就一直保持巨额顺差。[①]1990~1999年,中印商品和服务出口的年平均增长率约为12%,2000~2005年跃升至24%和17%。1990~2005年,中国进口的年平均增长率约为16%,印度进口的年平均增长率约为13%。如果将近期出口增长趋势作为反映竞争力的指标,那么两国贸易的巨幅增长对

---

① 1990~2005年中印商品和服务贸易平均净余额占GDP的比重分别为3%和-1.2%。

其他国家的影响显然是不容忽视的。

与印度相比,中国在国际贸易和投资方面与世界经济融合得更好,中国在全球出口中的份额是印度的近6倍。中国对工业化国家的出口占总出口的比重从1990年的35%上升到了2006年的52%,其对发展中国家的出口份额则从65%下降到了48%。有趣的是,中国从发展中国家的进口上升了,而从工业化国家的进口则在同期下降了,这反映了中国正在成为一个再出口的世界工厂。印度则表现出了相反的趋势,其对工业化国家出口占总出口的比重从1990年的55%下降到了2006年的44%,而其对发展中国家出口的份额则上升了。

2006年,中国的主要出口市场是美国(占总出口的21%)、香港(10%)和欧洲(6%)。印度的主要出口地是美国(17%)、中东(15%)和中国(8%)。表1给出的是美国、欧洲和日本这世界三大市场从中国和印度的进口份额。中国的份额有显著增长,但印度的份额在欧洲和日本都下降了,只是在美国有所上升。中国在这三大市场上的崛起引发了许多发展中国家和新兴国家的恐慌,它们认为中国正在以它们的牺牲为代价而在世界市场上占据主导地位,应对其出口的挤出担负直接责任。

表1　不同国家和地区从中印进口占总进口的比重(单位:%)

出口国 进口地区	中国 美国	欧洲	日本	印度 美国	欧洲	日本
1980~1984年	0.8	1.0	3.8	0.6	1.5	0.8
1985~1989年	1.8	2.1	5.0	0.7	1.7	1.0
1990~1994年	4.7	2.0	7.4	0.7	1.2	1.0
1995~1999年	7.3	1.6	12.3	0.9	0.7	0.8
2000~2006年	12.3	4.0	18.8	1.0	0.5	0.6

资料来源:作者根据IMF(2007b)数据计算。

中国在全球市场上出口份额的增长可能主要得益于其丰富的劳动力,和与之相关的较低的生产成本。比如说,中国的平均工资比拉丁美洲国家的平均工资要低三到四倍(Blazquez - Lidoy et al,2004)。然而,劳动成本并不是全部原因所在。例如,在2002年,中国制造业工人的月平均工资相当于110.80美元,而在印度只有23.80美元(Kalish,2006)。中国的成功还来源于更新基础设施、使劳动力市场更具灵活性以促进劳动力流动、较高的人力资本存量、不断改善的投资环境、鼓励海外直接投资(Ahya et al,2004)。中国的高储蓄率和快速的资本积累也在很大程度上促进了中国的增长(IMF,2004)。事实上,中国成功地构造了一种良性循环,即通过为不断增加的劳动力提供生产性工作机会而扩张其劳动供给,从而带来了高储蓄、高投资、高经济增长率,并进一步提供生产性的工作机会。

印度的增长是渐进式的,而且主要由私营产业驱动,后者抓住了发达国家IT行业外包带来的机遇。印度过去十年持续低迷的贸易活动在近年有所回升,但仍主要依靠服务业出口获取外汇收入。虽然中国是吸引海外投资最多的国家之一,但印度拥有比较完善的制度框架和市场规范主体。这些因素营造了良好的市场氛围,增加了未来外资流入的机会。许多调查显示,印度与中国相比有更好的公司治理标准,这就是印度资产回报率要比中国高、股票的表现也要更好的原因(Mund et al,2005)。

和中国一样,印度也享有大量劳动力和低成本的优势。印度在提高其全球市场份额方面拥有巨大的潜力[①]。Wilson和Purushothaman(2003)预测,如果宏观经济稳定,高投资率、大量的劳动力和稳态收敛的力量将使中国在2041年成为世界上最大的经济体,到2050年,人均收入达到约30000美元。印度的增长率在未来的50年中会高于5%,印度的GDP到2032年会超过日本,人均收入达到目前水平的35倍。但在2050年,印度的人均收入仍将显著低于中国。中印两国都有希望成为全球贸易的引擎,二者的出口占全球总出口的份额将在2010年达到20%,并在2050年上升至30%(Ahya et al,2004)。

---

① 中国和印度目前的劳动适龄人口分别占全世界的23%和17%,到2010年中印将新增劳动人口5600万和8300万,而美国和欧洲只增加1300万和10万,日本将减少300万(Ahya et al,2004)。

三、中国和印度的贸易结构

为了评价中印国际贸易的增长对彼此以及对其他国家的影响,有必要研究相关国家出口结构的变化。我们采用了联合国贸发组织COMTRADE – database 提供的、基于《标准国际贸易分类(SITC 第三版)》的3 位数和4 位数标准商品贸易数据①,我们的样本覆盖了1995 ~2005 年间的260 种和613 种分类商品。

(一)出口结构的跨时变化

表2 显示了2005 年中印前十位的出口部门及其多年的出口份额。2005 年,在中国的出口中所占份额最高的部门是办公统计设备、电信和电子设备、服装、鞋类、家具和玩具。这些部门占到当年总出口的43%,而其在1995 年仅占30%。统计、电信、办公和消费类电子设备的贸易增长尤其显著,它们的出口份额在1995 年仅为6%,2000 年上升到13%,2005 年更高达25%。同时,服装和鞋类等劳动密集型产品的出口份额下降了,这说明中国的出口结构正在逐步向中、高科技或资本密集型产品转变。对在劳动密集型产品领域面临中国激烈竞争的发展中国家而言,这种趋势的出现和持续意义重大。

表2　中印商品出口的主导部门(单位:%)

SITC 代码	产品组	1995年	2000年	2001年	2002年	2003年	2004年	2005年
中国								
7143	卡片或磁带式统计机	1.56	4.45	4.96	6.23	9.45	10.17	10.10
7249	电信设备	2.15	4.10	4.91	5.13	5.52	6.78	7.65
8411	纺织衣服,针织和钩织衣服除外	9.11	7.07	6.72	5.96	5.37	4.53	4.30
8414	针织和钩织衣服和衣饰	4.84	5.52	5.20	5.00	4.84	4.47	4.19
7149	办公设备	1.09	2.37	3.19	4.26	4.41	4.23	3.89
8911	留声机、磁带录音机和其他录音机等	1.26	2.07	2.49	3.09	3.30	3.40	3.30

---

① 最为理想的是采用更细(比如5 到6 位)分类数据,但些数据对我们来说不可得。

续表 2

SITC 代码	产品组	1995年	2000年	2001年	2002年	2003年	2004年	2005年
7293	热阴极电子管、晶体管等	0.88	2.17	1.87	2.25	2.39	2.75	2.70
8510	鞋类产品	4.24	3.83	3.67	3.31	2.88	2.48	2.44
8210	家具	1.19	1.86	1.92	2.07	2.09	2.15	2.21
8942	儿童玩具、室内游戏机等	3.32	3.20	2.90	3.11	2.59	2.07	2.05
	合计	29.64	36.64	37.83	40.41	42.83	43.04	42.83
印度								
6672	钻石(非工业用,非成套或成串)	14.69	14.48	14.17	14.76	13.77	14.05	12.68
8411	纺织衣服,针织和钩织衣服除外	8.18	8.27	7.08	6.25	5.43	4.66	5.51
2813	铁矿砂和煅烧前的黄铁精矿	1.64	0.84	1.02	1.73	1.87	4.20	4.15
8971	镀金镀银制品等,非镶嵌表壳的珠宝	1.58	2.25	2.78	2.81	3.34	4.10	3.80
8414	针织和钩织衣服和衣饰	3.12	4.24	4.53	4.81	4.58	3.48	3.62
5417	药物	1.87	2.03	2.32	2.58	2.51	2.51	2.53
6569	纺织原材料制成品	1.71	2.38	2.34	2.23	2.31	2.16	2.24
5129	其他有机化学品	0.37	1.03	1.12	1.23	1.64	1.63	1.85
0422	大米(去壳,未进一步加工)	4.36	1.51	1.58	2.42	1.50	2.02	1.53
6748	其他 3mm 以下的涂层铁板或钢板	0.23	0.58	0.55	1.05	0.45	1.72	1.42
	合计	37.74	37.59	37.49	39.87	37.38	40.54	39.33

资料来源:COMTRADE。

2005年,印度前十位出口部门占到了总出口的40%。钻石等宝石仍是主导出口部门,占总商品出口的13%。铁矿和珠宝在总出口份额中出现了明显的增长。很显然,主导印度出口的还是劳动密集型或资本含量较低的产品。与之相比,中国的出口成功地扩展到了资本密集型产品,出口覆盖了几乎所有类型的制造业产品。

中国在服装、皮革、纺织品、信息科技产品、电子产品等方面的出口在世界出口中的份额最高。同时,中国在电子和非电子机械以及基础和混合制造业方面的出口亦遥遥领先。印度虽然在服装、皮革、纺织品方面的出口位居前十,但其机械和其他制造业产品的出口在世界出口中的份额非常低。

表3　出口竞争力———2005年中印在世界市场的出口份额和排名

产品组	中国 份额(%)	中国 排名	印度 份额(%)	印度 排名
基础制造业(Basic manufactures)	8.50	2(131)	1.32	25(131)
化工品(Chemicals)	3.60	11(131)	1.11	18(131)
服装(Clothing)	28.41	1(115)	3.55	5(115)
电子零件(Electronic components)	9.53	4(106)	0.27	33(106)
鲜活食品(Fresh Food)	3.95	8(177)	2.18	14(177)
IT和消费电子品(IT & Consumer electronics)	22.84	1(81)	0.08	40(81)
皮革制品(Leather products)	24.49	1(93)	2.33	10(93)
矿物(Minerals)	1.38	22(52)	1.85	17(152)
杂类制造品(Miscellaneous manufacturing)	12.41	2(130)	0.87	25(130)
非电子机械(Non-electronic machinery)	4.61	7(116)	0.44	28(116)
加工食品(Processed Food)	3.47	8(153)	0.75	27(153)
纺织品(Textiles)	20.79	1(118)	4.28	7(118)
交通设备(Transport equipment)	2.50	12(110)	0.37	27(110)
木材制品(Wood Products)	3.98	7(120)	0.19	50(120)

注:括号内的数字指该部门参与排名的出口国家个数。

资料来源:www.intracen.org。

(二)出口构成的结构变化

为了分析中印出口结构的总体变化,我们计算了传统的Pearson相关系数(r)。我们将$t=1995$确定为基年,然后用基年与$(t+1)$,$(t+2)$,…,$(t+9)$各期的部门出口份额两两进行比较,衡量其线性关系。r值越接近1,表示该年的出口构成与基年有更大的相似性;r越接近于0,则表示该年与基年的出口结构越不相似。但r不是一个很好的度量指标,因为它可能受到数据极端值的影响。因此,我们还借用Bray-Curtis(BC)指数,并基于"距离"来度量相似性(S):

$$S = 1 - BC = 1 - \frac{\sum_j |x_{j(t+k)} - x_{jt}|}{\sum_j (x_{j(t+k)} + x_{jt})} \tag{1}$$

其中 x 代表出口份额，j 代表部门，t 代表基年（= 1995），k = 1, 2, ⋯, 9。BC 是一个有界度量指标（$0 \leq BC \leq 1$），适用于非对称分布，对子部门分类的敏感程度也较低（Tajoli and De Benedictis, 2006）。

图 1 给出了由相关系数 r 和相似性 S 反映的中印出口结构相对于基期的变化情况。该图揭示了三个重要趋势：第一，r 值和 S 值明显下降，表示近年的出口结构不同于 1995 年，即两国出口结构在十年中都发生了变化。第二，中国出口结构的变化要大于印度。中国的 r 值和 S 值从 1 下降到了约 0.6，而印度只下降到了 0.9 和 0.7。第三，有关中国的两条曲线在 2000 年后变得比以前陡峭得多，说明中国在 2001 年加入 WTO 后其贸易结构的变化速度和专业化分工程度大大提高了。

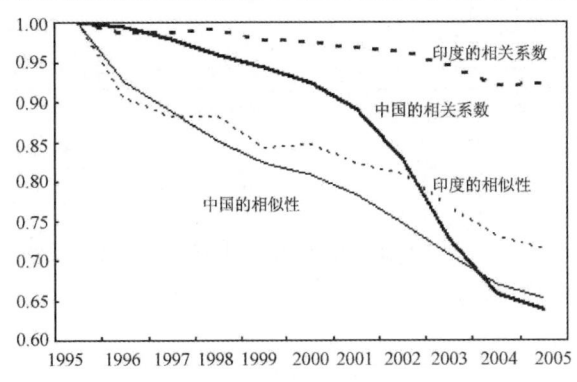

图 1　中国和印度贸易结构自相似性的变化（1995～2005 年）

资料来源：根据作者的计算。

为了进一步分析中印专业化分工的变化情况，我们计算了十类产业族的显示比较优势（RCA）指数，又名为 Balassa 指数，它由 Leamer（1984, 1995）提出，可定义为：

$$RCA_{ij} = \frac{(x_{ij}/X_i)}{(x_{wj}/X_w)} \tag{2}$$

其中 x_{ij} 为国家 i 产品 j 的出口价值，x_{wj} 为世界上所有国家产品 j 的出口价值，X_i 表示国家 i 的总出口，X_w 表示世界上所有国家的总出口。如果 RCA 值大于 1，则表明国家 i 专业化于产品 j 的生产；并具有显示比较劣势，反之亦然。

根据图2,中国劳动密集型产品的 RCA 值随时间下降,资本密集型产品和化工品的 RCA 值也是下降的,虽然下降程度没有前者那么大。然而,中国的电子和非电子机械以及运输设备产品的 RCA 值显著上升。有趣的是,最近几年印度劳动密集型产品的 RCA 值也出现了下降,不过,其原材料、化工品和资本密集型产品的 RCA 值上升了。

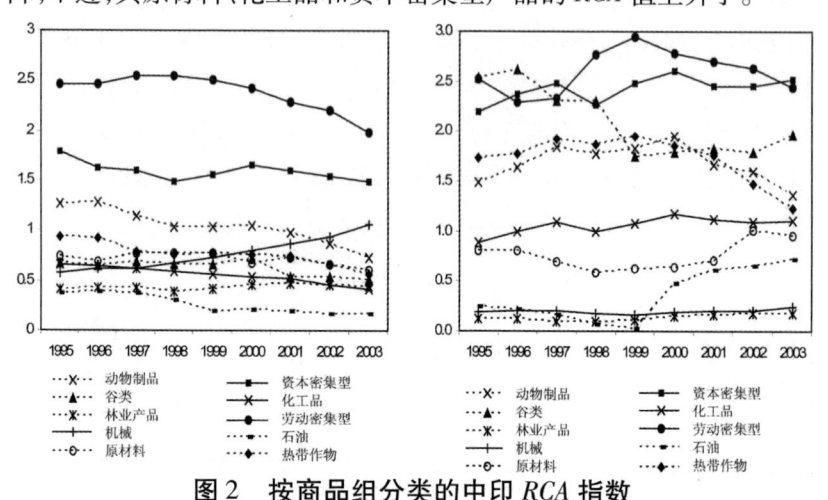

图2 按商品组分类的中印 RCA 指数

资料来源:根据作者的计算。

四、中印间的贸易竞争和贸易互补

现在我们来看中印之间的贸易竞争和互补关系。为此,我们构建了两个贸易分析中常用的指数:分工系数(CS, coefficient of specialisation)和一致系数(CC, coefficient of conformity)。贸易竞争更有可能在出口结构类似的两个国家间发生,而互补则发生在一个国家的出口产品正好与另一个国家的进口产品相匹配的情况下。两个指标的定义如下:

$$CS = 1 - \frac{1}{2}\sum_n |a_i^n - a_j^n| \tag{3}$$

$$CC = \frac{n}{\sqrt{\sum_n (a_i^n)^2 \sum_n (a_j^n)^2}} \tag{4}$$

其中 a_i^n 表示国家 i 总出口中商品 n 的份额，a_j^n 表示国家 j 总出口中商品 n 的份额。如果两个国家(i,j)具有相同的出口结构，那么指数就等于1，潜在的贸易竞争性很高。相反，如果两个国家的出口结构完全不同，这两个指数等于0，潜在的贸易竞争性就很低。

我们使用1995年到2005年3位数和4位数标准的分类贸易数据计算中国和印度的 CS 和 CC 指数。两种分类数据给出的计算结果基本相似①，都表明中国和印度在出口方面的竞争很激烈（见表4第2~第5栏）。然而，我们注意到两国间的出口竞争程度在随时间下降。这有可能是因为中国的出口正在向中、高科技产品如信息科技以及消费电子产品方面转移，而印度仍然以纺织品和皮革制品的出口为主。

总体上看，两个国家都可以从双边贸易的增长中获利。事实上，中印间的贸易往来充满了活力，仅在过去的十年中，两国的双边贸易就从10亿美元增长到140亿美元。图3表明印度对中国的进出口占其贸易总额的比重自20世纪90年代以来发生了惊人的增长。与之相似的是，以中国进出口总额计算的对印贸易份额也有明显的上升。

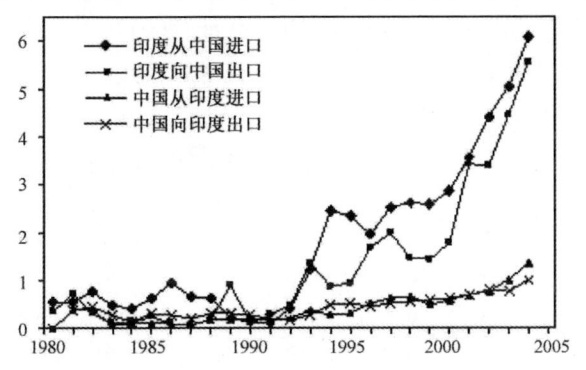

图3 中印之间的进出口分别占各自总进出口的比重（单位：%）
资料来源：IMF(2007a)

现在，我们来计算贸易互补性指数(TCI)以便考察这两个新兴大

---

① 一般而言，贸易指数对加总偏差比较敏感，加总程度较高的商品组，其指数值往往更高(Kellman 和 Schroder, 1983)。

国间贸易发展的潜力。该指数显示了国家间出口和进口结构的匹配程度，其定义如下：

$$TCI_{ij} = 1 - \sum_{n}\left(\frac{|m_{ni} - x_{nj}|}{2}\right) \quad (5)$$

其中 x_{nj} 表示国家 j 出口中商品 n 的份额，m_{ni} 表示国家 i 进口中商品 n 的份额。当国家 i 的所有出口产品根本没有被国家 j 进口时，这个指数为零。而当出口和进口达到完美的匹配时，该指数为 1。

中国的出口和印度的进口之间的 TCI 指数在表 4 的第 6 和第 8 栏列出，中国的进口和印度的出口之间的 TCI 指数在表 4 的第 7 和第 9 栏列出。我们注意到两国间的贸易互补性随时间的推移有所增加。因此，两个国家扩大产品交易存在一定的潜力。另外，以中国出口计算的 TCI 指数相对较高，这意味着印度从中国增加进口的机会更多。例如，中国是通信和计算机设备的主要出口国，而印度这类产品的进口在总进口中占的份额很高。因此，印度可以增加这些产品从中国的进口。另一方面，印度在一些资源性产业，如铝、钢、农产品、纸类等方面具有优势，可以扩大这些产品对中国的出口（Ahya et al, 2004）。

表 4 中印贸易竞争指数（1995～2005 年）

年份	3 位数数据 CS（中国）	3 位数数据 CC（印度）	4 位数数据 CS（中国）	4 位数数据 CC（印度）	3 位数数据 TCI（中国）	3 位数数据 TCI（印度）	4 位数数据 TCI（中国）	4 位数数据 TCI（印度）
1995	0.48	0.40	0.46	0.46	0.32	0.29	0.27	0.27
1996	0.46	0.41	0.44	0.48	0.34	0.27	0.28	0.25
1997	0.45	0.39	0.43	0.46	0.34	0.29	0.28	0.28
1998	0.44	0.35	0.42	0.44	0.29	0.27	0.25	0.27
1999	0.44	0.31	0.42	0.39	0.30	0.26	0.26	0.26
2000	0.45	0.34	0.43	0.43	0.32	0.28	0.29	0.27
2001	0.45	0.32	0.43	0.40	0.33	0.30	0.29	0.28
2002	0.43	0.27	0.41	0.34	0.33	0.30	0.30	0.29
2003	0.43	0.25	0.41	0.30	0.34	0.31	0.31	0.31
2004	0.40	0.19	0.39	0.23	0.35	0.31	0.33	0.31
2005	0.39	0.20	0.39	0.25	0.35	0.31	0.33	0.32
均值	0.44	0.32	0.42	0.38	0.34	0.29	0.30	0.28

资料来源：根据作者的计算。

五、贸易竞争和贸易互补：中印两国与世界其他国家或地区

我们将中国和印度与样本中其他国家（地区）间的 CS 指数和 CC 指数也做了计算。使用 3 位数标准数据时，两个指标 1995～2005 年间的平均值如图 4 和图 5 所示。使用 4 位数标准数据得出的结果与之相差不大，有兴趣的读者可以向作者索取相关结果。

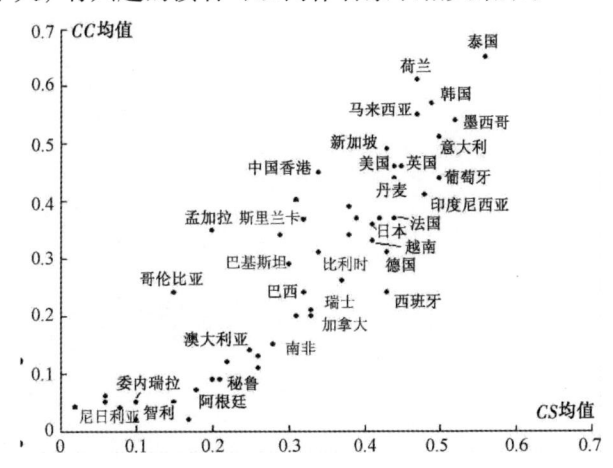

图 4　中国和其他国家（地区）的出口竞争（1995～2005 年）

资料来源：根据作者的计算。

根据图 4，中国与香港、印度尼西亚、日本、韩国、马来西亚、泰国和越南等东亚地区或国家之间存在高度的竞争。就拉丁美洲国家而言，中国是墨西哥强有力的竞争者，与之相比，阿根廷、巴西、智利、哥伦比亚、秘鲁和委内瑞拉受到的中国竞争威胁不大。这是因为后面这些国家出口的主要商品为大豆、铁矿石、钢铁、酱油和木材等，都是中国进口所需要的。在工业化国家中，澳大利亚、丹麦、法国、德国、意大利、荷兰、葡萄牙、西班牙、英国和美国最可能受到中国贸易扩张的影响。

总的来说，非洲国家，特别是撒哈拉以南的非洲，受中国贸易活动扩大的影响很小。

印度对其他国家(地区)的贸易威胁似乎小于中国，因为图 5 中除极个别情况外，所有的值都小于 0.5。相对来说，印度是不少欧洲国家强有力的竞争者，包括比利时、希腊、意大利和英国。印度也是许多南亚国家的有力竞争者，包括孟加拉、巴基斯坦和斯里兰卡。大多数东亚国家和拉丁美洲国家也有可能面临来自印度出口的竞争，而非洲国家(除南非外)并没有受到实质性的威胁。

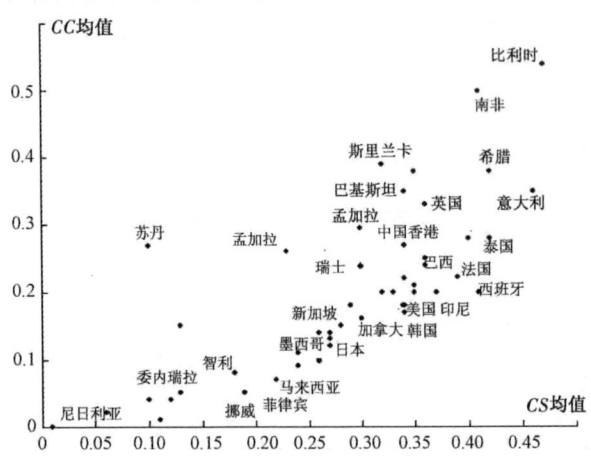

图 5 印度和其他国家(地区)的出口竞争(1995～2005 年)

资料来源:根据作者的计算。

下面我们来讨论贸易互补性。表 5 报告了根据 3 位数标准数据计算的中印两国和其他国家(地区)的平均 *TCI* 指数。[①] 在东亚国家中，中国与马来西亚、新加坡、韩国和泰国的 *TCI* 指数是最高的。在工业化国家中，中国与德国、英国和美国的 *TCI* 指数最高。中国和南亚国家(除印度外)及非洲国家的贸易互补性相当低，但与一些拉丁美洲国家的互补性较高。拉美国家，如阿根廷、巴西、智利、哥伦比亚和秘

---

① 使用 4 位数标准数据计算的 *TCI* 值可以向作者索取。

鲁在新鲜食品、加工食品、矿物和木制品方面具有比较优势。由于中国在这些产品方面的 RCA 指数较低，扩大这些产品的贸易对双方都是有益的。

表5　中印与其他国家(地区)之间的平均贸易互补指标

中国		印度		中国		印度	
国别(地区)	TCI	国别(地区)	TCI	国别	TCI	国别	TCI
阿根廷	0.32	阿根廷	0.32	韩国	0.55	韩国	0.33
澳大利亚	0.35	澳大利亚	0.37	马来西亚	0.48	马来西亚	0.34
奥地利	0.47	奥地利	0.31	墨西哥	0.43	墨西哥	0.36
孟加拉	0.10	孟加拉	0.05	摩洛哥	0.20	摩洛哥	0.17
比利时	0.45	比利时	0.40	荷兰	0.48	荷兰	0.38
巴西	0.39	巴西	0.32	新西兰	0.26	新西兰	0.22
柬埔寨	0.04	柬埔寨	0.03	尼日尔	0.07	尼日尔	0.05
喀麦隆	0.12	喀麦隆	0.33	尼日利亚	0.05	尼日利亚	0.27
加拿大	0.43	加拿大	0.37	挪威	0.27	挪威	0.47
智利	0.18	智利	0.17	巴基斯坦	0.15	巴基斯坦	0.10
哥伦比亚	0.24	哥伦比亚	0.43	秘鲁	0.18	秘鲁	0.23
哥斯达黎加	0.22	哥斯达黎加	0.17	菲律宾	0.33	菲律宾	0.19
丹麦	0.41	丹麦	0.34	葡萄牙	0.38	葡萄牙	0.27
埃及	0.21	埃及	0.24	新加坡	0.47	新加坡	0.33
萨尔瓦多	0.22	萨尔瓦多	0.16	南非	0.35	南非	0.37
芬兰	0.42	芬兰	0.30	西班牙	0.41	西班牙	0.34
法国	0.49	法国	0.36	斯里兰卡	0.14	斯里兰卡	0.16
德国	0.53	德国	0.36	苏丹	0.08	苏丹	0.13
加纳	0.09	加纳	0.16	瑞典	0.46	瑞典	0.32
希腊	0.33	希腊	0.28	瑞士	0.43	瑞士	0.28
中国香港	0.39	中国香港	0.22	泰国	0.46	泰国	0.30
印度尼西亚	0.37	印度尼西亚	0.39	英国	0.53	英国	0.43
伊朗	0.12	伊朗	0.34	美国	0.56	美国	0.39
意大利	0.47	意大利	0.33	委内瑞拉	0.17	委内瑞拉	0.36
日本	0.55	日本	0.34	越南	0.22	越南	0.37

资料来源:作者根据3位数标准的贸易数据计算。

印度与欧洲国家、东亚国家及北美国家间有较好的贸易互补性,而与南亚邻国的贸易互补性最低。印度与拉丁美洲国家的 TCI 指数介于 0.23 到 0.43 之间,这也表明印度与这些国家扩大双边贸易是有潜力的。

根据 Lall 和 Weiss(2004)的方法对产品进行技术分类后进行分析,我们发现中国在不同技术类别(低中高)产业的 RCA 都较高,但资源型制造业则不然。[1] 而印度资源型产业和低技术产业的 RCA 较高。中国主要的竞争对手,如中国香港、墨西哥和泰国在和中国大致相同的产业上具有比较优势。日本、英国和美国主要从事中高科技产品的生产,在这些产品上具有较高的世界市场份额。这些结果说明,扩大双边贸易可以为各国带来机遇,专业于生产中高科技产品的国家可扩大与印度的贸易,而在资源型产业具备优势的国家可通过扩大与中国的贸易获益。例如,中国和印度经济的强劲增长带来了对能源的大量需求,这对石油输出国是极好的消息。[2] 另外,中国的主要进口物品也包括中高科技产品,所以日本、中国香港、新加坡、欧洲和美国等皆可从对中国的出口中获益。

值得一提的是,中国和印度彼此间以及他们同其他国家的贸易竞争性和互补性一直在变化。例如,根据 CS 指数和 CC 指数的计算,中国和印度的竞争在过去十年中逐步降低。中国和一些 OECD 国家间也发生了类似的情况,如澳大利亚、挪威和瑞士。与此相反,中国与日本和新加坡间的竞争在持续上升。就美国和英国而言,来自中国的竞争在 20 世纪 90 年代后期有所上升,在近年却呈下降的趋势。

至此我们分析了世界各国在整个国际市场上的竞争与互补情况,没有考虑它们在某一特殊市场上的贸易关系。根据审稿人的建议,我们简要探讨各国在美国、欧洲和日本这三个市场上所面临的来自中国

---

[1] 有必要指出 RCA 指数的局限性,它不能分辨某国是在商品的生产过程还是组装阶段具有优势。因此,有些被划分为技术密集型的商品可能只是在该国进行最后装配,而这个装配过程实际上是劳动密集型的(Shafaeddin,2004)。

[2] 例如,在 2000~2003 年世界新增石油需求中,中国占到接近四成,紧随美国成为第二大石油消费国(CERA,2004)。

和印度的竞争。这三大市场构成整个国际市场的一半。

计算得出的结果表明,三个市场上的竞争结构存在差异。例如,中印在美国、欧洲和日本市场上的出口 CS 值分别为 0.26、0.30 和 0.20,说明它们在欧洲市场上竞争最为激烈。有意思的是,中国在这三个市场最大的竞争对手是中国香港、马来西亚、韩国和泰国(图6、图7、图8)。墨西哥在美国市场上面临来自中国的强力竞争,墨中在欧洲市场上也有竞争。

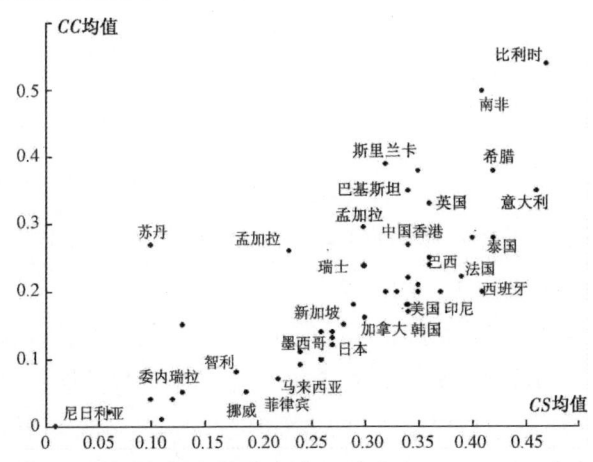

图6 美国市场上的中印出口竞争(1995~2005年)

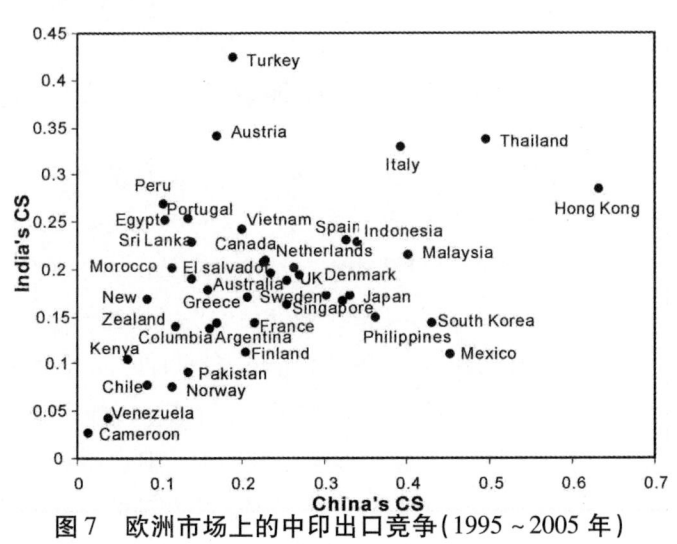

图7 欧洲市场上的中印出口竞争(1995~2005年)

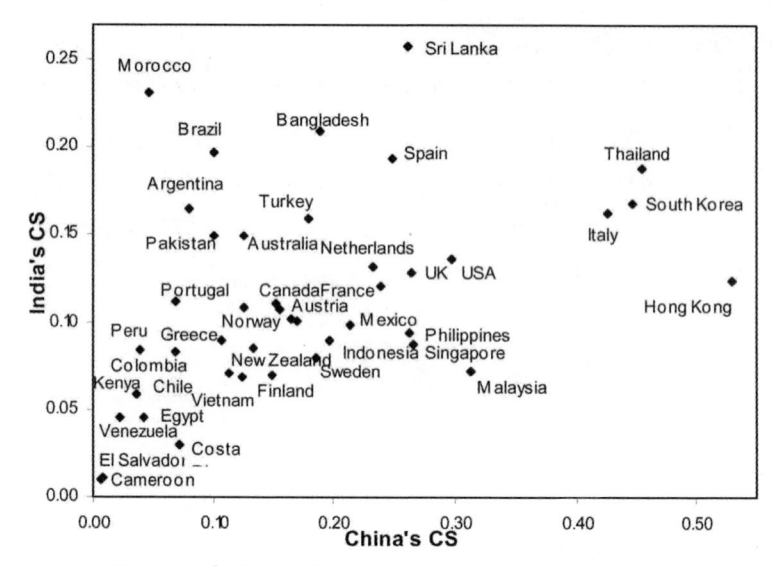

图8　日本市场上的中印出口竞争(1995～2005年)

资料来源:根据作者的计算。

印度在美国和欧洲市场上最大的竞争对手是土耳其,而在欧洲和日本市场上,印度的主要竞争对手还有斯里兰卡、摩洛哥和巴基斯坦。从三个市场的总体情况来看,印度对拉美和南亚国家的潜在威胁较大,中国则对东亚国家的潜在威胁较大。

六、结论和政策含义

根据一系列贸易指数和最新的贸易数据,我们考察了中国和印度的贸易潜力,分析了中印出口增长对彼此以及对其他主要贸易伙伴的影响。我们发现,中国的出口结构在持续变化,技术密集型和中高科技产品的份额逐渐上升,而劳动密集型产品的份额则逐渐下降。RCA指数表明中国的旅游用品、鞋类和服饰等传统出口部门的份额在过去十年下降了,同时机械部门的份额出现了显著上升。这些发现对在低端产品市场与中国竞争的欠发达国家是有利的。但也不能排除这样一种可能,即这个结论是因高科技产品密集使用劳动的那部分生产过程转移到中国而造成的。较高层次分类贸易数据的缺乏,使我们很难进一步探讨这个问题。中国对周边的东亚国家、美国和一些欧洲国家在中高科技产业形成比较严峻的挑战,与除了墨西哥之外的拉美国家之间的竞争性不大。中国对美国出口份额的不断增长也使得墨西哥的贸易前景黯淡。另一方面,尽管中国出口具有比较优势,中国的进口与美国、部分欧洲国家(比如德国、英国)和东亚国家(比如日本、韩国、马来西亚、新加坡、泰国)的进口之间存在着相当的互补性。同时,中印之间、中印与其他国家间贸易的竞争性和互补性是随时间而变化的。

印度在第三方市场,尤其是服装、纺织品和皮革等部门面临来自中国的严峻竞争。不过中印两国的贸易结构有一定的互补性,因此进一步发展两国的贸易关系对双方都是有利的。最有可能受印度出口增长影响的是其周边的南亚国家,主要是因为这些国家的出口商品种类不如印度多样化,而主要品种又都是印度具有比较优势、技术含量较低的产品。一些欧洲国家和美国也会受到印度在全球市场份额中增长的影响,拉丁美洲和非洲国家受到的影响最小。

有必要指出,本文没有考虑中印贸易增长在另外三方面对全球经济的重要影响:第一,在供给存在约束的条件下,中印对能源及原材料需求的快速增长会相应地抬高资源价格,增加价格的波动,并通过不同的途径影响不同的国家,最终可能会影响全球的经济增长。第二,对商品需求的增加,尤其是来自于中国的需求的增长,会加深拉丁美洲和非洲国家在初级商品生产中的专业化,增加它们受到冲击的可能性,阻碍它们的增长。最后,如果新兴发展中国家的增长动力继续依赖于中国的经济增长,那么,中国经济的降温也许会导致全球的经济衰退。显然,这些因素如何影响全球经济还有待于进一步深入研究。另外,由于服务部门在全球贸易中变得越来越重要,本文的分析还应当拓展到服务贸易的前景和挑战中去。

参考文献

1. AHYA CHETAN, ANDY XIE, ANIL AGARWAL, DENISE YAM,

SHARON LAM, MIHIR SHETH, 2004. India and China: A Special Economic Analysis[Z]. Shanghai: Morgan Stanley.

2. BANCO BILBAO VIZCAYA ARGENTARIA(BBVA), 2003. Latinwatch Issue: June[Z]. Argentina: BBVA.

3. BLAZQUEZ – LIDOY J, JAVIER RODRIGUEZ, JAVIER SANTISO, 2004. Angel or Devil? Chinese Trade Impact on Latin American Emerging Markets[Z]. Centre for Latin America, Georgetown University, Washington DC.

4. CAMBRIDGE ENERGY RESEARCH ASSOCIATES(CERA), 2004. Riding the Tiger: The Global Impact of China's Energy Quandary[Z]. Cambridge, MA: CERA.

5. EICHENGREEN BARRY, YEONGSEOP RHEE, HUI TONG, 2004. The Impact of China on the Exports of Other Asian Countries[Z]. NBER Working Paper 10768.

6. FRANKEL J A, DAVID ROMER, 1999. Does Trade Cause Growth [J]. American Economic Review, 89(3): 379—399.

7. HARRISON A, 1996. Openness and Growth: A Time – Series, Cross – Country Analysis for Developing Countries[J]. Journal of Development Economics, 48: 419—447.

8. IMF, 2004. World Economic Outlook[Z]. Washington DC.

9. IMF, 2007a, World Economic Outlook[Z]. Washington DC.

10. IMF, 2007b, Direction of Trade Statistics[Z]. Washington DC.

11. JENKINS RHYS, CHRIS EDWARDS, 2005. The Effect of China and India's Growth and Trade Liberalisation on Poverty in Africa[R]. London: Department for International Development(DfID).

12. KALISH IRA, 2006. China and India: The Reality beyond Hype [R]. USA: Deloitte Services LP.

13. KELLMAN M, T SCHRODER, 1983. The Export Similarity Index: Some Structural Tests[J]. Economic Journal, 93(369): 193—198.

14. LALL SANJAYA, JOHN WEISS, 2004. People's Republic of China's Competitive Threat to Latin America: An Analysis for 1990—2002[Z]. Manila: Asian Development Bank Institute Discussion Paper No. 14.
15. S LALL, MANUEL ALBALADEJO, 2004. China's Competitive Performance: A Threat to East Asian Manufactured Exports? [J]. World Development, 32(9): 1441—1466.
16. LEAMER EDWARD, 1984. Sources of International Comparative Advantage: Theory and Evidence[M]. Cambridge, MA: MITPress.
17. EDWARD LEAMER, 1995. The Heckscher – Ohlin Model in Theory and Practice[Z]. Princeton Studies in International Finance No. 77. Princeton, New Jersey: Princeton University.
18. MORRISON W, 2001. Summaries of Studies of the Impact of WTO on China's Trade[Z]. Paris: Center for Cooperation with Non – members, OECD.
19. MUND J A, N BRANDT, S HANSAKUL, 2005. China & India: A Visual Essay[Z]. Frankfurt: Deutsche Bank Research.
20. SHAFAEDDIN S M, 2004. Is China's Accession to WTO Threatening Exports of Developing Countries? [J]. China Economic Review, 15: 109—144.
21. TAJOLI LUCIA, LUCIA DE BENEDICTIS, 2006. Economic Integration and Similarity in Trade Structures[Z]. Working Paper No. 2006—54, Fondazione Eni Enrico Mattei.
22. WILSON DOMINIC, ROOPA PURUSHOTHAMAN, 2003. Dreaming with BRICs: The Path to 2050[Z]. Global Economic Paper No. 99. London: Goldman Sachs.

自述之十

本文探讨了中印之间以及中印与其他国家之间的贸易竞争性和互补性。研究结果表明:(1)印度在第三方市场,尤其在服装、纺织品和皮革制品等方面,面临来自中国的强烈竞争;(2)中印之间的贸易增长具有一定潜力;(3)中国在中等技术行业对东亚各国、美国和大多数欧洲国家构成挑战,而印度主要对周边的南亚国家构成威胁;(4)在贸易的互补性方面,中国和印度大幅上升的进口为美国、欧洲和东亚一些国家,尤其是日本、韩国、马来西亚、新加坡和泰国的出口提供了扩张的机会。同时,中国的出口结构正在发生变化,技术密集型和高科技产品的出口份额在增加,表明从长期来看,由中国劳动密集型产品出口带来的挑战将会削弱。

老实说,这篇论文没有什么理论贡献,但有些实证价值。特别重要的是,我们构思这篇论文主要是为了唤起国内学术界和政府对印度的重视。大约从2003年开始,我在国内外呼吁研究中印问题,国内的朋友基本上全都嗤之以鼻,认为印度不值得关注,直到近两年才有改观。而我当时所在的联合国发展经济学研究院起初也没有批准我的项目建议,直到2006年才启动了《全球增长的南方引擎》这个项目。该项目虽然包括了南非和巴西,但主要聚焦中国和印度。当时很多人问为什么不把俄罗斯放进来,也就是包含金砖五国,我坚持认为俄罗斯会走向衰败,这个观点是否正确还有待时间的考验。

怎么想到关注印度的呢?我是从中美关系联想到中印关系的。记得2003年左右,我看到《Economist》封面上写着"2030年的中国还会保持为一个主权国家吗?"这种中国崩溃论唱了20多年仍然在唱,当时我油然对《Economist》起了谢意,因为这种宣传麻痹了以美国为代表的西方集团。所以长期以来美国忽略了中国的崛起,也不下力气去研究中国,更不要说像近来这样遏制中国。由此,我想到了印度也在崛起,早晚要与中国争雄,但中国不能跟美国一样重蹈覆辙,必须早早关注印度,开展对印度以及中印关系的研究,再晚就来不及了。我还意识到,美国被中国绑架了,就是因为美国对中国的巨额贸易逆差。同样地,印度的劳动力价格是中国的 1/2~1/3,印度通过改革解决一系列瓶颈后,将会快速发展,而且很可能对中国形成贸易顺差。为了杜绝将来中国被印度绑架的可能性,也有必要探讨中印的贸易关系。这就是这篇论文的来历。

论文立题后,下一步就得去做具体研究工作了。但我不是做贸易的,对文献、数据、分析方法都不很了解,而从零开始的话,成本显然太高。碰巧,当时剑桥大学的博士研究生 Mahvash Qureshi 在联合国发展经济学研究院实习,虽然我不是她导师,但她一直表示要在回到剑桥大学后与我合作做研究(她当时必须应对实习计划)。所以,我就跟她提到这个主意。非常巧合的是,她的研究兴趣之一就是贸易,而且她父亲曾是巴基斯坦驻中国大使馆高级别官员,对中国特别有感情。当然,中印关系的任何一个方面对巴基斯坦来说都至关重要。

这篇论文的写作拖了很长时间,主要是因为 Mahvash 回校后集中精力完成博士学位,并开始找工作,很快就去了英国的 ODI 任职。而她的理想是去国际组织工作,所以 ODI 只是个跳板。她又一直寻找机会,不久就去了 IMF,算是国际机构里最好的了。即便这样折腾,我们还是成功地合作了两篇论文,包括这篇中印贸易关系的稿子。

我本人是希望继续研究中印的。说到底,中国要在世界上崛起,必须先走出亚洲,而中期内可能成为世界第二大经济体的印度就在隔壁,不跨过印度,怎么可能成为世界霸主?从另一个角度说,如果中印联手,这个世界就可以搞定,至少不能让印度与第一或前五名经济体联手对付中国,否则问题就大了。我常常对印度朋友说,亚洲的崛起少了中国不行,少了印度也不行。中印合作是双赢,而互斗则双输。其实,中印有很多共同的东西,比如都是人口大国,面临粮食安全和能源安全的共同挑战。中国的西部与印度的东北部都比较落后,开发合作可以帮助解决各自的区域差异和贫困问题。

令人欣慰的是,国内这两年已经开始关注印度,我在云南财经大学成立的"印度洋地区研究中心"发展远远比预期的好,得到政府不同部门、学术界、商界的高度重视。只是我个人到亚洲开发银行后,几乎没有时间做研究,当然也无法如愿介入关于中印发展的分析。希望这篇论文是个引子,有兴趣的朋友也可以翻看《发展中大国的竞争——中国和印度谁将胜出?》这本基于我的项目的论文集,是 2009 年 8 月由复旦大学出版社出版的。